国家技术转移专业人员能力等级培训
（塔里木大学南疆技术转移中心）

# 专利法律知识

主编　刘子龙　简端良　马秋洁
参与撰稿人　陈昕雨　殷龙翔
邹婷婷　曹　然

中国农业科学技术出版社

**图书在版编目（CIP）数据**

专利法律知识 / 刘子龙，简端良，马秋洁主编 . -- 北京：中国农业科学技术出版社，2024.1

ISBN 978-7-5116-6607-9

Ⅰ . ①专… Ⅱ . ①刘… ②简… ③马… Ⅲ . ①专利权法－基本知识－中国 Ⅳ . ① D923.42

中国国家版本馆 CIP 数据核字（2024）第 006560 号

**责任编辑** 张国锋
**责任校对** 王 彦
**责任印制** 姜义伟 王思文

**出 版 者** 中国农业科学技术出版社
北京市中关村南大街 12 号 邮编：100081
**电 话**（010）82109705（编辑室）（010）82109702（发行部）
（010）82109709（读者服务部）
**网 址** https://castp.caas.cn
**经 销 者** 各地新华书店
**印 刷 者** 北京建宏印刷有限公司
**开 本** 170 mm×240 mm 1/16
**印 张** 17.5
**字 数** 316 千字
**版 次** 2024 年 1 月第 1 版 2024 年 1 月第 1 次印刷
**定 价** 80.00 元

# 前言

伴随着21世纪第三个十年的到来，中国人民从未如此清晰地感知到自己与科技近在咫尺的距离。过去二十年，我们经历了前所未有的科技体制革命与创新，21世纪初掀起的互联网浪潮直到今天还在持续“狂飙”，而加入WTO后的中国各大企业全面“走出去”战略也让世界再一次感受到中国力量的蓬勃与坚定。也许第一个十年，很多中国人民的感受还不够具体；但第二个十年，无论是工业4.0、云计算、大数据、物联网、人工智能，还是ChatGPT、区块链、VR/AR，哪怕十字街头一个八岁的小孩，或者深宅大院一个八十岁的老叟，都或多或少能说出其中一两个名字。甚至于笔者2016年在埃及出差之时，还曾亲眼见到一位七旬许的中国阿姨，用流利的英语在绘声绘色地给金字塔外围的本地游客介绍中国的“Huawei”手机。科技领域的大步流星，使越来越多的中国普通百姓享受到了时代与技术的红利，从而促进与推动了万众创新的步伐。中国人民也可以骄傲地向世界宣告，我们如今已经是世界科技强国，中华民族伟大复兴指日可待！

在我国全方位科技创新体系中，技术转移无疑是最重要的组成部分之一，是将科学技术研发成果转化为经济社会生产力的关键环节。习近平总书记在2021年中央全面深化改革委员会会议上明确指出，要加快推动科技成果转化应用，加快建设高水平技术交易市场。因此，如何最大限度发挥技术转移的价值，促使技术转移成果的高质量、高效率投产，保障技术交易的安全，建立科学化、规范化、流畅化的技术转移流程，是从事技术转移保障人员的核心课题之一。从法律层面来说，将技术成果通过合法合理的方式予以保护，并按照通用规则和惯例进行合法化交易，并对技术转移的全过程予以梳理和监控，是保护技术转移专业人员和技术成果的不二法门。从现实角度来说，对技术成果的保护往往分为非公开的方式和公开的方式两种：非公开的方式，即适用商业秘密保护体系，将核心技术或信息资产通过商业秘密的形式予以保护；公开的方式，则适用专利保护的方式，通过专利权的形式将技术资产确权固定下来，并可根据实际需要进行授权、许可或收费。

本书作为《民商事法律基础知识》的姊妹篇，聚焦技术转移过程中对专利权利的行使与保护，同时兼顾一部分商业秘密保护的知识和技术，旨在全面、系统地阐释法律对于技术转移中技术成果和技术人员的保护与支持。其中，专利权利作为我国三大知识产权的一种，在其申请、确权、登记、行权和转让等环节都有着具体且详细的法律规定，并辅以完善的操作办法和规则。在专利权利受到侵害的时候，法律也给予了权利人最全面和有力的法律武器与工具，用来保护自身合法权益，同时维护社会主义市场经济秩序和价值。通过本书的学习，相关人员可以对现行涉及技术转移的专利保护体系和方法有一个全面系统的了解和熟悉。本书可为国家技术转移专业人员能力等级培训提供教材教辅参考，也可为国家技术转移专业人员的实务实践提供参考。

本书的撰写成书与出版得到塔里木大学南疆技术转移中心的资助。同时，本书还受到新疆生产建设兵团科技计划项目“国家级技术转移人才培养基地支撑能力建设”（2022DA003）和“中央引导地方科技——南疆技术转移中心”（2020ZY006-1）的项目资助，在此表示特别感谢。

编　者

2023 年 12 月

# 目录

## 第一篇　专利制度基础与理论概述

第一章　专利制度概论 ………… 2
第一节　专利制度的基础概念 ………… 2
一、专利与专利分类 ………… 2
二、专利权 ………… 6
三、专利申请权 ………… 8
第二节　专利制度的功能 ………… 9
一、激励科技创新 ………… 10
二、促进技术发展与普及 ………… 11
三、维护市场竞争秩序 ………… 13
第三节　专利制度的历史演进 ………… 14
一、专利制度的产生 ………… 14
二、专利制度的形成 ………… 15
三、专利制度的发展 ………… 17
四、我国专利制度的发展历程 ………… 18
第四节　专利制度的理论基础 ………… 22
一、激励理论 ………… 22
二、自然权利理论 ………… 22
三、契约理论 ………… 23
第二章　专利权的保护范畴 ………… 25
第一节　授予专利权的客体 ………… 26
一、发明 ………… 26

二、实用新型 …… 29
三、外观设计 …… 33
四、可授予专利的计算机软件与生物技术 …… 36
第二节 不授予专利权的客体 …… 38
一、违反法律、社会公德或妨害公共利益的发明创造 …… 38
二、违反法律、行政法规的规定获取或者利用遗传资源，并依赖该遗传资源完成的发明创造 …… 40
三、不授予专利权的客体 …… 42
第三章 专利权的取得要件 …… 49
第一节 授予专利权的原则 …… 49
一、禁止重复授权原则 …… 49
二、先申请原则 …… 51
三、优先权原则 …… 52
第二节 授予专利权的实质要件 …… 54
一、发明、实用新型专利的实质要件 …… 55
二、外观设计专利的实质要件 …… 62
第三节 授予专利权的形式要件 …… 65
一、发明或实用新型专利申请应当提交的文件 …… 66
二、外观设计专利申请应当提交的文件 …… 70
第二篇 专利申请与审查制度
第四章 专利申请 …… 74
第一节 专利申请文件与手续 …… 74
一、专利申请的文件 …… 74
二、办理专利申请的形式 …… 75
第二节 请求书 …… 76
一、请求书撰写的要求 …… 76
二、专利请求书的样式 …… 81
第三节 说明书及其摘要 …… 89
一、说明书撰写的实质要求 …… 89
二、说明书撰写的形式要求 …… 91
三、说明书摘要 …… 99

第四节 权利要求书 …… 99
一、权利要求的概念与类型 …… 100
二、权利要求撰写的实质要求 …… 101
三、权利要求撰写的形式要求 …… 106
第五节 外观设计图片或者照片 …… 109
一、视图及其制作要求 …… 110
二、图片的绘制 …… 111
三、照片的拍摄 …… 111
四、图片或者照片的缺陷 …… 112
第六节 外观设计的简要说明 …… 113
一、简要说明应当写明的内容 …… 113
二、必要时应当在简要说明中写明的内容 …… 113
第七节 申请材料要求 …… 114

第五章 专利申请的初步审查 …… 115

第一节 发明专利申请的初步审查 …… 115
一、发明专利申请初步审查的主要任务与审查范围 …… 115
二、发明专利申请初步审查的基本原则 …… 116
三、发明专利申请初步审查的程序 …… 117
四、申请文件的形式审查 …… 119
五、分案申请的初步审查 …… 119
六、涉及生物材料的申请的初步审查 …… 121
七、涉及遗传资源的申请的初步审查 …… 123
八、委托专利代理机构 …… 123
九、要求优先权 …… 125
十、不丧失新颖性的公开 …… 129
十一、提前公布声明 …… 131
十二、撤回专利申请声明 …… 131
十三、著录项目变更 …… 132
第二节 实用新型专利申请的初步审查 …… 138
一、实用新型专利申请初步审查的范围 …… 138
二、实用新型专利申请初步审查的原则 …… 138
三、实用新型专利申请初步审查的程序 …… 139
四、其他要求 …… 142

第三节 外观设计专利申请的初步审查 …… 142
一、外观设计专利申请初步审查的范围 …… 142
二、外观设计专利申请初步审查的原则 …… 143
三、外观设计专利申请初步审查的程序 …… 144
四、要求优先权 …… 146
五、其他要求 …… 146

第六章 专利申请的实质审查 …… 147

第一节 单一性的审查 …… 147
一、单一性的基本概念 …… 147
二、单一性的审查原则 …… 148
三、单一性审查的方法和举例 …… 150
第二节 分案申请的审核 …… 157
一、分案的几种情况 …… 157
二、分案申请的审查 …… 158
第三节 检 索 …… 159
一、检索的基本理论 …… 159
二、检索的主题 …… 159
三、检索的时间界限 …… 161
四、检索前的准备 …… 162
五、对发明专利申请的检索 …… 165
六、中止检索 …… 168
七、特殊情况的检索 …… 169
八、不必检索的情况 …… 170
九、补充检索 …… 170
十、检索报告 …… 171
第四节 实质审查程序 …… 172
一、实质审查程序概要 …… 172
二、实质审查程序中的基本原则 …… 173
三、申请文件的核查与实审准备 …… 173
四、进行实质审查 …… 175
五、答复 …… 187
六、修改 …… 188
七、驳回决定和授予专利权的通知 …… 196

八、实质审查程序的终止、中止和恢复 …… 199
第七章 复审与无效请求的审查 …… 201
第一节 总 则 …… 201
一、审查原则 …… 201
二、合议审查与独任审查 …… 203
三、回避制度与从业禁止 …… 204
四、审查决定 …… 205
五、更正与驳回请求 …… 207
六、关于审查决定被法院生效判决撤销后的审查程序 …… 208
第二节 复审请求的审查 …… 208
一、复审请求的形式审查 …… 208
二、前置审查 …… 210
三、复审请求的合议审查 …… 212
四、复审请求审查决定 …… 214
五、复审程序的终止 …… 215
第三节 无效宣告请求的审查 …… 215
一、无效宣告请求的审查原则 …… 215
二、无效宣告请求的形式审查 …… 216
三、无效宣告请求的合议审查 …… 220
四、无效宣告请求的类型 …… 225
五、无效宣告请求审查决定的送达、登记和公告 …… 226
六、无效宣告程序的终止 …… 226
第四节 复审和无效宣告程序中有关口头审理的规定 …… 227
一、口头审理的确定 …… 227
二、口头审理的通知 …… 228
三、口头审理前的准备 …… 229
四、口头审理的进行 …… 229
五、口头审理的中止 …… 231
六、口头审理的终止 …… 231
七、当事人的缺席与中途退庭 …… 231
八、证人出庭作证 …… 232
九、记录 …… 232
十、旁听 …… 233

十一、当事人权利与义务 …………………………………………… 233
第五节 无效宣告程序中有关证据问题的规定 ……………………… 233
一、当事人举证 …………………………………………………… 233
二、专利复审委员会对证据的调查收集 …………………………… 235
三、证据的质证和审核认定 ………………………………………… 235
四、其他 …………………………………………………………… 238

## 第三篇 专利实施与保护制度

第八章 专利权的实施……………………………………………… 240
第一节 专利权的生效与期限 ……………………………………… 240
一、专利权的生效 ………………………………………………… 240
二、专利权的期限 ………………………………………………… 241
三、发明专利申请的临时保护 ……………………………………… 242
第二节 专利权人的权利和义务 …………………………………… 243
一、专利权人的权利 ……………………………………………… 243
二、专利权人的义务 ……………………………………………… 244
第三节 专利权实施的强制许可 …………………………………… 245
一、强制许可的类型 ……………………………………………… 245
二、强制许可的申请和审批程序 …………………………………… 248
三、强制许可的被许可人的义务 …………………………………… 252
四、强制许可使用费的裁决 ………………………………………… 253
五、强制许可的终止 ……………………………………………… 254
第九章 专利侵权…………………………………………………… 257
第一节 专利侵权的判定 …………………………………………… 257
一、发明和实用新型专利的侵权判定 ……………………………… 257
二、外观设计专利的侵权判定 ……………………………………… 259
第二节 专利侵权的例外 …………………………………………… 260
一、不视为侵犯专利权的行为 ……………………………………… 260
二、现有技术或者现有设计抗辩 …………………………………… 261
第三节 专利侵权的法律救济 ……………………………………… 261
一、专利侵权的救济途径 …………………………………………… 261
二、专利侵权诉讼 ………………………………………………… 267

# 第一篇 专利制度基础与理论概述

# 第一章
# 专利制度概论

专利制度是国际上通行的一种利用法律和经济的手段确认发明人或者适格的专利持有人对该发明享有专有权，以保护和促进技术发明的制度。就法学视域而言，专利制度是依据专利法对申请专利的发明，经过审查和批准授予专利权，同时把申请专利的发明内容公诸于世，以便进行发明创造、信息交流和有偿技术转让的法律制度，是市场经济体系下对科技保护和利用进行制度化建设的关键。随着当今专利制度的不断完善，专利的使用已呈现出多样化趋势，专利无效、专利撤销、过期专利等一一被列入专利法律制度范畴。

## 第一节　专利制度的基础概念

### 一、专利与专利分类

#### （一）专利词源

中文“专利”一词的出现最早见于《国语·周语》中《芮良夫论荣夷公专利》中的表述。该篇文章系芮良夫对周厉王的规劝，讲述了西周周厉王在位期间，宠幸“好专利而不知大难”的荣夷公，实行“专利”政策，将山林湖泽收归天子直接控制，不准国人擅自进入谋生，百姓无论采药砍柴，还是打鱼狩猎，均需缴纳“专利税”。文章中“匹夫专利，犹谓之盗，王而行之，其归鲜矣。”即是对这种政策的记载与讽刺，这里的“专利”是专牟私利的意思，与现代法律意义上的专利含义大相径庭，而现代汉语中“专利”一词的语义系由英文“patent”翻译而来。

英文中指代专利的“patent”一词源于拉丁文中意思为公开、展开的“patere”一词，由来自古法语的词根“pat-”和表示形容词后缀的“-ent”组成。有趣的是，在最早诞生之初，该词在使用中更多沿用了其拉丁文语义下的公开、开放的意思，而其“独占专有”的意思则是通过历史过程中的使用演化而来。自 1202 年起，由英国国王颁布的三类文书之一的公开文书卷宗在英文中书写为 Patent Rolls，其中的公开文书则使用由拉丁语 Litterae patentes 转变而来的 Letters Patent 进行指代。这是一种由国王签署的盖有国王大印的文书，但并不封口，任何人都可以打开阅读，多用于国王授予贵族头衔、升序、土地或官职时，同时公开文书也适用于专卖的准许。但此时的公开文书并不特别含有特许或者专卖的意思表示，特许是由专门的皇家文书进行函授，在上述英国国王颁布的三类文书卷宗中独占一席，即“皇家特许状（Royal Charters）”。这种状况一直维持至 1624 年《独占条例》（也称为《垄断法》Statute of Monopolies）的正式施行，此时的 Letters Patent 被用于授予发明人垄断权，改用英国专利局印章，其内容也是公开的。自此，这种文书在保留其“公开授予”的概念上增加了“特许独占专有”之意义，形成了“专利证书”的意思，其授予的权利具备了一部分现代法律意义上“专利权”的概念，其简称“Patent”由此拥有了特定的含义，逐渐演变成近现代语义下的“专利”一词。

### （二）现代法律语义下的“专利”概念

随着现代意义专利法的逐步确认和完善，现代法律语义下的“专利”概念更加广泛，在应用中主要包含以下几种。（1）专利权的简称，此时专利指发明人对其发明创造依法享有的排他性独占权。（2）专利在部分语境下表示受专利法保护的发明创造成果。（3）指代专利证书，即根据专利申请，由某个国家政府机关或者代表若干国家的区域性组织，经审查合格，没有发现驳回理由，满足颁发授予专利权条件，授予专利权的决定文件，这种法律证明文件记载了发明创造的内容，可以通过对发明人赋权，从而创造出一定时期内发明人享有专利权的法律状态。（4）专指发明专利，“专利”一词在世界大部分国家单独使用时皆指代发明专利，这是各国根据《保护工业产权巴黎公约》（Paris Convention for the Protection of Industrial Property）简称《巴黎公约》达成的合意规定，同时专利出现在知识产权协定中时仅指发明专利。

### （三）专利分类

专利数量庞杂，依照不同的分类标准，可以有多种分类方式，下文将对最常见的专利分类类型进行介绍。

**1. 根据专利保护的客体进行分类**

《巴黎公约》作为全世界范围内专利保护在经济“硬实力”方面最被广泛认可的国际条约，在其第一条第二款中就保护范围的客体进行了分类：“工业产权的保护对象有发明专利权、实用新型、外观设计、商标、服务标记、厂商名称、货源标记或原产地名称和制止不正当竞争。”

我国作为该公约成员国，对国际上较为通用的专利保护客体分类和公约中的客体范围进行了借鉴，将受专利法保护的不同客体分为3类，即发明、实用新型、外观设计。2020年修订的中国《专利法》第二条明确规定：“本法所称的发明创造是指发明、实用新型和外观设计。发明，是指对产品、方法或者其改进所提出的新的技术方案。实用新型，是指对产品的形状、构造或者其结合所提出的适于实用的新的技术方案。外观设计，是指对产品的整体或者局部的形状、图案或者其结合以及色彩与形状、图案的结合所作出的富有美感并适于工业应用的新设计。”

（1）发明。许多国家的专利法并未对发明进行定义，专利法意义下的发明更多的是经过对各国规范中的相关条文和实践来进行解读。除我国以外，《日本专利法》将发明的概念定义为：“发明是指利用自然规律作出具有高水平技术思想的创作。”世界知识产权组织则将其定义为：“一项发明人的技术构思，能够在实践中解决技术领域的某个问题。”可见在专利领域的发明，应当是在科学前提下，满足创造性、新颖性和实用性“三性”的需求基础上，人类通过有意识地利用自然规律所作出的技术成果。这也是当前专利法学界较为统一的看法。

根据我国对发明概念的解释可以看出，发明在中国的主要类型划分有3种，即产品发明、方法发明和具有创新性的改进发明。产品发明是指人们通过研究开发出的专利法意义上的关于各种新物质、新产品或新材料的产品；方法发明则是指人们为了解决某个问题所开发出的各种操作方法、制造工艺等；改进发明则是在已有的产品和方法基础上进行改进，从而得到的更完善的创新性技术方案。

（2）实用新型。实用新型在名称上与各国存在差异，但在概念和性质上较为一致，《巴黎公约》没有规定实用新型的概念，但规定实用新型享有发明专利的利益，与发明专利相比较，实用新型具有更短的保护期限、更宽松的审批程序和更低的创造性和技术性要求，因此某些国家也将实用新型专利称之为“小型专利”。

结合我国专利法来看，中国对实用新型专利保护的着重点与世界各国基本一致，主要目的在于鼓励低成本、研制周期短的小发明创造，强调实用性，以期能够更快地适应经济发展的需要。但这并不意味着只有小发明才能申请实用新型，对产品的形状、构造或者其结合的新颖性、创造性较高的其他发明创造，只要是符合实用新型的保护客体，也可以申请实用新型。

（3）外观设计。外观设计也是《巴黎公约》规定的知识产权保护客体之一，《与贸易有关的知识协议》将其界定为“工业设计”。虽然作为一种专利类型，但与其他专利类型的性质存在区别，外观设计在创造性上而言并不是一种技术方案，在新颖性上强调的是美学观感而不是功能特征，在实用性上的要求程度也较低，因而许多国家将外观设计纳入专门的工业设计法或外观设计法进行保护。

值得注意的是，中国专利法将外观设计纳入专利法的保护范畴，这与许多国家的做法并不一致。这意味着我国专利制度承认当产品具有可供选择的变化设计时，该产品的外观就不是仅仅由功能决定的，其具有专利法意义上的保护价值。更重要的原因是基于当前我国国情进行考量，因为发明与实用新型专利的审查机关、权利取得的程序、行政确权的程序等规则完全可以适用于外观设计，实行一体保护可以节约立法与执法成本。因而，虽然中国专利法将外观设计纳入专利的保护范畴，但其获取条件、保护范围、保护期限等与发明和实用新型专利是完全不同的。

**2. 专利文献分类体系**

专利文献是世界各国、地区的专利局及国际性的专利组织在专利受理和审批的过程中产生的官方文件及其出版物的总称。专利文献卷帙浩繁，门类众多，必须进行科学的分类和管理。专利分类体系就是各种分类号的集合，它根据相同或类似技术内容的文献给予同一个标签，即给予一个分类号，从而进行有序地管理。所以我们面对海量的专利文献数据时，除了使用关键词检索外，搭配专利分类号对专利文献进行检索，检索结果可能更精准，达到事半功倍的效果。

目前主流的专利文献分类体系主要有国际专利分类（IPC）、欧洲专利分类（ECLA）、美国专利分类（USPC）、日本专利分类（FI/F-Term）、联合专利分类（CPC）以及德温特专利分类（DC-MC）。目前，中国主要使用 IPC 和 CPC 两种专利文献分类体系。

在这些分类体系中，国际专利分类（IPC）是目前使用最广泛的分类体系，由世界知识产权组织（WIPO）管理。IPC 分类体系是基于技术主题进行分类，代表了适合于专利领域的知识体系，按照五级分类：部（Section）、大类（Class）、小类（Subclass）、大组（Main Group）、小组（Group）。其中，“部”作为专利分类体系的第一等级，用A–H的一位大写英文字母来表示，每一个“部”的类名概要地指出该部所包含的技术范围，比如G代表“物理”。“大类”是分类表的第二等级，按不同的技术主题范围将每一个“部”分成若干个大类，每一个“大类”由两个数字组成，比如G06代表“计算、推算、计数”。“小类”是分类表的第三等级，每一个“小类”由一个大写字母组成，比如G06F代表“电数字数据处理（基于特定计算模型的计算机系统入G06N）”。每一个“小类”细分成许多组（大组和小组的统称），每个组的类号由小类类号加上用斜线“/”分开的两个数字组成。例如，大组G06F3/00代表“用于将所要处理的数据转变成为计算机能够处理的形式的输入装置；用于将数据从处理机传送到输出设备的输出装置，例如，接口装置”。小组G06F3/048代表“基于图形用户界面的交互技术〔GUI〕〔2006.01，2013.01〕”。

此外，随着人类科技水平进步，各国专利文献分类体系也依旧存在改进空间，例如，2023年，中国同济大学团队在如何提高人工分类效率，降低因分类人员主观知识结构和客观环境因素影响导致的分类错误率层面进行研究，构建了基于层次分类器的中文专利文本分类模型。①

## 二、专利权

专利权是知识产权的重要组成部分，是指法律赋予专利权人对其获得专利的发明创造在一定范围内依法享有的排他性权利，包括独占权、许可权、转让权、标识权等。专利权人对发明创造享有专有权利，发明创造一旦被授予专利权，任何单位和个人未经专利权人许可，都不得实施其专利，即不得为生产经营目的制造、使用、许诺销售、销售、进口其专利产品，或者使用其专利方法以及使用、进口依照该专利方法直接获得的产品。

### （一）专利权的性质

#### 1. 专利权属于私权

专利权最显著的性质是其私权属性。私人权利是与公共权利相对应的概念，私权由私法进行调整，是平等私主体间权利义务关系的简要概括。

---

① 慎金花，陈红艺，张更平，等.基于层次分类器的专利文本分类模型研究[J/OL].情报杂志：1–9[2023–04–23].http://kns.cnki.net/kcms/detail/61.1167.g3.20230417.1058.020.html.

有学者认为，专利法中专利权的授予和审查机制是调整国家专利机关和私人之间的权利义务关系，专利法的性质有待商榷，其所授予的专利权性质也存在复杂性。本书认为，专利法律制度中调整专利权授予和审查的条款，是基于专利权本身所应包含的公开意义而定制的，并不影响专利法的私法属性，也无从影响专利权的私权性质。纵观专利制度发展史和当下现行的各国专利法，专利法律制度的绝大部分内容都是基于调整平等私主体间位于市场环境中专利的确权、利用、流转、许可等情况为目的而进行规范的，这可以为专利法的私法属性提供有力证明。此外，在专利制度所有法律规范中，调整国家专利行政部门与个人之间权利义务关系的条文，其本质皆是为满足专利权所包含的公开意义，为专利权授予和行使提供支持而制定的公示制度条款，包括专利审查、专利登记和公告等。这种少量条款的规范所提供的更多是专利制度的程序价值，无论从数量上和逻辑上都无法对专利法本身的私法属性造成影响。

综上所述，专利法属于私法属性，其所保障和调整的专利权自然也具备天然的私权利性质。

**2. 专利权属于财产权**

人格权和财产权是私权利，也即民事权利领域对权利的性质划分，因为专利权往往是因个人智慧成果的创作所获得的权利，在其是否具备人格权属性的问题上曾在专利法学界产生过争论。这种争论的要点在于，专利权是不是个人意识的外延体现以及专利权与发明人人格是否具备不可分性。

在现代专利制度日趋发展成熟后，专利许可和专利流转基于市场需求而出现，适格的专利权人不一定是发明人的情况出现，使得上述问题有了确切的答案，即专利权属于一种完全的财产性权利，并不具备人格权属性。

### （二）专利权的特征

与无形财产和其他知识产权相比，专利权具备以下几点特征。

**1. 专利权具有鲜明的独占专有性**

首先，专利权是一种对世权，专利权一经获得，专利权人便就其专利成果和技术方案成为权利主体，与其相对的所有人都成为义务主体，有义务确保自身不对获得专利权的专利实施任何法律所不允许的不正当竞争行为；其次，专利权为一种具有排他性质的权利，即发明创造一旦被授予专利，除法律另有规定外，其他任何单位和个人不得以营利为目的实施该专利。值得注意的是，专利赋予的排他性权利是严格限定在技术领域内的。在多数情况下，这种权利并不会转成像经济学家所称的“垄断权”，因为技术领域很少与经济产品市场共同扩张。

另外，这种排他性权利实质上是一种消极权利。首先，专利并不直接授予权利人为某种行为的积极权利。例如，获得专利的药品仍须通过依法审查后方可合法销售。其次，一项发明本身可能被先前的某项专利所涵盖。在此种情况下，发明改进专利的权利人有权禁止包括先前的宽泛专利权人在内的任何人使用其改进的技术，同时除非获得宽泛专利权人的授权，该改进专利权人也不得使用此项改进技术。

依据著作权法，如果两个人分别就同样的主题创作了即使是相同的表达，只要其表达都具有独创性，他们就都可以获得保护。然而，如果一个发明人就一个技术方案获得了专利，其他人即使是独立研发出相关技术，也不能再获得专利保护。

**2. 专利权客体的公开性**

从某种意义上讲，专利制度实际上是一种发明人与社会间订立的契约，按照该契约，发明人以公开其最新的发明创造为代价来换取社会对其专利权的承认。申请人要想取得专利，就必须在专利申请文件中完整、清楚地公开其发明创造。通过向社会公开相关的发明创造，相关的技术信息得以在社会传播，从而促进技术的流转与创新，并最终促进人类的科技进步和经济发展。另外，专利权客体的公开也是向社会展示其专利权的权利边界，从而有利于公众了解专利的范围，避免可能的侵权发生。

**3. 专利权效力的限制性**

专利权作为国家专利主管机构依照法定程序审查批准授予的专有权利，其效力具有一定的局限性。首先，专利权具有地域性。也就是说，专利只在授权国家或地区有效，并不存在所谓的欧洲专利、世界专利；其次，专利权还具有时间性。发明专利权的期限为20年，实用新型专利权和外观设计专利权的期限为10年，均自申请日起计算；最后，专利权的权能也存在一定限制。基于平衡专利权人与社会公众的利益，各国都对专利权的权利行使规定了众多的例外，如非为营利目的的使用、权利行使不违反反垄断法等。

## 三、专利申请权

### （一）专利申请权的适格条件

专利申请权是向专利局提出专利申请的权利。依中国法律规定，专利申请权的取得必须具备如下条件：（1）主体必须具有法律所赋予的享受专利权的资格。如中国公民与法人；依照其所属国同中国签订的协议或者共同参加的国际条约，或者依照互惠原则可以享有专利权的在中国没有经常居所或营业所的外国人、外国企业或外国其他组织；（2）必须基于一定的法律事实。

引起申请权发生的法律事实有：（1）发明创造；（2）完成委托发明创造；（3）完成职务发明创造；（4）申请权继承；（5）申请权转让。具备上述两个条件便取得专利申请权。职务发明的申请权属于单位；非职务发明的申请权属于发明人或设计人；委托发明的，依委托合同的约定来确定申请权的归属；因继承、转让而取得申请权的，申请权归继承人或权利受让人。享有申请权的，可向专利局提出专利申请。申请被批准后，享有专利权。

### （二）专利申请权与专利权的区别

就概念上看，专利权就是专利申请人的专利申请成功后，在一定期限内依法享有的独占实施权。专利申请权是指在就发明创造向国家知识产权局提出专利申请之后，专利权申请人享有的是否可以继续进行专利申请程序、是否转让专利申请的权利。

就过程上看，专利权是在最终授权后获得，专利申请权是在提出专利申请到专利被授权或驳回之前的权利，权利存续阶段不同。

就作用范围来看，专利权是一种权属明确的技术独占拥有权，可以许可、转让和质押融资，也可以在权利有效期内对相关侵权行为发起诉讼要求赔偿，专利申请权仅可以转让，不能质押融资和许可，并且是一种权属不明确的技术拥有权，仅在最终发明创造被授权时，拥有专利申请权的申请人才能就该技术拥有专利权，拥有专利申请权的权利人在该申请的技术获授权之前被未经允许实施的人实施了该项技术的，该权利人不能针对侵权行为对侵权人发起诉讼，只有等到被授权之后才拥有发起诉讼的权利。

## 第二节　专利制度的功能

专利制度的功能是指专利制度对人类社会科学技术进步和经济社会发展等方面所具有的积极意义与正向价值。首先，从世界各国专利制度已有的历史运行实践来看，专利制度通过设立私权即专利权为手段，对激励科技创新具有重大价值，这也是专利制度最主要、最核心的功能，再有专利文献的存在也为后续的科技研发与应用提供重要的参考资料，对创新发展起到间接支撑作用。其次，专利制度在赋权的同时赋予了技术信息以公开属性，有利于促进技术发展与普及，从而使得整个社会范围内公众的科学认知程度得到提升。此外，在当代市场经济中，专利权是重要的市场竞争工具，保护专利权的专利制度也具有维护市场竞争秩序的功能。

## 一、激励科技创新

劳动创造世界是被实践检验并为人们认识的真理，劳动又分为脑力劳动和体力劳动，而发明创造是一种以脑力劳动为主、体力劳动为辅的复杂性劳动。这种复杂劳动的成果是一种无形财产，这种无形财产同样具有价值和使用价值，而且是一种“含金量”很高的新型财产。而这种财产一旦应用于生产，转化为现实的生产力，就成为推动社会和经济发展的强大动力，具有很高的使用价值。但这种财产的取得需要付出相当大的物质消耗和智力消耗，需要投入大量经费、时间和以脑力为主的高质量的智力劳动。发明创造是一种高级的脑力劳动，具有探索性、创造性和复杂性；发明创造的过程，是从无到有的过程，是信息加工的过程，它从输入各种知识开始，经过探索性的复杂过程，最终产生出知识产品，这个产品是智力成果。

智力成果的生产没有现成的规律可循，没有现成的办法可用，更没有成功的把握，只能在实践中探索。正如马克思所说，“在科学上没有平坦的大道，只有不畏劳苦沿着陡峭山路攀登的人，才有希望达到光辉的顶点。”因此，发明创造要获得成功，不能按常规走路，不能靠强迫命令，只能靠激励、靠吸引、靠良好的法律保障环境、靠宽松的氛围来调动和鼓励广大从事发明创造人员的积极性。近 200 多年的科技经济发展史和各国的经验都表明，专利制度正是这样一种国际上通行的、利用法律和经济的手段来推动发明创造的有效办法。

科技创新发展是人类生产力水平提高和生产方式跨越的最主要的因素之一，同时也是国际社会中各国竞争力和企业市场竞争力的核心支撑。按照马克思主义经济学的观点，价值的形成过程是抽象劳动同劳动对象相结合而凝结成价值的过程。纵观人类发展史与专利制度发展史不难发现，专利制度的本质是一种通过赋权手段对技术成果进行产权界定的法律制度，只有在这种界定能够结合市场情况完成社会与经济生活中物质的转换时，人们才愿意花费大量成本对这种无实物的产权进行界定，赋予这种抽象劳动以价值认可。因此，专利制度在诞生之初的底层逻辑便是以制度手段对科技创新进行保障和支持，并由此促进经济市场内的资本力量追逐结构升级，改善市场环境，再由更完善的市场环境促进专利制度的进一步提高，最终形成良性循环。

这是源于市场本身的逐利倾向和科技创新本身高成本、回报期长等属性的不兼容，需要外力的介入改变从而衍生出的。可以说，激励科技创新是专利制度最重要的功能与正当性依据，同时也是专利制度的终极目标，这一点也体现在世界各国有关于专利法立法目的法律条文中。例如，中国《专利法》第一条明确规定："为了保护专利权人的合法权益，鼓励发明创造，推动发明创造的应用，提高创新能力，促进科学技术进步和经济社会发展，制定本法。"在1787年《美国宪法》第一条第8款的知识产权条款、1968年《法国专利法》、1981年《德国专利法》等法律条款中皆有类似表述。

## 二、促进技术发展与普及

如果认为，前述所说的激励功能是发挥专利制度的保护功能，使发明者的正当权益能够得到保护，从而调动了人们从事发明创造的积极性；那么专利制度的公开功能，则能够促进技术发展与普及。这是指专利申请人在申请专利同时，要向社会公开自己发明的内容，而且公开的程度是以普通技术人员能够按照它来实施该项发明为准。保护和公开这两者看似矛盾的两个方面，正是通过专利制度以保护换取公开的调节，即要获得保护必须公开发明的内容，这就实现了公平、公正和合理。因此既保护了发明人的利益，又兼顾了社会公众的利益。

在缺乏法律制度对专利进行保障时，发明人会因缺乏一种正当性权利而不可避免地担忧自己付出高成本获得的发明创造成果被他人轻易模仿、免费使用，导致自己不仅难以保存其技术优势，而且还会因为前期投入的巨大研发成本无法获得回报而在市场竞争中处于劣势。这种担忧会促使创新主体采取最原始的方法来防止"揩油""搭便车"的行为，即对其发明创造成果采取保密措施，使竞争者无法获知、复制、学习使用该成果。这种策略虽然能够在一定程度上维持创新者的竞争优势，但也存在诸多缺点。

首先，既要利用发明创造成果，又要对其加以保密，往往需要严加限制掌握发明创造成果的人员范围，利用该成果的方法、时间、空间，还要付出很大的成本，必然妨碍发明创造实施规模的扩大与效益的增加。例如，我国历史上许多经营者将技术成果作为"秘方""秘笈"来使用，并采用"传内不传外""传子不传女"的方式来防止其扩散，始终只能局限于家庭作坊经营，无法适应近代市场竞争的需求。而且，这种保密管理即便小心谨慎，也难免有所疏漏，导致泄密，保密的效果也未必可靠。所以，保密对于大多数创新者而言，也只是为了生存而不得已采取的手段，绝非最优策略。

其次，如果创新者对其发明创造成果严格保密，对于社会而言也是一种重大的损失。一方面，社会公众无法获知最新的科技信息，不利于国民科技文化水平的提高。其他国民在无法获知创新成果的状态下重复研发，也是一种社会资源的浪费。另一方面，该成果在一家经营者秘密实施的状态下，也难以真正转化为社会生产力，无法发挥促进国家产业的发展、提升消费者福利的价值。如日本著名学者吉藤幸湖所言，从社会科技进步、国家产业发展、公共福利提升的角度来看，“没有比发明保密更有害的了”。

专利法律制度正好能够克服保密策略的缺点和弊端。按照契约理论学者的观点，专利制度可以理解为创新者与社会公众之间的“社会契约”。即由代表社会公众的国家向创新者赋予对发明创造的专利权，换取其将发明创造方案的公开。在这种“以权利换公开”（若从申请人的角度看，则是“以公开换权利”）的利益交换机制下，创新者的利益不仅没有受损，而且还得以增进。由于创新者获得了一定时期的对发明创造的排他性实施权，他人要实施该发明创造必须获得创新者的许可，创新者的竞争优势将得以长期维持，既可以自己独家实施该发明创造，也可以许可他人实施并收取许可费，通过多元的途径获得市场收益，使创新活动的努力得到回报。对国家和社会而言，发明创造方案公开之后，其包含的科技信息将迅速、广泛地公开传播，任何人皆可获取浏览，为公众提供丰富的科技知识，为其他经营者提供更多的研发思路与生产方案，有效地避免其他主体的重复研发，并为进一步的创新活动提供良好的基础和支撑。

在现代社会，专利制度促进技术信息公开与传播的功能对于社会科技进步、国家产业发展、公共福利提升而言十分重要。世界知识产权组织的统计表明，专利文献是当代世界上最大的技术信息源。世界上每年发明创造成果的 90% ～ 95% 都可以在专利文献中查找到，而且许多发明创造仅通过专利文献公开，并不见诸其他科技文献。而且，与其他技术文献相比，专利文献结构清晰，数据可得性强，成为研发工作者最重要的参考资料之一。当代专利文献有专门的分类体系，其详细深入程度远远超过目前普遍采用的图书分类体系，使用者可以据此便捷迅速地得到其需要的科技信息。专利文献除了纸件形式之外，还有各种载体形式。目前，各种类型的专利信息数据库有了很大的发展，具有十分强大的检索功能，公众可以随时通过互联网进行检索查阅。这样，专利制度就为社会公众提供了一个内容翔实、格式规范、便于查找，并覆盖各个技术领域的巨大信息源，大大提升了获取和利用技术信息的便利程度。相关调查统计结果表明，阅读专利文献能够为研发者平均节省

12.2 小时的研究时间。因此，专利文献在技术扩散、技术溢出中扮演着重要的角色。诸多经济学研究成果表明，专利机制有利于技术信息成体系地汇报、检索、扩散，减少发明人对地区性技术传播渠道的依赖，从而促进技术知识的地理扩散。也正因为如此，专利文献的引用频率已经成为衡量技术扩散与知识流动程度的重要指标。

概言之，促进技术信息的公开与传播是专利制度的重要功能。这种功能的本质是通过赋予私权的方式，在保持对技术信息生产活动的激励的同时，提升技术信息的正外部性，使创新成果发挥最大的社会价值，并为未来的创新提供支撑，实质上也是一种促进社会创新发展的机制。这种功能和机制与专利法的立法目的密切相关。正是通过“以公开换权利”或“以权利换公开”的路径，使得“保护专利权人的合法权益”这一专利法的直接目标与“激励创新，促进社会发展”这一专利法的根本目的被连接起来，使得私权和公权达到平衡。

## 三、维护市场竞争秩序

一项科技成果的取得需要经过基础研究—应用研究—开发研究的复杂过程，需要有大量的投入和付出艰辛的劳动。例如，一种新药从研制、开发到生产需要花费十几年的时间和几亿美元的经费才能上市。而科技发明成果作为一种无形财产，一般是以信息情报形态予以贮存或传递，当进入市场后极易被无边无际地扩散出去，被无偿地占有和使用，越是有市场前景的科技发明成果，就越容易被任意仿制和剽窃。这种行为不仅侵犯了专利权，也是一种盗用他人创新成果、违背诚实信用原则、扰乱合理的市场竞争秩序的不正当竞争行为。因此，这种无形财产的流通需要法治化、规范化，使得技术商品的流通沿着健康的方向发展。

专利制度的建立，从根本上解决了科技发明成果产权归属的问题，进而通过国家对专利申请的科学审查，给技术商品流通打上了合格的标记，再由专利实施许可合同对当事人双方的权利义务进行明确约定，使技术能规范地进入市场，并通过技术市场的公平竞争，从而保证了科技成果的发明人能够及时地回收资金，并开始新一轮的开发。可以说，专利制度所提供的这种循环制度在对打击专利权侵权行为并且支持科技进步的同时，也发挥了维护市场秩序的功能。

# 第三节　专利制度的历史演进

## 一、专利制度的产生

针对专利制度的起源，当前学界存在多种不一样的观点。较早从事专利制度历史研究的 Vishwas Devaiah 提出，早在公元前 500 年前，古希腊殖民地的城市希伯利斯（Sybaris）曾给予发明新菜谱的人一年的独占权，这可能是最早的专利保护形式。同时，根据亚里士多德《政治学》的记载，一位名为西伯达姆斯（Hippodamus）的人曾呼吁建立一个奖励发现有利于国家发展事物的人的制度，这表明可能早在亚里士多德生活的公元前 3 世纪，专利立法思想的萌芽已经出现。这种专利制度起源于古希腊的理论一经提出，便获得了大量学者的支持。

还有学者认为最早的专利制度源于公元前 5 世纪中期古罗马的行业协会内部。在古罗马王政时代与共和早期这一漫长历史时期中，古罗马社会组织形式就呈现出复杂性与多样化，自愿结成的社团协会不断增多，这些团体常以不同的目的而结成组织，如行业协会、宗教组织、社交饮酒俱乐部等。但也正是因为行业协会的自发属性和其社会目的，这种行业社团联合性质的组织仅仅是调节普通民众与贵族群体之间关系的“纽带”，并未有历史证据表明此时的古罗马行业协会内部遵循了专利制度，这种理论缺乏证明力。

此外，当前更主流的专利制度产生理论认为中世纪的欧洲地区行业协会是更可信的、史料可考的专利制度来源。中世纪时期的欧洲行业协会具有明显的地区和团体独占经营形式，属于一种群体性独占权的现实体现，当时的行业协会在内部进行自由竞争，但严格控制技术和产品外流，虽然其独占权目的是基于对协会内部成员的秘密进行控制，但确实是当前可以考证最早的独占权的应用。

中世纪晚期时，欧洲开始出现国家授予个人专利的实践做法，独占权从团体向个人的转变也开始萌生，其中最典型的代表是英国与当时处于意大利地区的威尼斯共和国。14 世纪时，英王室就开始以皇家特许状形式向引进新技术的外国技工授予垄断权利，出于对制造业发展的重视吸引技术流入。[①] 15 世纪时，则出现了以“公开文书”也即“专利证书”授予制盐工艺发明人

① See Vishwas Devaiah, *A history of patent law*, http://altlawforum.org/publications/a-history-of-patent-law/.

的专利权的先例。威尼斯共和国则是在1416年由威尼斯大议会颁发了世界上最早有文字记载的技术发明专利。

这些实践都依然缺乏稳定的保护发明的制度和法律保障，但为专利制度的正式形成创造了经验、打下了基础。

## 二、专利制度的形成

### （一）专利制度的初步形成

专利制度的形成最早出现在15世纪的威尼斯共和国，1474年，世界上第一部专利法于威尼斯问世，其内容明确规定："任何个人，在本市制造国内未曾有过的新颖且精巧的发明，一旦此项发明改进至可使用并实施的程度，即可立即将其备份于本市行政部门登记。未经创造者同意或许可，任何他人在10年之内不得在本市所辖城镇内制造或仿制同一发明。若有违反者，前述创造者或者发明人有权将其向本市执行官告发，执行官可令侵权者赔偿100金币，并立即销毁侵权物。"[①]

从内容上看，1474年威尼斯专利法对专利范围作出了界定即"国内从未有过"而在本城市创造的发明，对专利客体作出了要求也即应具备新颖性、实用性的特点，对专利垄断期间作出了限制即规定为10年内，对专利注册程序进行了规定，对专利侵权制度也设计了配套规则。从效力上看，威尼斯专利法颁行前自1416—1472年仅有13件技术专利被颁发，颁行后75年这一数量迅速增长至100余件。

综合而言，威尼斯专利法是有效的第一部具有现代专利制度轮廓的专利法，对后世其他国家专利制度的建立具备划时代的参考价值，是专利制度于人类历史上的首次形成。

此后直至16世纪时期，随着社会经济的发展和科学研究水平的提高，欧洲出现了大量新发明、新技术和新设备，实现初步工业化的欧洲各国先后建立了类似的专利制度。

### （二）现代专利制度的形成

随着资本主义经济和工业化的发展，市场范围逐步扩大，旧专利制度存在的缺陷越发明显。比如：专利权撤回规定的模糊使得统治者可以基于意志剥夺或改变专利证书，导致专利权人利益的不稳定；专利授予客体范围的不

① 马一德：《专利法原理》，高等教育出版社2021年版，第4页。

明确和国王保留的授予权，导致统治者可以滥发专利，使得专利制度保护和支持科技创新的功能得不到真正落实；还有专利权限制界定不清晰导致的垄断市场、破坏竞争等问题开始浮现。资产阶级对带有垄断性质授予专利特权的旧制度愈发不满，亟须破除不正当的垄断特权，建立更加规范、给创新者提供更稳定保障、尊重市场竞争规则的法律制度。

在这种背景下，英国于1624年实施的《独占条例》问世。当下学界通说观点认为，英国1624年《独占条例》是现代专利制度形成的源头。该法第一条规定："凡授予垄断权及刑法特权，或法律义务免除权，或以没收财产抵偿的私自和解权，均与陛下的法律相抵牾。……凡此前或嗣后颁予任何人或任何政治团体、法人团体在本王国或威尔士自治领境内专自购买、销售、制造、加工、利用任何器物的垄断权及委托书、授权书、许可证、特许状、任命状，或其他任何垄断权……一律违反本王国的法律，故全然无效而不得以任何方式付诸实施或执行。"与此同时，该法第六条对这种独占权与豁免权的无效作出了例外规定："然前述文告于十四年或少于十四年期间，不延及嗣后颁予任何一种新器物的首先发明者在本王国境内专自加工、制造此种器物的任命状及特别待遇的授权书，他人不得于颁予此种任命状及授权书期间利用前述器物，唯此种任命状及授权书不得违反法律，亦不得因提高国内货品价格、妨碍贸易或广泛招致不便使有害于国家；前述十四年以嗣后颁予首个任命状或此种特别待遇的授权书之日为始，唯前述任命状及授权书仅具有于本法未曾发布情形所具有的效力。"也就是说，根据英国《独占条例》的规定，所有垄断特权，原则上一律取消，但允许发明专利作为例外而存在。废除垄断特权，旨在限制王权，保障经营自由与竞争自由。允许保留发明专利，是为了继续通过向发明创造者授予独占经营权的方式来激励创新，发展本国工商业。

依照该法的规定，授予专利的发明须是国内未曾使用过的产品或工艺。该规则类似当代专利法的新颖性要求，一方面确保专利真正授予那些引入新技术从而对经济发展有所贡献的商人；另一方面则防止英国已有技术、行业为某一商人所垄断，从而保障这一行业其他商人的利益。该法还规定，发明专利的期限不得超过14年。以14年为期限，主要是因为当时行业协会规定的学徒期为7年，以当时之观念，发明创造者可以通过两个学徒期的独占经营获得充分的回报。此外，该法还特别规定不得利用专利违背法律，提高商品价格，损害贸易，以防止专利权滥用行为损害公共利益。

英国所颁布的《独占条例》，以反垄断性为主，虽然只有几个条款涉及发明专利，却是专利法发展史上的一个重大事件。这就使专利体系从一种由统治者主导进行奖赏的特权制度，向真正对创新的激励机制进行转变。其对发明人所享有的专利权作出了清晰的规定，并开始从私人权利的视角对专利权进行认识与保护。此外，该法还通过对获得专利的条件、专利期限、专利行使的限制进行明确规范，从而在市场层面对专利获得者与其他经营者的关系进行协调，对私人权利与公共利益的关系进行协调。可以说，该法中的发明专利规则已经初步具备现代专利制度的特征。

《独占条例》之后，英国的专利制度基于其本身法系特点，在判例形式中不断完善，例如，1711 年，John Nasmith 一案开专利先授权后公开之先河，这种规则于 1752 年成为普通法惯例。此后于 19 世纪中期，英国政府进一步改革专利制度，制定实施统一规范的专利审查登记制度，颁布了《英国实用设计法》，规定专利申请必须经过专利行政机关的严格审查，只有符合法定条件的发明创造才能获得专利权，专利申请被核准之后，专利行政机关应当对其加以登记、公告，以此作为专利权归属、行使与保护的依据。这种程序改革进一步限制了王权，使得专利范围进一步明确，专利的私权利属性得到界定，并更好地避免了专利权在市场上成为垄断特权的可能性。

1852 年，《英国专利法》正式颁布，此后，专利成为一种权属清晰、范围明确、有流转可能性的受法律保护的财产性利益，具备法律和经济意义上的正当性，这也标志着现代专利法律制度的正式形成。

## 三、专利制度的发展

现代专利制度于世界范围内的多个国家接连确立，并逐渐发展出更多的专利法律保护手段和更适应时代的趋向特征。

1787 年的美国联邦宪法第八条规定“为促进科学技术进步，国会将向发明人授予一定期限内的有限的独占权。”1790 年，以这部宪法为依据，又颁布了美国专利法，它是当时最系统、最全面的专利法。依据美国专利法授权的第 1 件美国专利出现在 1790 年 7 月 31 日，是有关碳酸钾的制造方法。

法国第一部专利法出现在 1791 年。这期间各国专利法的共同特征是专利授权时都没有明确的权利要求，而且都不进行检索和技术审查。随后，1800—1888 年，大多数工业化国家都颁布了本国专利法，它们是：荷兰（1809 年）、奥地利（1810 年）、俄罗斯（1812 年）、瑞典（1819 年）、西班牙（1826 年）、墨西哥（1840 年）、巴西及印度（1859 年）、阿根廷及意大利（1864 年）、加拿大（1869 年）、德国（1877 年）、土耳其（1879 年）、日本（1885 年）。

1877 年的德国专利法突出了强制审查原则，是最早实行专利审查制的国家。1902 年修订的英国专利法规定审查员须对 50 年来的英国专利进行检索，1905 年起英国正式开始实行专利申请检索制度。1932 年修订的专利法又将专利申请的检索范围扩大到英国以外的国家。

## 四、我国专利制度的发展历程

### （一）1949 年以前中国专利制度的发展

清末，西方列强以坚船利炮打开了我国国门，清朝的海禁政策被迫改变，全然不同的社会制度与学科思想被以一种残酷方式展现在当时仍处于封建社会的中国面前。战争层面的接连失败促使当时具有改革精神的知识分子和民族实业家们开始学习新的思想、借鉴西方当时的先进制度，以期求变救国。19 世纪中叶以后，资产阶级萌芽在中国开始成长，社会生产方式逐步由封建向资本主义产生了变化，作为一种西方文明产物，专利思想和专利制度在此时被引进中国，并悄然开始发展。

1859 年秋，太平天国后期的重要领导人之一洪仁玕提出的具有资本主义色彩的《资政新篇》中有明确的专利思想和建立专利制度的具体设想，“倘若能造如外邦火轮车，一日夜能行七八千里者，准其专利，限满准他人仿效”。在“兴舟楫之利”方面，他主张以坚固、轻便、捷巧为妙，如轮船“或用火用气用风，任凭智者自创，首创至巧者，赏以自专其利，限满准他人仿效”。这是专利制度第一次作为类似立法方案的设想在我国出现，但当时的国情决定了洪仁玕的这些设想不可能通过立法来实现。

我国近代史上第一件专利是 1882 年光绪皇帝赐予郑观应的上海机器织布局的机器织布工艺 10 年专利。这实际上是开办新兴工业的垄断权。自此以后，清朝批准造纸、酿酒、纺纱等新工业的垄断权逐渐增多。

我国近代史上的第一个专利立法是光绪二十四年（1898 年）的《振兴工艺给奖章程》。当时“戊戌变法”正进入高潮，以光绪皇帝为代表的维新派，把奖励工艺创新、建立专利制度作为革新治国的一项重要变法内容。但是，封建制度本身及清廷的极端腐败，决定了这不可能真正起到促进技术进步和经济发展的作用。事实上，两个月以后，以慈禧为首的保守势力就发动了政变，该章程随即夭折。但其作为一种新兴制度文化，这次尝试却嵌套入中国的专利制度发展史，其中部分法律规范及立法思想被后世的中华民国政府继承了下来。

1912年辛亥革命胜利后，民国工商部颁布了《奖励工艺品暂行章程》，并在1923年3月由民国农商部修订为《暂行工艺品奖励章程》，这可谓是我国历史上第一部专利法实施细则。至此，专利制度在我国当时的社会环境下开始蓬勃发展。1928年6月国民政府农工商部再度颁布了《奖励工艺品暂行条例》，废止了先前有关章程，并于1932年9月由国民党政府完善后颁布《奖励工业技术暂行条例》。

1940年后，我国历史上第一部正式的专利法《中华民国专利法》草案开始进行撰写，并于1944年由当时的国民党政府颁布。该法分发明专利、新型专利、新式样专利和附则四章，共计133条，引入了一些当时国际上较为先进的做法，规定对发明、新型和新式样授予专利。《中华民国专利法》对发明专利权的保护期限是15年，新型专利权的期限是10年，新式样专利权的期限则是5年，均自申请起计算。该法在1949年1月1日开始正式实行，后几经修改，于我国台湾省沿用至今。

### （二）新中国成立以后我国专利制度的发展

新中国成立初期，民国时期的专利制度随着1949年2月中共中央《关于废除国民党的六法全书与确定解放区的司法原则的指示》在大陆被正式废除。我国逐步废除了生产资料私有制，社会制度与结构模式都经历了翻天覆地的变化，专利法律制度作为一种保护私权的法律在当时并不适合我国生产资料公有制的社会情况。

1950年8月，即在新中国成立后的第二年，通过对苏联的借鉴，中央人民政府政务院批准公布了《保障发明权与专利权暂行条例》，是中华人民共和国第一部明确保护专利权的法律。条例的内容参照了苏联的“双轨制”，即发明人在仅限方法发明的基础上，在获得专利权或发明权上可以进行选择。同年10月，政务院财政经济委员会公布该条例的施行细则。1963年11月国务院将其明令废止，并同年公布了《中华人民共和国发明奖励条例》与《技术改进奖励条例》。至此，《保障发明权与专利权暂行条例》实施历时13年，先后批准了4项专利权和5项发明权。也就是说，自1963年起，发明奖励制度代替了发明保护制度，这是我国专利制度发展史上的一大转变。

源于当时计划经济时期排斥私有财产的社会背景，现代专利法律制度并没有适合的成长土壤，从实践情况看，单单依靠行政措施对科技创新进行激励效果也并不理想。

自1978年年底党的十一届三中全会以后，国家的工作重心转移到现代化建设上来，为了适应全面改革、对外开放和集中力量进行经济建设的需要，我国开始筹建专利制度，着手起草专利法。1980年年初国务院批准成立专利局。在认真总结新中国成立初期实行专利制度的经验和广泛借鉴各国专利法的有益经验的基础上，专利法的草拟工作历时5年，经过广泛讨论和征求意见，作了近30次的反复修改，1984年3月12日第六届全国人民代表大会常务委员会第四次会议通过了《中华人民共和国专利法》(以下简称《专利法》)，该法的颁布和实施标志着我国专利制度进入了一个新的历史时期。《专利法》于1985年4月1日起正式施行，同年1月19日国务院批准了《中华人民共和国专利法实施细则》(以下简称《专利法实施细则》)。为了配合专利法的实施，中国专利局还针对若干具体问题公布了一系列单行部门规章。

1984年《专利法》是中华人民共和国第一部专利法，也是第一部在我国真正有效实施的专利法律规范，该法借鉴了当时国际上最新的立法经验，充分考虑了我国国情，体现了社会主义性质，基本上遵守了国际公约和国际惯例，为我国科技创新发展和经济建设作出了巨大的贡献。自其颁布以来，我国专利工作取得了丰硕的成果，创造了世界专利制度发展史上的奇迹。从1985年4月1日到1992年《专利法》第一次修订前，我国专利申请量以平均每年23.8%的速度增长，到1992年1月，中国专利局累计受理专利申请22万余件，批准专利8万余件，在我国申请专利的国家和地区已达66个。

为了适应我国专利制度在实践中随着市场经济发展、社会生产力水平提高和国际环境变化所带来的新挑战，为了在缺乏专利制度实施经验的基础上完善我国专利法律体系，《专利法》自诞生以来已经历经4次修订。

**1. 第一次修订**

1992年9月4日，第七届全国人民代表大会常委会第二十七次会议通过决定，对《专利法》作出部分重要的修改；1992年12月12日国务院批准修订了《专利法实施细则》。这次修订将化学物质、药品及食品纳入受保护主体范围，并在专利权内容方面进行了扩充，将进口权和国内优先权纳入其中，同时还修改了少量程序内容。此次对《专利法》的必要和适时的修改，使我国专利制度更加完善和成熟，达到了一个新的水平。

**2. 第二次修订**

为了加入世界贸易组织并根据我国社会发展的需要，2000年8月25日第九届全国人大常委会第十七次会议通过决定，对我国《专利法》进行了第二次修改。此次修改将“创新”概念加入立法目的，改善了专利法功能的趋向，为深化改革进一步创造更好条件，同时在程序层面将专利审查完全置于司法监督之下，增加了诉讼保全制度，还正式确立了专利权无效宣告程序。2001年6月15日国务院公布了新的《专利法实施细则》，自此，我国专利制度达到了国际通行标准，进入了全新的发展阶段。

**3. 第三次修订**

2008年12月，我国对《专利法》进行了第三次大的修订。此次修订的主要内容包括：完善了立法宗旨，更加突出激励创新和强化专利权人利益保护的立法目标；增加了发明、实用新型和外观设计的定义；增加了遗传资源取得的合法性要件和披露来源的要求；规定了排除重复授权原则；完善了专利权向外国人转让的程序；增加了外观设计专利权的内容；缩小了政府推广应用实施专利的主体范围；增加了专利申请权和专利权的共有规则；取消了涉外专利代理机构的指定规则；增加了保密审查的规定；增加了专利主管部门的信息公开义务；将原来的混合新颖性标准改为绝对新颖性标准；调整了授予外观设计专利的条件；进一步增强专利保护，完善专利行政执法，同时加大对违法行为的处罚力度，进一步完善侵权赔偿数额的计算方式以及法定赔偿额，增加诉讼前证据保全措施，完善财产保全措施等；增加现有技术抗辩的补充规定；增加和完善不视为侵害专利权的情形。

**4. 第四次修订**

2018年12月，十三届全国人大常委会第七次会议对《中华人民共和国专利法（修正案草案）》进行了第一次审议，并于2019年1月4日在中国人大网公布征求意见。2020年6月，十三届全国人大常委会第二十次会议对《中华人民共和国专利法修正案（草案二次审议稿）》进行了审议，并于2020年7月3日在中国人大网公布征求意见。2020年10月17日，十三届全国人大常委会第二十二次会议通过了《全国人民代表大会常务委员会关于修改〈中华人民共和国专利法〉的决定》，自2021年6月1日起施行。至此，《专利法》完成了第四次修改。

具体而言，《专利法》第四次修改的要点主要体现在以下3个方面。（1）强化专利权的保护。例如新增了惩罚性赔偿制度，提高了法定赔偿额的上下限；完善了举证责任和专利行政执法；新增了诚实信用和禁止权利滥用原则；延长了外观设计专利权的保护期等。（2）促进专利的实施和运用。例如新增了单位依法处置职务发明相关权利；明确国务院专利行政部门负责专利信息公共服务体系建设的职责；新增了专利开放许可制度等。（3）药品专利的特殊规定。例如新增了药品专利期限补偿的规定；新增了药品专利纠纷的早期解纷机制等。

1980年3月3日，我国正式加入世界知识产权组织。1984年12月19日，我国加入了《巴黎公约》。从专利制度建立之初，我国就注重与国际惯例相结合。自1994年1月1日起我国正式成为《专利合作条约》（PCT）成员国，中国国务院专利行政部门成为PCT的受理局、国际检索单位和国际初步审查单位，汉语成为PCT的工作语言。这使我国专利制度进一步与国际专利制度相衔接。1995年7月1日，我国成为《国际承认用于专利程序的微生物保存布达佩斯条约》成员国。1996年9月，我国成为《建立工业品外观设计国际分类洛迦诺协定》成员国。1997年6月，我国成为《国际专利分类斯特拉斯堡协定》成员国。至此，我国已加入世界知识产权组织管理的全部有关专利的国际条约。

## 第四节 专利制度的理论基础

### 一、激励理论

激励论的典型描述是美国已故总统林肯对专利制度的评价："专利制度是为天才之火添加利益之油。"在大多数情况下，技术发明更多是一种公共产品，具有消费或使用上的非竞争性和收益上的非排他性。这种公有产权的形式使人们难以看到从事发明的收益，导致技术进步缓慢。由于没有相应的收益对发明活动进行补偿，所以尽管发明创造活动对社会进步有积极推动作用，人们还是不愿意为此努力。针对发明的这种外部经济性，需要设计一种制度将外部经济内部化，以促进技术创新，获得更多的潜在收益。专利制度就是为了克服这一问题而诞生的制度，它通过让社会强制性地保护发明人对发明的独占权来实现收益的内部化，从而实现激励技术创新的目的。

所以，激励论实际上的出发角度是与发明人相对的第三人，这种学说认为，专利制度给了发明人一个临时垄断的机会，使得其可以收回用于发明创造的投资成本。其正当性在于，尽管这个过程让消费者们为这个暂时性的垄断行为买单，但是其带来的社会意义是鼓励和激发更多的发明创造的供给，其带来的社会效益远远要比临时垄断期社会大众付出的福利多。

### 二、自然权利理论

自然权利理论认为，一切法律制度和行为规则都是人类基于人类的理性设计和对自然界的认知而创造出来的，都是为了实现人类的目的。而所谓自然权利，是指一种理所当然的、应然的权利，这是无须论证的，通常被理解为是一种源于神、自然法或者人的理性、天性中的权利，是先验的。在此前提下，任何一种权利主体都享有平等的权利，权利实现的不同则是由于生存条件、生活环境以及所处地位不同而造成的。因此，人们不能强迫任何一方放弃自己的权利。如果对某一方施加压力，迫使其放弃自己的权利，这种行为就是对他人权利的侵犯。

若体现在专利制度中，自然权利理论认为发明人对其发明具有获得保护的“固有的”也就是“自然的”权利，专利法就是人类为了保护这种自然权利而制定的制度规则。这种思想在1791年《法国专利法》的序言中得到体现，其序言声称：如果工业发明不被认为是发明人的财产，从实质上讲，那是违反人权的。

## 三、契约理论

专利权社会契约理论是专利理论中涵盖性最大、说明力最强的一种经典理论学说。这种理论源于政治哲学上的社会契约理论和私法上的民事契约理论，是二者内容耦合的产物，系从政治和法律的二维视角对专利制度的解读。康德就是专利权社会契约理论的代表性支持者，他对该理论的论述为：“每一个有用的发现都是贡献给社会服务的具体体现。因此，贡献这一服务的人应由接受这一服务的社会给予补偿，这是符合正义的。这是一个平衡的结果，是在新发现的创造者和社会之间执行的一份不折不扣的契约或者交换。创造者提供包含其智慧的良好产品，作为交换，社会给予创造者在一定时期内排他性地开发利用发现的优势地位。”①

专利权社会契约理论认为，专利就其本质而言是发明人与国家之间的一种契约，专利权人获得临时性专利垄断权的基本对价就是向社会公众披露发明创造的具体技术信息，且专利垄断权的范围不得超过专利申请人所披露的发明创造具体信息的范围。专利权社会契约理论以促进专利技术信息公开为基本考虑，从专利公开制度存在的价值及其作用范围进行考量，其最终目的是实现专利权人与社会公众之间利益的平衡。

根据专利权社会契约理论，专利权人获得了专利权就应当向社会公众充分公开其发明创造，达到本领域普通技术人员能够实施的程度，以保证在专

① See A Brief History of the Patent Law of the United States, http:// www. ladas. com/Patents/USPatentHistory. html.

明、实用新型和外观设计均适用的情况下，可称为“发明创造”。仅对1种或者2种适用的，则须分别指明。

## 第一节　授予专利权的客体

### 一、发明

#### （一）概念

如何定义发明，国际上没有统一规定。一般意义上的发明是具有创造性或创新性方案、措施。但是法律意义上的发明与一般意义上的发明有所差别，法律意义上的发明较为严格，专利法上所指的发明有其特定的内涵。当然，也不是所有的发明都受专利法保护，专利法只保护对经济社会发展有益和利于科学技术进步的发明。各国专利法对发明的定义不尽相同，美国和日本等国家采取正面列举的方法定义发明。例如，美国专利法第100条规定，“发明是指发明或者发现。”日本专利法第二条规定，“本法所提发明，是指利用自然法则所作出的技术思想创造且具有一定高度的东西。“而一些欧洲国家不从正面列举发明的范围，而是规定不属于发明专利保护的范围。例如，1997年生效的《欧洲专利公约》第52条规定，“特别地，以下各项不属于本条第（1）款规定意义上的发明：（a）发现、科学理论和数学方法；（b）美学创造；（c）进行智力活动、游戏或者商业经营的方案、规则和方法，以及计算机程序本身；（d）信息的表述。”我国对发明的定义是在《专利法》第二条第二款，规定“发明，是指对产品、方法或者其改进所提出的新的技术方案。”除此之外，《专利法》第五条和第二十五条采取反向列举的方法，明确规定不授予发明专利的范围与界限。作为专利保护的客体，发明应当同时具备技术属性和法律属性。在上述定义中，能够发现发明专利的客体主要就是技术方案。若要获得发明专利，发明首先必须是技术方案。发明是创造者智力创造的成果，是运用自然规律解决社会生产生活各种问题的技术解决方案。这种技术方案，可以是技术产品，抑或是产品方法，也可以是改进现有产品和方法的新技术方案。未采用技术手段解决技术问题，以获得符合自然规律的技术效果的方案以及气味或者诸如声、光、电、磁、波等信号或者能量也不属于发明。但是若利用气味或者诸如声、光、电、磁、波等信号或者能量的性质解决技术问题的，符合法律授予条件的则可取得发明专利。

## （二）特征

### 1. 发明是一种技术方案

发明是一种能解决一定技术问题并产生实际效果的创造性技术方案。那么，什么是技术方案？技术本身是一个很难定义的抽象概念，但专利法将发明表述为技术方案，必然是认为技术方案这一措辞能够产生必要的限制作用。《专利审查指南》中将技术方案定义为对要解决的技术问题所采取的利用了自然规律的技术手段的集合。由此可知，技术方案包含3个层次：一是技术方案必定要解决特定的技术问题；二是自然规律的运用；三是特定技术手段的集合。在此意义上，可以认为专利法上的技术方案就是指人们在解决社会生产生活中特殊技术问题的过程中，利用自然规律使之产生一定技术效果的方案。这种技术方案不等同于简单的创造性构思，仅单纯提出创造性构思而未提出具体技术方案并不能称之为发明。简而言之，发明就是技术构思与技术方案的有机统一，技术构思是基础，技术方案是实现路径。专利法将发明阐述为一种技术方案，可见其并不要求发明是技术本身，当然，技术本身可以获得专利保护。

### 2. 发明具备创新性

《专利法》第二条第二款使用“新的”一词来界定能够获得发明专利的技术方案的性质。这里所表述的“新的”与“新颖性”有所不同，这仅是在对发明作出定义。因为如果删除“新的”一词，则将导致我国所有的关于产品、方法和改进的技术方案都能称为发明，这显然是不合理的，极容易导致社会公众对此产生混淆和误解。简言之，发明具有创新性，是指较之现有技术，发明是一种技术方案的创造与革新，这种创新应当具备实质性特点和显著的进步，在特定领域，人们能够创造的技术方案是多元化的。不是所有的技术方案都可以作为发明，构成发明的技术方案必须不是显而易见的，其必然具备现有技术所没有的特质。

### 3. 发明是人类在利用自然规律的基础上进行的创造

发明是人们利用自然规律的结果，并非是对自然规律的发现和揭示。按照《现代汉语词典》的解释，自然规律是指“存在于自然界的客观事物内部的规律”，即物质运动固有的、本质的、稳定的联系。自然规律具有不以人的意志为转移的客观性，不能被人改变、创造或消灭，只能利用。发明是一种技术方案，而技术方案是以自然规律和自然法则为基础，经此设计出来的各种方案、产品、生产工具以及各种技能和设备。正因如此，专利法意义上的发明是利用自然规律所作出的设计，既不是自然规律本身，也不是脱离自然规律的结果。自然规律本身不能成为发明。这一点使得发明与发现区分开来。发现指向已存在尚未被认识或尚未被证实的物质世界的现象、性质、规律等。这些现象、性质、规律等是世界固有的，是人们认识的对象，并不是人们作用的结果。而发明是人们利用世界的各种物质、信息、规律等创造的结果，体现了人的智力创造。所以发现不能成为专利法上的发明。根据专利法的基本原理，没有利用自然规律的技术方案或违背自然规律的技术方案也不能称为发明。例如，银行结算办法、体育竞赛规则等，都不属于专利法意义上的发明。再如，在生活中，少数人基于对自然规律的错误认知导致其创设的技术方案从根本上违背了自然规律，也不能成为专利法所指的发明，例如违背热力学第二定律的各种永动机。

**4. 发明具有完整性**

完整性是指创造出来的技术方案是详细、全面的论述，并且在产业上具有实施潜在性和可重复性。在撰写申请发明专利的文件时，通常要求对技术方案中的各个步骤进行清楚、详细地描述，包括从功能、原理上对发明的各个步骤的相关基本知识进行解释；详细列举与发明相关的各项参数列表；对发明中各步骤中存在的可能的替代方案进行适当的阐述。值得注意的是，完整性不强制要求技术方案已经实施。只要发明的实施方案、实施结果以及可能的技术变化等技术解决方案完整齐全，在未来能够被实施即可。

### （三）分类

按照不同的划分标准，发明有多种类型。根据我国《专利法》，发明可以分为产品发明、方法发明以及改进发明。

**1. 独立发明与合作发明**

按照完成发明主体数量的不同，可将发明分为独立发明与合作发明。独立发明是指由一个自然人或法人及其他组织独立完成的发明。自然人或法人及其他组织对该发明享有绝对的支配权。发明人的申请被批准后，发明人即成为专利权人。合作发明是指由两个或两个以上民事主体共同完成的一项发明。合作完成的发明，其专利权的归属由合作开发合同约定。合同有约定的按照其约定；合同没有约定的双方应当共同申请专利，申请权属于完成或者共同完成的单位或者个人，申请被批准后，申请的单位或者个人成为该发明专利权人。

**2. 职务发明与非职务发明**

按照发明的权利归属的不同，可将发明分为职务发明与非职务发明。职务发明是指企业、事业单位、社会团体、国家机关等的工作人员执行本单位的任务或者主要利用本单位的物质条件所完成的发明。职务发明专利申请的权利属于该单位，申请被批准后，该单位为专利权人。非职务发明是指企业、事业组织、社会团体、国家机关的工作人员不利用本单位的物质条件，脱离劳动合同关系自行完成的发明。非职务发明专利的申请权属于发明人或者设计人；申请被批准后，该发明人或者设计人为专利权人。若利用本单位的物质技术条件所完成的发明创造，单位与发明人或者设计人订有合同，对申请专利的权利和专利权的归属作出约定的，从其约定。

**3. 产品发明、方法发明和改进发明**

我国《专利法》将发明分为产品发明、方法发明和改进发明。产品发明是指通过人们的智力活动创造出来的，并以有形形式呈现的各种前所未有的新产品。专利法上的产品可以是一个独立、完整的产品，也可以是一台设备或机器中的零部件。按照产品发明对象的不同，产品发明包括制造品发明、物质发明、材料发明等。方法发明是指人们利用自然规律将一种物品或物质改变成另一种状态或物品或物质所利用的手段或步骤的发明。发明专利保护的方法发明多种多样，包括制造方法、化学方法、生物方法、测试方法以及新用途方法等发明。但如数字方法、交通规则、游戏规则等不属于方法发明，原因在于这些不是利用自然规律的结果。专利法不仅保护获得发明专利的方法本身，而且也保护依照该方法生产的产品。改进发明是指在利用自然规律基础上形成的，对现有产品发明或方法发明所作的实质性革新。严格地讲，改进发明应当属于产品发明或者方法发明。改进发明与前两者的区别在于，它不是新产品、新方法的创造，而是在现有的产品或方法的基础上提出的实质性革新技术方案。这种新的技术方案使得现有发明发生重大新变化，在技术上进一步完善和提高。改进发明虽然能够使已有的产品和方法发生新变化或促使产品或方法的部分发生质变，但原发明的本质属性未发生实质性变化。

## 二、实用新型

### （一）概念

从世界范围来看，实用新型专利的保护比发明专利和外观设计的保护起步晚。英国是最早制定实用新型专利保护制度的国家。随后，在 1891 年，德国通过立法确立了实用新型在工业产权的地位，制定了《德国实用新型保护法》，该法律被人们称为实用新型法的鼻祖。《巴黎公约》也将实用新型纳入工业产权，对于实用新型专利的具体保护制度，由加入公约的各个成员国自行决定。不同国家对实用新型的保护方式不尽相同。部分国家采取专门的立法保护，例如德国、日本、意大利等制定了专门实用新型法。部分国家将实用新型归入专利法，例如中国、菲律宾、巴西等。国际上普遍认为实用新型专利是发明专利的补充、制定实用新型保护规范有利于保护那些在社会中新颖性、创造性达不到发明专利标准的发明创造。同时由于实用新型专利的成本较低，授予实用新型专利能够激发社会公众的创造性，从而提高整个社会的自主创新水平。我国《专利法》第二条第三款规定，“实用新型，是指对产品的形状、构造或者其结合所提出的适于实用的新的技术方案。”从此条款可看出实用新型专利的保护对象具有限定性，只限于具有确定形状、构造的产品，方法不属于实用新型专利的保护对象。并且所指新的技术方案是指在工业上能够创造工业价值或实际用途的产品的技术方案。

### （二）特征

**1. 实用新型的对象是具有形状、构造的产品**

首先，实用新型必须是产品。在不同领域产品具有多重含义。专利法意义上的产品是指经过工业方法制造的、有确定形状、构造并占有一定空间的物质实体。不同于发明专利对产品和方法的保护，实用新型专利只保护产品，制造产品的工艺方法不是实用新型。比如未经加工的自然物、制造方法、化学方法、生物方法、测试方法以及新用途方法不属于实用新型的保护范围。实用新型对产品的完整性未做要求，该产品可以是整个物品，也可以是其中一部分。

其次，实用新型必须是具有确定形状的产品。《专利审查指南》对产品的形状作了定义。“形状是指产品所具有的、可以从外部观察到的确定的空间形状。”这包含两个方面含义，一是为人所外部观察，二是具有固定的外形。产品的形状不是暂时的，而是具有持续性和确定性。对无确定形状的产品，例如气态、液态、粉末状、颗粒状的物质或材料，其形状不能作为实用新型产品的形状特征。对产品形状所提出的改进可以是对产品的三维形态所提出的改进，例如对凸轮形状、刀具形状作出的改进；也可以是对产品的二维形态所提出的改进，例如对型材的断面形状的改进。关于产品的形状，应当注意以下内容。

（1）不能以生物的或者自然形成的形状作为产品的形状特征。例如，不能以植物盆景中植物生长所形成的形状作为产品的形状特征，也不能以自然形成的假山形状作为产品的形状特征。

（2）不能以摆放、堆积等方法获得的非确定的形状作为产品的形状特征。

（3）允许产品中的某个技术特征为无确定形状的物质，如气态、液态、粉末状、颗粒状物质，只要其在该产品中受该产品结构特征的限制即可。例如，对温度计的形状构造所提出的技术方案中允许写入无确定形状的酒精。

（4）产品的形状可以是在某种特定情况下所具有的确定的空间形状。例如，具有新颖形状的冰杯、降落伞等。又如，一种用于钢带运输和存放的钢带包装壳，由内钢圈、外钢圈、捆带、外护板以及防水复合纸等构成，若其各部分按照技术方案所确定的相互关系将钢带包装起来后形成确定的空间形状，这样的空间形状不具有任意性，则钢带包装壳属于实用新型专利保护的客体。

最后，实用新型必须是具有固定构造的产品。《专利审查指南》对产品的构造作了定义，“构造是指产品的各个组成部分的安排、组织和相互关系。”构造反映了产品或产品各部件在技术上与性能上的有机联系与有机结合。产品的构造可以是机械构造，也可以是线路构造。机械构造是指构成产品的零部件的相对位置关系、连接关系和必要的机械配合关系等；线路构造是指构成产品的元器件之间的确定的连接关系。关于产品的构造，应当注意如下内容。

（1）权利要求中可以包含已知材料的名称，即可以将现有技术中的已知材料应用于具有形状、构造的产品上，例如复合木地板、塑料杯、记忆合金制成的心脏导管支架等，不属于对材料本身提出的改进。

（2）如果权利要求中既包含形状、构造特征，又包含对材料本身提出的改进，则不属于实用新型专利保护的客体。例如，一种菱形药片，其特征在于，该药片是由20%的A组分、40%的B组分及40%的C组分构成的。由于该权利要求包含了对材料本身提出的改进，因而不属于实用新型专利保护的客体。

**2. 实用新型具有实用性**

实用性是指实用新型在工业上具有实用价值，能够制造或使用，并且能够产生积极效果。一个产品的形状、构造以及形状与构造的结合，都必须具有应用型技术特征，产生一定的实用功能。作为专利的技术方案，不应是抽象的思维阶段的东西，而应是能够在工业上实施，具备可实施性、再现性、有益性。如果产品的形状和构造只是为了增加美感，不具有实际运用效果，则不能获得实用新型专利的保护。

**3. 实用新型是一种新的技术方案**

实用新型属于一种新的技术方案，与现有技术相比，其具有必然创新性。技术方案是指对要解决的技术问题所采取的利用了自然规律的技术手段的集合。技术手段通常是由技术特征来体现的。实用新型相关的技术特征只能是形状、构造方面的技术特征，而不能是产品材料相关的技术特征。未采用技术手段解决技术问题，以获得符合自然规律的技术效果的方案，不属于实用新型专利保护的客体。产品的形状以及表面的图案、色彩或者其结合的新方案，没有解决技术问题的，不属于实用新型专利保护的客体。产品表面的文字、符号、图表或者其结合的新方案，不属于实用新型专利保护的客体。例如，仅改变按键表面文字、符号的计算机或手机键盘；以十二生肖形状为装饰的开罐刀；仅以表面图案设计为区别特征的棋类、牌类，如古诗扑克等。

### （三）实用新型与发明的区别

实用新型专利与发明专利在本质上是一致的，均是体现为技术方案，并且均保护产品。但是这两种发明创造存在一些差异，主要表现在以下几个方面。

**1. 实用新型的保护范围具有局限性**

与发明的保护范围相比，实用新型的范围较小。实用新型只适用于产品专利，并且对产品有一定的限制性要求，即产品必须具有形状、构造。而发明既可适用产品专利，又可适用方法专利，且对产品没有形状与构造特征的要求。

**2. 实用新型的创造性要求较低**

实用新型是一种具有创新性的新的技术方案。与发明的创造性要求相比，实用新型的要求较低。这与实用新型的保护目的相契合，立法设置实用新型专利是为了保护那些创造性高度达不到发明专利标准的简单的发明创造。依据《专利法》，发明的创造性要求具有突出的实质性特点和显著的进步，而实用新型的创造性要求与现有技术相比，具有实质性特点和进步。

**3. 实用新型的审查程序简便**

就审查程序而言，实用新型专利采取形式审查制度，即只要经过专利行政主管部门初步审查并符合法律规定的形式便可授予专利，实质审查不是获得实用新型专利的必要条件。而发明专利的取得要求必须经过严格的实质审查。究其原因，在于实用新型创造性较低，可替代性强，市场寿命较短，采取形式审查可使这些技术方案迅速为社会所用，充分发挥专利制度的作用，激励社会公众不断创新。

**4. 实用新型的保护期短于发明**

专利权具有时间限制。依据《专利法》第四十二条，“发明专利权的期限为二十年，实用新型专利权的期限为十年，均自申请日起算。”该规定是从专利的创造性程度与产生积极效果的时间来考虑的。从平衡知识产权人的个人利益和社会公众利益的角度来看，因为实用新型专利的创造性要求较低、替代性强，为促进知识和信息的广泛传播以及繁荣经济发展和科学文化，国家则会授予实用新型专利较短的保护期。

## 三、外观设计

### （一）概念

外观设计，又称工业设计，其保护起源于14世纪的欧洲。世界各国对外观设计的保护制度不尽相同。法国利用外观设计单行法和版权法对工业品外观设计实行双重保护。德国是通过单一的《工业品外观设计版权法》保护产品外观设计的典型代表。韩国、荷兰、加拿大等国家将外观设计作为工业产权来保护，美国、中国等国家将外观设计纳入专利法保护。依据我国《专利法》第二条第四款，“外观设计，是指对产品的整体或者局部的形状、图案或者其结合以及色彩与形状、图案的结合所作出的富有美感并适于工业应用的新设计。”根据该定义，外观设计是产品的外在表现形态，是产品的重要组成部分。外观设计与发明和实用新型存在实质性区别，外观设计的创新在于产品形状、图案，以及色彩与形状、图案结合的设计，而非技术特征的创新。外观设计知识产权能够充分保护设计成果、促进公平竞争和诚信交易、激励创新创造，从而助力经济发展。

### （二）特征

**1. 外观设计须以产品为载体**

外观设计应当应用于产品之上，以产品为载体。没有产品，则不能成为专利法保护对象，更不能授予外观设计专利权。专利法意义上的产品是指经过工业方法制造的、有确定形状、构造并占有一定空间的物质实体。这种产品的样态可以是多元化的。值得注意的是，外观设计指向产品的外部样式，而非产品的技术方案、构造、用途。某些设计虽富有美感，但未附着在任何产品上，则不能被授予外观设计专利权，大概只能作为美术作品受著作权法保护。不能重复生产的手工艺品、农产品、畜产品、自然物不能作为外观设计的载体。

**2. 外观设计是关于产品的形状、图案或者其结合以及色彩与形状、图案的结合的设计**

外观设计是以产品的外表上的形态为对象。作为产品外观的设计方案，其构成要求形状、图案或者其结合以及色彩与形状、图案的结合。形状，是指对产品造型的设计，也就是指产品外部的点、线、面的移动、变化、组合而呈现的外表轮廓，即对产品的结构、外形等同时进行设计、制造的结果。图案，是指由任何线条、文字、符号、色块的排列或组合而在产品的表面构成的图形。图案可以通过绘图或其他能够体现设计者的图案设计构思的手段制作。色彩，是指用于产品上的颜色或者颜色的组合，制造该产品所用材料的本色不是外观设计的色彩。值得注意的是：（1）形状和图案是可以分别独立构成外观设计，但是产品的色彩不能独立构成外观设计，除非产品色彩变化的本身已形成一种图案。因此总结来说产品的形状、产品的图案、产品的形状和图案、产品的形状和色彩、产品的图案和色彩、产品的形状、图案和色彩这些组合可以构成外观设计；（2）在社会生活中，形状、图案、色彩这 3 种外观设计要素是相互依存的，三者的界限是难以界定的，例如多种色块的搭配即成图案；（3）上述 3 种要素必须体现在产品的外表上，而不能体现在产品的内部组成上。

**3. 外观设计需要富有美感**

富有美感，是指在判断是否属于外观设计专利权的保护客体时，关注的是产品的外观给人的视觉感受，而不是产品的功能特性或者技术效果。专利法规定外观设计需要富有美感的主要用途在于将外观设计的客体的属性与发明和实用新型客体的属性区分开来，表明前者保护的是使人产生视觉效果的设计方案。产品仅具有功能性和技术性但不具备美感的不能申请外观设计专利，但可申请发明或实用新型专利予以保护。专利法意义上的美感不是艺术意义上的判断，只要对产品的形状、图案或者其结合以及色彩与形状、图案的结合进行了创新性设计，便可认定富有美感。在实践中，判断是否富有美感是一个难题。因此国家知识产权局通常只对富有美感作定性判断，而不作定量判断。

**4. 外观设计是在工业上应用的设计**

适于工业应用，是指该外观设计能应用于产业上并形成批量生产。该要件构成了外观设计与单纯美术作品或艺术品间的显著区别。通常认为，使用外观设计的产品经过工业生产才能大量地复制生产制造，进入市场流通领域。授予外观设计专利旨在鼓励个人或企业创作设计，提升产品品质，促进商品的畅销流通并带动经济增长。

### （三）不授予外观设计专利权的情形

根据《专利审查指南》，以下属于不授予外观设计专利权的情形。

（1）取决于特定地理条件、不能重复再现的固定建筑物、桥梁等。例如，包括特定的山水在内的山水别墅。

（2）因其包含有气体、液体及粉末状等无固定形状的物质而导致其形状、图案、色彩不固定的产品。

（3）产品的不能分割或者不能单独出售且不能单独使用的局部设计，例如，袜跟、帽檐、杯把等。

（4）对于由多个不同特定形状或者图案的构件组成的产品，如果构件本身不能单独出售且不能单独使用，则该构件不属于外观设计专利保护的客体。例如，一组由不同形状的插接块组成的拼图玩具，只有将所有插接块共同作为一项外观设计申请时，才属于外观设计专利保护的客体。

（5）不能作用于视觉或者肉眼难以确定，需要借助特定的工具才能分辨其形状、图案、色彩的物品。例如，其图案是在紫外灯照射下才能显现的产品。

（6）要求保护的外观设计不是产品本身常规的形态，例如，手帕扎成动物形态的外观设计。

（7）以自然物原有形状、图案、色彩作为主体的设计，通常指两种情形，一种是自然物本身；一种是自然物仿真设计。

（8）纯属美术、书法、摄影范畴的作品。

（9）仅以在其产品所属领域内司空见惯的几何形状和图案构成的外观设计。

（10）文字和数字的字音、字义不属于外观设计保护的内容。

（11）游戏界面以及与人机交互无关的显示装置所显示的图案，例如，电子屏幕壁纸、开关机画面、与人机交互无关的网站网页的图文排版。

## 四、可授予专利的计算机软件与生物技术

### （一）计算机软件专利问题

随着现代科技的快速发展，是否授予计算机软件发明专利是值得思考的问题。计算机软件是指计算机系统中的程序及其文档，程序是计算任务的处理对象和处理规则的描述，是计算机软件的核心。文档是为了便于了解程序所需的阐明性资料。影响计算机软件获得专利权的主要因素就是保护客体。从世界各国对计算机软件的保护来看，多数国家认为，智力活动规则和方法不能授予专利权。随着软件技术快速发展，计算机程序通常与工业生产的各种硬件紧密联系，因此部分国家倾向于应当对计算机程序实施专利保护。

我国《专利法》中未明确表示不保护计算机软件，但在《专利审查指南》中规定了关于涉及计算机程序的发明专利申请审查。制定该章节的目的在于强调计算机程序的发明专利申请只有构成技术方案才是专利保护的客体。计算机程序的发明是指为解决发明提出的问题，全部或部分以计算机程序处理流程为基础，通过计算机执行按上述流程编制的计算机程序，对计算机外部对象或者内部对象进行控制或处理的解决方案。对外部对象的控制或处理包括对某种外部运行过程或外部运行装置进行控制，对外部数据进行处理或者交换等；对内部对象的控制或处理包括对计算机系统内部性能的改进，对计算机系统内部资源的管理，对数据传输的改进等。涉及计算机程序的解决方案并不必须包含对计算机硬件的改变。如果涉及计算机程序的发明专利申请的解决方案执行计算机程序的目的是解决技术问题，在计算机上运行计算机程序从而对外部或内部对象进行控制或处理所反映的是遵循自然规律的技术手段，并且由此获得符合自然规律的技术效果，则这种解决方案属于技术方案，属于专利保护的客体。根据《专利审查指南》，以下情形中不能授予计算机程序专利权。

（1）如果一项权利要求仅仅涉及一种算法或数学计算规则，或者计算机程序本身或仅仅记录在载体（例如磁带、磁盘、光盘、磁光盘、ROM、PROM、VCD、DVD 或者其他的计算机可读介质）上的计算机程序本身，或者游戏的规则和方法等，则该权利要求属于智力活动的规则和方法。

（2）如果一项权利要求除其主题名称之外，对其进行限定的全部内容仅仅涉及一种算法，或者数学计算规则，或者程序本身，或者游戏的规则和方法等，则该权利要求实质上仅仅涉及智力活动的规则和方法。

（3）如果涉及计算机程序的发明专利申请的解决方案，执行计算机程序的目的不是解决技术问题，或者在计算机上运行计算机程序，从而对外部或内部对象进行控制或处理，所反映的不是利用自然规律的技术手段，又或者获得的不是受自然规律约束的效果，则这种解决方案不属于《专利法》第二条第二款所说的技术方案。

当然，在某些特定情况下，我们不应当排除计算机软件获得专利权的可能性。如果一项权利要求在对其进行限定的全部内容中，既包含智力活动的规则和方法的内容，又包含技术特征。例如在对上述游戏装置等限定的内容中既包括游戏规则，又包括技术特征，则该权利要求就整体而言并不是一种智力活动的规则和方法，不应当依据专利法第二十五条排除其获得专利权的可能性。

### （二）生物技术专利问题

近年来，生物技术被广泛地认为是未来的前沿科技之一，对社会发展和进步产生了积极推动作用。对生物技术专利问题引发社会的关注与争议。生物技术是指利用生物体来生产有用的物质或改进制成，改良生物的特性，以降低成本和创新物种的科学技术。生物技术主要包括基因工程、细胞工程、酶工程、发酵工程和蛋白质工程等，它们彼此相互联系和渗透。我国《专利审查指南》规定了生物技术领域发明专利申请的审查。以下情况中的生物技术不能被授予发明专利。

（1）处于各形成和发育阶段的人体，包括人的生殖细胞、受精卵、胚胎及个体。

（2）违法获取或利用遗传资源完成的发明创造。

（3）微生物，包括细菌、放线菌、真菌、病毒、原生动物、藻类等。

（4）基因或 DNA 片段，包括从微生物、植物、动物或人体分离获得的，以及通过其他手段制备得到的。

（5）动物和植物个体及其组成部分。动物品种包括动物的胚胎干细胞、动物个体及其各个形成和发育阶段，例如生殖细胞、受精卵、胚胎等；植物品种是指可以借助光合作用，以水、二氧化碳和无机盐等无机物合成碳水化合物、蛋白质来维系生存的植物的单个植株及其繁殖材料。

（6）转基因动物或植物是通过基因工程的重组 DNA 技术等生物学方法得到的动物或植物。

《专利审查指南》也规定了几种例外情况可给予生物技术专利保护。

（1）只有当微生物经过分离成为纯培养物，并且具有特定的工业用途时，微生物本身才属于可给予专利保护的客体。

（2）如果是首次从自然界分离或提取出来的基因或DNA片段，其碱基序列是现有技术中不曾记载的，并能被确切地表征，且在产业上有利用价值，则该基因或DNA片段本身及其得到方法均属于可给予专利保护的客体。

（3）动物的体细胞以及动物组织和器官（除胚胎以外）和植物的细胞、组织和器官如果不具有上述特性，则其不能被认为是“动物品种”和“植物品种”，因此不属于《专利法》第二十五条第一款第（四）项规定的范畴。

## 第二节　不授予专利权的客体

《专利法》只对符合该法规定条件的发明创造给予专利保护。专利法上的发明创造，兼具技术属性与法律属性，故非所有的发明创造都可以被授予专利权，成为专利权的客体。专利权作为国家授予专利权人的专有权，决定了并非任何发明创造都能够被授予专利权，专利法必定对授予专利的发明创造作出严格的条件限制。对发明创造授予专利权必须有利于推动其应用，提高创新能力，促进我国科学技术进步和经济社会发展。基于现实国情和国际专利保护制度发展趋势，对不授予专利权的客体作出了明确规定。

### 一、违反法律、社会公德或妨害公共利益的发明创造

法律是维护社会公众合法权益，约束社会公众各种行为的有效手段，违反法律的行为本质上也是违反社会公德或妨害公共利益的行为。因此，违反法律、社会公德或妨害公共利益也可称为“违反社会公共秩序”。我国基于现实国情和专利保护制度发展趋势，在《专利法》第五条中对不授予专利权的发明创造作出了明确规定。

#### （一）违反法律的发明创造

法律是指由全国人民代表大会和全国人民代表大会常务委员会根据宪法制定的法律，既不包括国务院制定的行政法规，也不包括省、自治区、直辖市人大及其常务委员会制定的地方性法规、国务院各部门或者省、自治区、直辖市地方人民政府制定的规章等其他规范性文件。关于所述的违反法律，其含义和范围可先参照我国参加的国际条约相关规定来理解，依据TRIPS第二十七条第二款规定：“各成员为了维护公共利益或者社会公德，包括保护人

类、动物或植物的生命或健康，或者避免对环境造成严重污染，有必要禁止某些发明在成员地域内进行商业性实施的，可以排除这些发明的专利性，但是以这种排除并非仅仅因为其法律禁止实施为限。”[①]

《专利法实施细则》第十条对此作了解释。其规定，“《专利法》第五条所称违反法律的发明创造，不包括仅其实施为法律所禁止的发明创造。”该条款包含两层含义：一是我国《专利法》对于发明创造本身的目的与国家法律相违背的发明创造不授予专利权。对于发明的目的本身并不违反法律，但由于被滥用而违反国家法律的发明创造，则不属于《专利法》第五条的范畴。二是对于发明目的不违反法律，但对于法律仅仅禁止实施的发明授予专利权。具体而言，专利权是一项排他性权利，保障任何单位或者个人未经专利权人许可不得实施其专利。不得实施专利意味着不得为生产经营目的制造、使用、许诺销售、销售、进口其专利产品，或者使用其专利方法以及使用、许诺销售、销售、进口依照该专利方法直接获得的产品。换句话说，国家授予了专利权，但禁止其实施的实质上的效果是专利权人本身不能实施专利，也不能许可单位和个人实施其专利。不授予专利权只是起到了阻止任何单位和个人对相同发明创造再申请专利的作用。

《专利审查指南》第二部分第一章第三节进一步阐释了违反法律的发明创造的内涵。一是发明创造与法律相违背的，不能被授予专利权。例如，用于赌博的设备、机器或工具；吸毒的器具；伪造国家货币、票据、公文、证件、印章、文物的设备等都属于违反法律的发明创造，不能被授予专利权。二是发明创造并没有违反法律，但是由于其被滥用而违反法律的，则可授予专利权。例如，用于医疗的各种毒药、麻醉品、镇静剂、兴奋剂和用于娱乐的棋牌等。三是《专利法实施细则》第十条规定的含义是，如果仅仅是发明创造的产品的生产、销售或使用受到法律的限制或约束，则该产品本身及其制造方法并不属于违反法律的发明创造。例如，用于国防的各种武器的生产、销售及使用虽然受到法律的限制，但这些武器本身及其制造方法仍然属于可给予专利保护的客体。

### （二）违反社会公德的发明创造

社会公德，是指公众普遍认为是正当的、并被接受的伦理道德观念和行为准则。如果一项发明创造有悖于社会公德，则不能被授予专利权。社会公

① TRIPS，第 27 条第 2 款。

德的内涵基于一定的文化背景，随着时间的推移和社会的进步不断地发生变化，而且因地域不同而各异。中国专利法中所称的社会公德限于中国境内。例如，使用的基因编辑婴儿技术，带有暴力凶杀或者淫秽的图片及照片的外观设计，非医疗目的的人造性器官或者其替代物，人与动物交配的方法，改变人生殖系遗传同一性的方法或改变了生殖系遗传同一性的人，克隆的人或克隆人的方法，人胚胎的工业或商业目的的应用，可能导致动物痛苦而对人或动物的医疗没有实质性益处的改变动物遗传同一性的方法等，上述情形的发明创造违反社会公德，不能被授予专利权。但是，如果发明创造是利用未经过体内发育的受精 14 天以内的人类胚胎分离或者获取干细胞的，则不能以“违反社会公德”为理由拒绝授予专利权。

### （三）妨害公共利益的发明创造

妨害公共利益，是指发明创造的实施或使用会给公众和社会造成危害，或者会使国家和社会的正常秩序受到影响。如果发明创造以致人伤残或损害财物为手段的，如一种使盗窃者双目失明的防盗装置及方法；发明创造的实施或使用会严重污染环境、严重浪费能源或资源、破坏生态平衡、危害公众健康的；专利申请的文字或者图案涉及国家重大政治事件或宗教信仰、伤害人民感情或民族感情或者宣传封建迷信的，以上发明创造对社会的危害性是极大的，不能被授予专利权。但是，如果发明创造因滥用而可能造成妨害公共利益的，或者发明创造在产生积极效果的同时存在某种缺点的，例如，对人体有某种副作用的药品，则不能以“妨害公共利益”为理由拒绝授予专利权。

依据《专利审查指南》相关规定，若一项发明创造中存在违反法律、社会公德或妨害公共利益的内容，但其他部分符合法律规定的，审查员在审查该项专利时，应当通知申请人修改其内容，删除违反法律、社会公德或妨害公共利益的内容，若申请人同意删除，则可能授予专利。若申请人不同意删除，就不能取得该专利。对违反国家法律、社会公德或者妨害公共利益的发明创造不授予专利权，主要目的在于维护社会正常公共秩序和维护国家和人民的根本利益。

## 二、违反法律、行政法规的规定获取或者利用遗传资源，并依赖该遗传资源完成的发明创造

我国是一个遗传资源极为丰富的国家。遗传资源的保护和合理利用关系到我国的切身利益，受到各界的高度关注。我国是最早加入《生物多样性公

约》的国家之一。制定《生物多样性公约》的目标是“保护生物多样性，实现其组成成分的可持续利用，以公平合理的方式共享由遗传资源获得的利益”。严格来说，遗传资源本身并不属于专利法保护的客体，但依靠遗传资源完成发明创造被授予专利，则具有了排他性，专利权人便可因此获得各种利益。我国《专利法》第二条第二款作出此规定，目的在于落实《生物多样性公约》的有关规定，有效地保护我国的生物遗传资源，促进我国遗传资源的合理和有序利用。

理解该条款需要明确3个方面内容：一是理解遗传资源；二是理解违反法律、行政法规的规定的含义；三是理解利用并依赖遗传资源完成的发明创造的定义。

（1）遗传资源是指取自人体、动物、植物或者微生物等含有遗传功能单位并具有实际或者潜在价值的材料。该定义将遗传资源扩大到取自人体的遗传资源。 理解遗传资源，需要进一步明确遗传功能的概念，我国《专利审查指南》对此作了详细阐述。遗传功能是指生物体通过繁殖将性状或者特征代代相传或者使整个生物体得以复制的能力。所有生物体都包含基因，因而也就包含了遗传功能单位。但是利用了生物体的发明创造并非均利用了其遗传功能单位。利用了遗传资源的遗传功能是指对遗传功能单位进行分离、分析、处理等，以完成发明创造，实现其遗传资源的价值。遗传功能单位是指生物体的基因或者具有遗传功能的DNA或者RNA片段。取自人体、动物、植物或者微生物等含有遗传功能单位的材料，是指遗传功能单位的载体，既包括整个生物体，也包括生物体的某些部分，例如器官、组织、血液、体液、细胞、基因组、基因、DNA或者RNA片段等。发明创造利用了遗传资源的遗传功能是指对遗传功能单位进行分离、分析、处理等，以完成发明创造，实现其遗传资源的价值。

（2）能否授予与遗传资源相关的发明创造专利权的依据，不仅包括全国人大和全国人大常委会制定的法律，也包括国务院制定的行政法规。因该条款明确规定遗传资源的获取或者利用违反我国法律或者行政法规，依赖于该遗传资源完成的发明创造不授予专利权，由此可见我国只对本国的遗传资源享有主权。所述的遗传资源必然是指我国的遗传资源，而非泛指其他国家的遗传资源。截至目前，我国虽然颁布了多部保护生物资源的法律，但没有一部法律是专门保护遗传资源。现今我国正在加紧制定统一的保护我国遗传资源的法律。

（3）所谓依赖遗传资源完成的发明创造就是指利用了遗传资源的遗传功

能完成的发明创造。违反法律、行政法规的规定获取或者利用遗传资源，是指遗传资源的获取或者利用未按照我国有关法律、行政法规的规定事先获得有关行政管理部门的批准或者相关权利人的许可。例如，按照《中华人民共和国畜牧法》和《中华人民共和国畜禽遗传资源进出境和对外合作研究利用审批办法》的规定，向境外输出列入中国畜禽遗传资源保护名录的畜禽遗传资源应当办理相关审批手续，某发明创造的完成依赖于中国向境外出口的列入中国畜禽遗传资源保护名录的某畜禽遗传资源，未办理审批手续的，该发明创造不能被授予专利权。《专利法》第二十六条第五款规定了依赖遗传资源完成的发明创造，申请人应当在专利申请文件中说明该遗传资源的直接来源和原始来源；申请人无法说明原始来源的，应当陈述理由。这与第五条第二款有所区别。这里所述的遗传资源既包括中国的遗传资源，也包括其他国家的遗传资源。无论在何种情况下申请人都必须披露其直接来源和原始来源。

## 三、不授予专利权的客体

从我国《专利法》来看，并不是所有由人创造出来的任何东西都可以获得专利权。通常，不授予专利权的有3种类型：一是违反法律、社会公德或妨害公共利益以及对违反法律、行政法规的规定获取或者利用遗传资源，并依赖该遗传资源完成的发明创造不授予专利权，这由《专利法》第五条排除授予专利权。二是本身不属于发明创造的范畴，因而不能授予专利权，例如科学发现、智力活动的规则方法等，由《专利法》第二条、第二十六条第一款第一、二项予以排除。三是虽然属于发明创造的范畴，但国家出于特殊政策考虑不给予保护或者不给予专利保护，例如疾病的诊断治疗方法、动物和植物品种、原子核变换方法以及用原子核变换方法获得的物质、对平面印刷品的图案、色彩或者二者的结合作出的主要起标识作用的设计，这由《专利法》第二十六条第一款第三、四、五项予以排除。

### （一）科学发现

科学发现，是指对自然界中客观存在的物质、现象、变化过程及其特性和规律的揭示。科学理论是对自然界认识的总结，是更为广义的发现。它们都属于人们认识的延伸。这些被认识的物质、现象、过程、特性和规律不同于改造客观世界的技术方案，不是专利法意义上的发明创造，因此不能被授予专利权。虽然科学发现本身不能成为专利权保护的客体，但是依靠科学发现制造的产品以及制造方法等可以获得专利保护。例如，发现卤化银在光照下有感光特性，这种发现不能被授予专利权，但是根据这种发现制造出的感光胶片以及此感光胶片的制造方法则可以被授予专利权。又如，从自然界找到一种以前未知的以天然形态存在的物质，仅仅是一种发现，不能被授予专利权。传统理论认为，发现是指揭示自然界原本就存在而人类尚未认识的事物，它不涉及改进与创新任何东西，因而不能授予专利权。随着科学技术的快速发展，传统理论已不再适应社会发展，现今授予专利权关键不在于使被发现的东西本身产生什么变化，其判断实质标准就是新颖性、创造性以及实用性。发明和发现虽有本质不同，但两者关系密切。通常，很多发明是建立在发现的基础之上的，进而发明又促进了发现。发明与发现的这种密切关系在化学物质的“用途发明”上表现最为突出，当发现某种化学物质的特殊性质之后，利用这种性质的“用途发明”则应运而生。

### （二）智力活动的规则和方法

智力活动的规则和方法是指导人们进行思维、表述、判断和记忆的规则和方法。因为其不是利用自然规律的过程，也不产生一定的技术效果，在工业上也无法重复使用。所以其不具备授予专利权的条件。完成一项发明创造人的智力活动是必不可少的，这里所述的智力活动的规则和方法是指申请人申请的发明创造本身就是智力活动的规则与方法。《专利审查指南》第二部分第一章第三节对智力活动作了定义，智力活动，是指人的思维运动，它源于人的思维，经过推理、分析和判断产生出抽象的结果，或者必须经过人的思维运动作为媒介，间接地作用于自然产生结果。因此，指导人们进行这类活动的规则和方法不能被授予专利权。

判断涉及智力活动的规则和方法的专利申请要求保护的主题是否属于可授予专利权的客体时，应当遵循以下原则。

（1）如果一项权利要求仅仅涉及智力活动的规则和方法，则不应当被授予专利权。

（2）如果一项权利要求，除其主题名称以外，对其进行限定的全部内容均为智力活动的规则和方法，则该权利要求实质上仅仅涉及智力活动的规则和方法，也不应当被授予专利权。

但是在以下情形中也不能排除该发明创造获得专利的可能性。

（1）涉及商业模式的权利要求，如果既包含智力活动规则和方法的内容，又包含技术特征，则可以获得专利权。

（2）如果一项权利要求在对其进行限定的全部内容中既包含智力活动的

规则和方法的内容，又包含技术特征，则该权利要求就整体而言并不是一种智力活动的规则和方法，不应当排除其获得专利权的可能性。

《专利审查指南》第 2 部分第 1 章第 3 节以列举方式罗列了很多不能授予专利权的智力活动的规则方法，包括审查专利申请的方法；组织、生产、商业实施和经济等方面的管理方法及制度；交通行车规则、时间调度表、比赛规则；演绎、推理和运筹的方法；图书分类规则、字典的编排方法、情报检索的方法、专利分类法；日历的编排规则和方法；仪器和设备的操作说明；各种语言的语法、汉字编码方法；计算机的语言及计算规则；速算法或口诀；数学理论和换算方法；心理测验方法；教学、授课、训练和驯兽的方法；各种游戏、娱乐的规则和方法；统计、会计和记账的方法；乐谱、食谱、棋谱；锻炼身体的方法；疾病普查的方法和人口统计的方法；信息表述方法；计算机程序本身。

### （三）疾病的诊断和治疗方法

疾病的诊断和治疗方法，是指以有生命的人体或者动物体为直接实施对象，进行识别、确定或消除病因或病灶的过程。疾病的诊断和治疗方法通常被认为是一种个人经验，不同的医生对待同一病情有不同的诊疗方式，有选择各种方法和条件的自由。并且这种疾病的诊断和治疗方法无法在产业上利用，不具有实用性，故不授予专利权。从人道主义和社会伦理角度考虑，由于这类方法直接以有生命的人体或动物体为实施对象，不属于专利法意义上的发明创造，因此不能被授予专利权。需要指出的是，虽然使用药物治疗疾病的方法是不能被授予专利权的，但是，药物本身是可以被授予专利权的。并且用于实施疾病诊断和治疗方法的仪器或装置，以及在疾病诊断和治疗方法中使用的物质或材料属于可被授予专利权的客体。《专利审查指南》第二部分第一章第四节规定了疾病的诊断方法和治疗方法判断方式。

诊断方法，是指为识别、研究和确定有生命的人体或动物体病因或病灶状态的过程。

判断该方法属于诊断方法应当满足两个条件。

（1）以有生命的人体或动物体为对象。

（2）以获得疾病诊断结果或健康状况为直接目的。例如，血压测量法、诊脉法、足诊法、X 光诊断法、超声诊断法、胃肠造影诊断法、内窥镜诊断法、同位素示踪影像诊断法、红外光无损诊断法、患病风险度评估方法、疾病治疗效果预测方法、基因筛查诊断法等不能被授予专利权。

但是，以下方法不属于诊断方法，不能排除其授予专利权的可能性。

（1）在已经死亡的人体或动物体上实施的病理解剖方法。

（2）直接目的不是获得诊断结果或健康状况，而只是从活的人体或动物体获取作为中间结果的信息的方法，或处理该信息（形体参数、生理参数或其他参数）的方法。

（3）直接目的不是获得诊断结果或健康状况，而只是对已经脱离人体或动物体的组织、体液、排泄物进行处理，或检测以获取作为中间结果的信息的方法，以及处理该信息的方法。

治疗方法，是指使有生命的人体或者动物体恢复或获得健康或减少痛苦，进行阻断、缓解或者消除病因或病灶的过程，包括以治疗为目的或者具有治疗性质的各种方法。预防疾病或者免疫的方法视为治疗方法。

以下几类方法是属于或者应当视为治疗方法不能被授予专利权。

（1）外科手术治疗方法、药物治疗方法、心理疗法。

（2）以治疗为目的的针灸、麻醉、推拿、按摩、刮痧、气功、催眠、药浴、空气浴、阳光浴、森林浴和护理方法。

（3）以治疗为目的利用电、磁、声、光、热等种类的辐射刺激或照射人体或者动物体的方法。

（4）以治疗为目的采用涂覆、冷冻、透热等方式的治疗方法。

（5）为预防疾病而实施的各种免疫方法。

（6）为实施外科手术治疗方法和/或药物治疗方法采用的辅助方法，例如返回同一主体的细胞、组织或器官的处理方法、血液透析方法、麻醉深度监控方法、药物内服方法、药物注射方法、药物外敷方法等。

（7）以治疗为目的的受孕、避孕、增加精子数量、体外受精、胚胎转移等方法。

（8）以治疗为目的的整容、肢体拉伸、减肥、增高方法。

（9）处置人体或动物体伤口的方法，例如伤口消毒方法、包扎方法。

（10）以治疗为目的的其他方法，例如人工呼吸方法、输氧方法。

以下方法不属于治疗方法，不能排除其授予专利权的可能性。

（1）制造假肢或者假体的方法，以及为制造该假肢或者假体而实施的测量方法。例如，一种制造假牙的方法，该方法包括在病人口腔中制作牙齿模具，而在体外制造假牙。虽然其最终目的是治疗，但是该方法本身的目的是制造出合适的假牙。

（2）通过非外科手术方式处置动物体以改变其生长特性的畜牧业生产方

法。例如，通过对活羊施加一定的电磁刺激促进其增长、提高羊肉质量或增加羊毛产量的方法。

（3）动物屠宰方法。

（4）对于已经死亡的人体或动物体采取的处置方法。例如，解剖、整理遗容、尸体防腐、制作标本的方法。

（5）单纯的美容方法，即不介入人体或不产生创伤的美容方法，包括在皮肤、毛发、指甲、牙齿外部可为人们所视的部位局部实施的、非治疗目的的身体除臭、保护、装饰或者修饰方法。

（6）为使处于非病态的人或者动物感觉舒适、愉快或者在诸如潜水、防毒等特殊情况下输送氧气、负氧离子、水分的方法。

（7）杀灭人体或者动物体外部（皮肤或毛发上，但不包括伤口和感染部位）的细菌、病毒、虱子、跳蚤的方法。

### （四）动物和植物品种

动物和植物品种不能授予专利权是针对动、植物本身而言的，即申请人申请的发明创造就是动、植物品种。虽然动物和植物品种本身不能成为专利权的客体，但是生产动、植物品种的方法可以获得专利保护。这里所说的生产方法是指非生物学的方法，不包括生产动物和植物主要是生物学的方法。那么如何判断“主要是生物学的方法”，取决于在该方法中人的技术介入程度。如果人的技术介入对该方法所要达到的目的或者效果起到主要的控制作用或者决定性作用，则不属于“主要是生物学的方法”。例如，采用辐照饲养法生产高产牛奶的乳牛的方法；改进饲养方法生产瘦肉型猪的方法等属于可被授予发明专利权的客体。动物和植物品种也可以通过专利法以外的其他法律法规保护，例如，植物新品种可以通过《植物新品种保护条例》给予保护。

### （五）原子核变换方法以及用原子核变换方法获得的物质

原子核变换方法，是指使一个或几个原子核经分裂或者聚合，形成一个或几个新原子核的过程，例如，完成核聚变反应的磁镜阱法、封闭阱法以及实现核裂变的各种方法等，这些变换方法是不能被授予专利权的。但是，为实现原子核变换而增加粒子能量的粒子加速方法（如电子行波加速法、电子驻波加速法、电子对撞法、电子环形加速法等），不属于原子核变换方法，而属于可被授予发明专利权的客体。为实现核变换方法的各种设备、仪器及其零部件等也可被授予专利权的客体。用原子核变换方法所获得的物质，主要是指用加速器、反应堆以及其他核反应装置生产、制造的各种放射性同位素，这些同位素不能被授予发明专利权。但是这些同位素的用途以及使用的仪器、设备属于可被授予专利权的客体。

由于原子核变换方法以及用该方法所获得的物质关系到国家的经济、国防、科研和公共生活的重大利益，不宜为单位或私人垄断，因此我国对此类物质不给予专利保护，不能被授予专利权。当然，原子核变换技术并非仅仅只有军事意义，对其他领域的技术也有重要意义。为保护和促进原子核变换领域的发明创造，《专利法实施细则》第七条规定，国务院专利行政部门受理的专利申请涉及国防利益需要保密的，应当及时移交国防专利机构进行审查。经国防专利机构审查没有发现驳回理由的，由国务院专利行政部门作出授予国防专利权的决定。国务院专利行政部门认为，其受理的发明或者实用新型专利申请涉及国防利益以外的国家安全或者重大利益需要保密的，应当及时作出按照保密专利申请处理的决定，并通知申请人。保密专利申请的审查、复审以及保密专利权无效宣告的特殊程序，由国务院专利行政部门规定。由此可知，并非所有涉及国家安全或者重大利益的发明创造都不能被授予专利权，只是在必要时不能授予普通专利权，其仅仅能被授予国防专利权或者保密专利权。

### （六）对平面印刷品的图案、色彩或者二者的结合作出的主要起标识作用的设计

目前，我国外观设计专利的申请量远远多于其他两种专利。在授予外观设计专利的过程中，大部分是关于瓶贴和平面包装袋的主要起标识作用的图案设计。这并不利于提升我国产品的自主创新能力和国际竞争力。因此，为激励社会公众将创新能力聚焦到产品本身，我国《专利法》对平面印刷品的图案、色彩或者二者的结合作出的主要起标识作用的设计作了限制性规定。依据《专利审查指南》第一部分第三章第六节的规定，如果一件外观设计专利申请同时满足使用外观设计的产品属于平面印刷品、该外观设计是针对图案、色彩或者二者的结合而作出的以及该外观设计主要起标识作用这 3 个条件，则不授予专利权。在依据上述规定对外观设计专利申请进行审查时，审查员首先根据申请的图片或者照片以及简要说明，审查使用外观设计的产品是否属于平面印刷品。其次，审查所述外观设计是否针对图案、色彩或者二者的结合而作出的。由于不考虑形状要素，所以任何二维产品的外观设计均

可认为是针对图案、色彩或者二者的结合而作出的。最后，审查所述外观设计对于所使用的产品来说是否主要起标识作用。主要起标识作用是指所述外观设计的主要用途在于使公众识别所涉及的产品、服务的来源等。壁纸、纺织品不属于本条款规定的对象。

# 第三章
# 专利权的取得要件

## 第一节　授予专利权的原则

### 一、禁止重复授权原则

专利权具有独占性，是国家赋予专利权人禁止他人未经其许可实施其发明创造的权利。专利权被授予专利权人后，任何单位和个人未经专利权人许可均不得为生产经营目的实施该专利。因此，我国《专利法》第九条第一款规定了禁止重复授权原则，即“同样的发明创造只能授予一项专利权。”对于同样的发明创造，无论是一人提出两种及以上的专利申请，还是不同的人分别提出两件及以上的专利申请，即使符合专利权的取得要件，也不能授予一样的发明创造两种及以上的专利权。禁止授予同样的发明创造两项及以上的专利，是为了有效避免权利之间的冲突，降低专利管理、监督的成本。从字面意思来看，该条款包括以下 4 种情形：“不同的人就同样的发明创造先后提出两份以上专利申请；不同的人就同样的发明创造同日提出两份以上专利申请；同一人就同样的发明创造先后提出两份以上专利申请；同一人就同样的发明创造同日提出两份以上专利申请。”[①]

《专利法》除了规定禁止重复授权原则之外，也规定了其例外情况。即《专利法》第九条第一款的但书规定，“同一申请人同日对同样的发明创造既申请实用新型专利又申请发明专利，先获得的实用新型专利权尚未终止，且申请人声明放弃该实用新型专利权的，可以授予发明专利权。”在该情形下，同样的发明创造可以被两次授予专利权。但需要满足以下 4 个条件：一是同一申请人只能就同样的发明创造申请实用新型专利和发明专利；二是同一申

① 《中国专利法详解》，第 96 页。

请人提出申请实用新型专利和发明专利的时间必须是在同一天；三是同一申请人在同日申请时实用新型专利尚未终止；四是申请人声明放弃该实用新型专利权。需要特别注意的是，对于同一申请人同日对同样的发明创造既申请实用新型专利又申请发明专利，如果实用新型专利权已经终止的，根据禁止重复授权原则，不得再授予发明专利权。《专利法实施细则》对此作了进一步补充，同一申请人在同日（指申请日）对同样的发明创造既申请实用新型专利又申请发明专利的，应当在申请时分别说明对同样的发明创造已申请了另一专利；未作说明的，依照《专利法》第九条第一款关于同样的发明创造只能授予一项专利权的规定处理。国务院专利行政部门公告授予实用新型专利权，应当公告申请人已依照本条第二款的规定同时申请了发明专利的说明。发明专利申请经审查没有发现驳回理由，国务院专利行政部门应当通知申请人在规定期限内声明放弃实用新型专利权。申请人声明放弃的，国务院专利行政部门应当作出授予发明专利权的决定，并在公告授予发明专利权时一并公告申请人放弃实用新型专利权声明。申请人不同意放弃的，国务院专利行政部门应当驳回该发明专利申请；申请人期满未答复的，视为撤回该发明专利申请。实用新型专利权自公告授予发明专利权之日起终止。

在理解《专利法》第九条时，需要判断“同样的发明创造”和“同日”标准。从《专利法》和《专利实施细则》来看，“同日”通常是指申请日。关于“同样的发明创造”的判断是禁止重复授权和先申请原则均需要明确的问题。对于发明或实用新型，采取的是保护范围相同的判断方式。那么，如何判断发明专利和实用新型专利的保护范围？根据《专利法》第五十九条第一款和《专利审查指南》的规定，发明或者实用新型专利权的保护范围以其权利要求的内容为准，说明书及附图可以用于解释权利要求的内容。为了避免重复授权，在判断是否为同样的发明创造时，应当将两件发明或者实用新型专利申请或专利的权利要求书的内容进行比较，而不是将权利要求书与专利申请或专利文件的全部内容进行比较。如果一件专利申请或专利的一项权利要求与另一件专利申请或专利的某一项权利要求保护范围相同，应当认为它们是同样的发明创造。两件专利申请或专利说明书的内容相同，但其权利要求保护范围不同的，应当认为所要求保护的发明创造不同。例如，同一申请人提交的两件专利申请的说明书都记载了一种产品以及制造该产品的方法，其中一件专利申请的权利要求书要求保护的是该产品，另一件专利申请的权利要求书要求保护的是制造该产品的方法，应当认为要求保护的是不同的发明创造。应当注意的是，权利要求保护范围仅部分重叠的，不属于同样的发明创造。例如，权利要求中存在以连续的数值范围限定的技术特征的，其连续的数值范围与另一件发明或者实用新型专利申请或专利权利要求中的数值范围不完全相同的，不属于同样的发明创造。

## 二、先申请原则

世界上绝大多数国家实行先申请原则，我国专利权的取得遵循的也是先申请原则，同样的发明创造，在一国领土范围内只能授予一个专利权，并给予申请在先的人。依据《专利法》第九条第二款规定，即“先申请原则是指两个以上的申请人分别就同样的发明创造申请专利的，专利权授予最先申请的人。”该条款包含两个方面含义：一是在不同时间申请专利的，以申请日的先后顺序作为判断标准。申请人可以是个人，也可以是单位。二是两个以上的申请人同日（指申请日；有优先权的，指优先权日）分别就同样的发明创造申请专利的，应当在收到国务院专利行政部门的通知后自行协商确定申请人。

关于先申请原则，需要明确以下几点：首先，申请日的确定。专利的申请日是有条件的，只有符合法律规定才能提出申请。依据《专利法》第二十八条，一般申请日是指国务院专利行政部门收到专利申请文件之日。如果申请文件是邮寄的，以寄出的邮戳日为申请日。《专利法实施细则》对特殊的申请日作了规定，包括优先权日、补交附图之日以及分案申请之日。《专利法实施细则》第十一条规定，“除《专利法》第二十八条和第四十二条规定的情形外，专利法所称申请日，有优先权的，指优先权日。”即在享有外国或者本国优先权的情况下，是以优先权日作为申请日。《专利法实施细则》第四十条规定，“申请人补交附图的，以向国务院专利行政部门提交或者邮寄附图之日为申请日；取消对附图的说明的，保留原申请日。”即补交附图的申请，是以补交附图之日为申请日。《专利法实施细则》第四十三条第一款规定，“依照本细则第四十二条规定提出的分案申请，可以保留原申请日，享有优先权的，可以保留优先权日，但是不得超出原申请记载的范围。”对于分案申请，以原申请的申请日作为分案申请的申请日；有优先权的，保留优先权日。其次，明确申请的内涵。申请是申请专利的人获得了申请日和申请号的有效申请。没有获得申请日和申请号的申请，或者已经失去效力的申请，即使申请日在先，也不能以最先申请为由获得专利权。先申请原则旨在保护和鼓励最先提出专利申请的人，督促申请人一经完成发明创造就尽快完成专利申请，避免重复。最后，先申请原则也存在不足之处，一是最先作出发明创造的人

（3）属于按照《专利法实施细则》第四十二条规定提出的分案申请。

应当注意，当申请人要求本国优先权时，作为本国优先权基础的中国首次申请，自中国在后申请提出之日起即被视为撤回。

### （三）享有外国优先权和本国优先权的形式要件

申请人获得外国优先权和本国优先权除了要满足上述条件外，还需按法律规定办理相关手续。享有外国优先权和本国优先权的形式要件基本一致。一是申请人要求发明、实用新型、外观设计专利优先权的，应当在申请时提出书面声明。二是在规定期限内提交第一次提出的专利申请文件的副本。发明、实用新型的期限是第一次提出申请之日起十六个月内；外观设计的期间是第一次提出申请之日起三个月内。如果申请人未提出书面声明或者逾期未提交专利申请文件副本的，视为未要求优先权。

申请人要求外国优先权的，还应当注意以下程序。

（1）申请人提交的在先申请文件副本应当经原受理机构证明。依照国务院专利行政部门与该受理机构签订的协议，国务院专利行政部门通过电子交换等途径获得在先申请文件副本的，视为申请人提交了经该受理机构证明的在先申请文件副本。要求本国优先权，申请人在请求书中写明在先申请的申请日和申请号的，视为提交了在先申请文件副本。

（2）在中国没有经常居所或者营业所的申请人，申请专利或者要求外国优先权的，在国务院专利行政部门认为必要时，申请人需要提供以下文件：申请人是个人的，其国籍证明；申请人是企业或者其他组织的，其注册的国家或者地区的证明文件；申请人的所属国，承认中国单位和个人可以按照该国国民的同等条件，在该国享有专利权、优先权和其他与专利有关的权利的证明文件。

## 第二节　授予专利权的实质要件

任何一件发明创造要取得专利，必须具备一定的实质要件和形式要件。授予专利权发明和实用新型必须具备新颖性、创造性和实用性，才能被授予专利权。由于外观设计是一种富有美感并适于工业应用的新设计，因此，取得外观设计专利的实质要件不包括实用性和创造性，而是必须具备新颖性、独创性和合法性。

## 一、发明、实用新型专利的实质要件

《专利法》第22条规定，授予专利权的发明和实用新型，应当具备新颖性、创造性和实用性。新颖性关注的是申请专利的技术与一项现有技术是否相同，这是由专利权的性质所决定的。判断申请专利是否具有新颖性，是通过比较文件记载的一项现有技术作为对比的基础。但仅仅要求其具有新颖性是无法实现专利法鼓励技术创新的目的，发明和实用新型还应当具备创造性，创造性关注的是申请专利的技术与相关的现有技术之间存在的差异，并且该差异是那些本领域普通技术人员不容易想到的发明和实用新型。不具备创造性的发明技术方案要解决的技术问题须是显而易见的。除此之外，发明和实用新型还应当具有实用性。专利法虽然鼓励社会发明创造，但这不是主要目的，其主要目的在于发明创造能被有效应用。实用性强调的是发明创造在产业上的可实施性。一项发明和实用新型只有具有产业上的可实施性，才能保证申请人和公众获得相对直接的利益，从而激励申请人和公众进一步技术创新。

### （一）新颖性

**1. 新颖性含义**

新颖性是任何一项发明创造取得专利的基本条件。取得专利的发明和实用新型首先要是一项新的技术方案。其次判断一项技术方案是否具有新颖性不是由申请人的主观意志所决定的，而是由各国法律规定。依据我国《专利法》第二十二条第二款规定，新颖性是指该发明或者实用新型不属于现有技术；也没有任何单位或者个人就同样的发明或者实用新型在申请日以前向国务院专利行政部门提出过申请，并记载在申请日以后公布的专利申请文件或者公告的专利文件中。据此，发明和实用新型新颖性判断需要满足两个条件：一是该发明或者实用新型不属于现有技术；二是该发明或者实用新型不存在抵触申请。

**2. 新颖性的判断**

（1）该发明或者实用新型不属于现有技术

发明或者实用新型不属于现有技术，指发明或者实用新型的技术方案不同于现在已公开的技术内容。这意味着权利要求所要求保护的技术方案与一项现有技术所公开的技术内容必须有所差异。现有技术是指申请日以前在国内外为公众所知的技术。换句话说，现有技术应当在申请日以前处于能够为公众获得的状态，并包含有能够使公众从中得知实质性技术知识的内容。值得注意的是，处于保密状态的技术内容不属于现有技术。据此，现有技术应当满足以下两个条件：一是时间条件。现有技术的时间界限是申请日，享有优先权的，则指优先权日。广义上说，申请日以前公开的技术内容都属于现有技术，但申请日当天公开的技术内容不包括在现有技术范围内。二是公开条件，该技术是为国内外公众能够得知的，包括在国内外出版物上公开发表、在国内外公开使用或者以其他方式为公众所知的技术。专利法律制度对公开的方式、时间和标准有特别规定。专利法上的公开方式包括出版物公开、使用公开和以其他方式公开3种，均无地域限制。首先，出版物公开是指公开发表在出版物上的技术方案，但是在特定范围内发行并要求保密的，不属于公开出版物。出版物是指记载有技术或设计内容的独立存在的传播载体，并且应当表明或者有其他证据证明其公开发表或出版的时间。出版物可以多种形式存在，并且不受地理位置、语言、年代的或者获得方式的限制。出版物的公开时间就是印刷日。其次，使用公开是指由于使用而导致技术方案的公开，或者导致技术方案处于公众可以得知的状态，使用公开的方式包括能够使公众得知其技术内容的制造、使用、销售、进口、交换、馈赠、演示、展出等方式。只要通过上述方式使有关技术内容处于公众想得知就能够得知的状态，就构成使用公开，而不取决于是否有公众得知。但是，未给出任何有关技术内容的说明，以致所属技术领域的技术人员无法得知其结构和功能或材料成分的产品展示，不属于使用公开。使用公开的时间是指公众能够得知该产品或者方法之日。最后，以其他方式公开是指为公众所知的其他方式，包括口头交谈、报告、讨论会发言、广播、电视、电影等能够使公众得知技术内容的方式。以其他方式公开是口头交谈、报告、讨论会发言发生之日或者公众可接收的广播、电视或电影的报道的播放日。判断发明或实用新型是否具有新颖性须遵循单独对比原则，应当将发明或者实用新型专利申请的各项权利要求分别与每一项现有技术或申请在先公布或公告在后的发明或实用新型的相关技术内容单独地进行比较，比较发明或者实用新型专利申请的技术方案和现有技术的技术方案是否实质上相同。

（2）该发明或者实用新型不存在抵触申请

发明或者实用新型不存在抵触申请是指没有任何单位或者个人就同样的发明或者实用新型在申请日以前向国务院专利行政部门提出过申请，并记载在申请日以后公布的专利申请文件或者公告的专利文件中。抵触申请是指损害新颖性的专利申请，即任何单位或者个人就同样的发明或者实用新型在申请日以前向专利局提出，并且在申请日以后公布的专利申请文件或者公告的专利文件损害该申请日提出的专利申请的新颖性。构成抵触申请需具备两个条件：一是在先专利申请已经存在；二是在先专利申请与在后专利申请后公布。关于抵触申请，应当注意：首先，抵触申请主要判断在后申请的发明或实用新型的新颖性。其次，抵触申请仅发生在一国的专利申请之间，因为不同国家对专利申请的规定不一致。且只能在申请日以前提出的，不包含在申请日提出的同样的发明或者实用新型专利申请。再次，抵触申请不同于现有技术，不构成现有技术的一部分。最后，抵触申请会使在后申请丧失新颖性，申请在先者获得专利权，这也符合先申请原则。

**3. 不丧失新颖性的例外**

申请的发明创造在申请日以前已经公开的，便认为其丧失新颖性，故不得取得专利权。为保护申请人的合法权益，积极推动发明和实用新型技术尽早公开，我国《专利法》规定了不丧失新颖性的例外情况。即申请专利的发明创造在申请日以前六个月内，有在国家出现紧急状态或者非常情况时，为公共利益目的首次公开的；在中国政府主办或者承认的国际展览会上首次展出的；在规定的学术会议或者技术会议上首次发表的；他人未经申请人同意而泄露其内容的。有以上情形之一的，不丧失新颖性。即这 4 种情况不影响申请的现有技术，在上述情况发生起六个月内，申请人提出申请之前，发明创造再次被公开的，只要该公开不属于上述 4 种情况，则该申请会因在后公开而丧失新颖性。再次公开属于上述 4 种情况的，该申请不会因此而丧失新颖性。这里所说的六个月期限，可称为新颖性宽限期或优惠期。宽限期自发明创造的第一次公开之日起计算。

（1）在国家出现紧急状态或者非常情况时，为公共利益目的首次公开的

国家出现紧急状态或者非常情况，例如战争或危及国家安全的紧急状态，或者出现自然灾害疾病盛行等情况。为了公共利益的目的是指为了国民经济以及社会民生、人民健康等情况需要给予新颖性宽限期。该条款是在更好地应对疫情防控等紧急状态和非常情况下产生的，为促进相关发明创造在疾病治疗等方面的及时应用，解决公众健康问题，回应创新主体放宽不丧失新颖性例外规定的需求，专利法在不丧失新颖性例外的适用情形中增加了“在国家出现紧急状态或者非常情况时，为公共利益目的的首次公开”。

（2）在中国政府主办或者承认的国际展览会上首次展出的

在中国政府主办或者承认的国际展览会上首次展出中国政府主办的国际展览会，包括国务院、各部委主办或者国务院批准由其他机关或者地方政府

举办的国际展览会。中国政府承认的国际展览会，是指国际展览会公约规定的由国际展览局注册或者认可的国际展览会。所谓国际展览会，即展出的展品除了举办国的产品以外，还应当有来自外国的展品。在此情形下，申请人在申请日以前六个月内在中国政府主办或者承认的国际展览会上首次展出的，要求不丧失新颖性宽限期的，应当在提出申请时在请求书中声明，并在自申请日起两个月内提交证明材料。

（3）在规定的学术会议或者技术会议上首次发表的

在规定的学术会议或者技术会议上首次发表规定的学术会议或者技术会议，是指国务院有关主管部门或者全国性学术团体组织召开的学术会议或者技术会议，不包括省以下或者受国务院各部委或者全国性学术团体委托或者以其名义组织召开的学术会议或者技术会议。在后者所述的会议上的公开将导致丧失新颖性，除非这些会议本身有保密约定。在此情形下，申请人在申请日以前六个月内在规定的学术会议或者技术会议上首次发表的，要求不丧失新颖性宽限期的，应当在提出申请时在请求书中声明，并在自申请日起两个月内提交证明材料。

（4）他人未经申请人同意而泄露其内容的

他人未经申请人同意而泄露其内容所造成的公开，包括他人未遵守明示或者默示的保密信约而将发明创造的内容公开，也包括他人用威胁、欺诈或者间谍活动等手段从发明人或者申请人那里得知发明创造的内容而后造成的公开。在此情形下，申请人在申请日以前六个月内他人未经申请人同意而泄露了其内容，若申请人在申请日前已获知，应当在提出专利申请时在请求书中声明，并在自申请日起两个月内提交证明材料。若申请人在申请日以后得知的，应当在得知情况后两个月内提出要求不丧失新颖性宽限期的声明，并附具证明材料。

### （二）创造性

#### 1. 创造性含义

申请专利的发明或者实用新型要想被授予专利权，仅仅具备新颖性还不够，还必须具备创造性。英国、美国等也将其称为“非显而易见性”。创造性是指与现有技术相比，该发明具有突出的实质性特点和显著的进步，该实用新型具有实质性特点和进步。创造性实质上体现了发明创造的质量要求和技术水平，它意味着申请专利的发明或实用新型不是现有技术的简单重复而比现有技术技高一筹。发明的创造性标准高于实用新型的创造性标准。实用新型只要求与申请日以前的现有技术相比，其具有实质性特点和进步，而发明则不仅要求有实质性特点和进步，还要求该实质性特点和进步必须是突出的和显著的。创造性是在发明或实用新型的新颖性基础上判定的，可以把创造性看作新颖性的质量要求。当确定了一项发明或者实用新型不属于现有技术，才需判断该发明或者实用新型是否具备创造性。

**2. 发明创造性的判断**

（1）发明有突出的实质性特点

发明有突出的实质性特点，是指对所属技术领域的技术人员来说，发明相对于现有技术是非显而易见的。如果发明是指在现有技术的基础上仅仅通过合乎逻辑的分析、推理或者有限的试验可以得到的，则该发明是显而易见的，也就不具备突出的实质性特点。判断要求保护的发明相对于现有技术是否显而易见，通常可按照以下 3 个步骤。

首先，确定最接近的现有技术。最接近的现有技术，是指现有技术中与要求保护的发明最密切相关的一个技术方案，它是判断发明是否具有突出的实质性特点的基础。在确定该技术时，应当先考虑技术领域相同或相近的现有技术。最接近的现有技术可以是与技术领域相同，技术问题、效果或用途最接近或公开了技术特征最多的现有技术，或者虽然技术领域不同，但能够实现发明的功能，并且公开发明的技术特征最多的现有技术。

其次，确定发明的区别特征和发明实际解决的技术问题。第一步，应当分析要求保护的发明与最接近的现有技术相比有哪些区别特征。区别特征是要求保护的发明或者实用新型不同于上述最接近现有技术的技术特征，这是判断发明是否具有实际解决的技术问题的基础。第二步，根据采用区别特征所产生的技术效果来确定发明实际解决技术问题。从这个意义上说，发明实际解决的技术问题，是指为获得更好的技术效果而需对最接近的现有技术进行改进的技术任务，然后根据该区别特征在要求保护的发明中所能达到的技术效果确定发明实际解决的技术问题，而不是专利申请文件或者专利文件中声称的想要解决的技术问题。

最后，判断要求保护的发明对本领域的技术人员来说是否显而易见。在该步骤中，要从最接近的现有技术和发明实际解决的技术问题出发，判断要求保护的发明对本领域的技术人员来说是否显而易见。在判断过程中，要确定的是现有技术整体上是否存在某种技术启示，即现有技术中是否给出将上述区别特征应用到发明实际解决的技术问题的启示，这种启示会使本领域的技术人员在面对所述技术问题时，有动机改进该最接近的现有技术并获得要求保护的发明。如果现有技术存在这种技术启示，则发明是显而易见的，不具有突出的实质性特点。

（2）发明有显著的进步

发明有显著的进步是指发明与现有技术相比能够产生有益的技术效果。以下情况，通常应当认为发明具有显著的进步：一是发明与现有技术相比具有更好的技术效果；二是发明提供了一种技术构思不同的技术方案，其技术效果能够基本上达到现有技术的水平；三是发明代表某种新技术发展趋势；四是尽管发明在某些方面有负面效果，但在其他方面具有明显积极的技术效果。

（3）判断发明创造性的客观标志

判断发明创造性具有一定的主观性。当申请发明专利有属于以下情形时，应当认为其具有创造性。

首先，发明解决了人们一直渴望解决但始终未能获得成功的技术难题。这种发明具有突出的实质性特点和显著的进步，具备创造性。

其次，发明克服了技术偏见。技术偏见，是指在某段时间内、某个技术领域中，技术人员对某个技术问题普遍存在的、偏离客观事实的认识，它引导人们不去考虑其他方面的可能性，阻碍人们对该技术领域的研究和开发。如果发明克服了这种技术偏见，采用了人们由于技术偏见而舍弃的技术手段，从而解决了技术问题，则这种发明具有突出的实质性特点和显著的进步，具备创造性。

再次，发明取得了预料不到的技术效果。这是指发明同现有技术相比，其技术效果产生质变，具有新的性能；或者产生量变，超出人们预期的想象。这种质或量的变化，对所属技术领域的技术人员来说，事先无法预测或者推理出来。当发明产生了预料不到的技术效果时，一方面说明发明具有显著的进步；另一方面也反映出发明的技术方案是非显而易见的，具有突出的实质性特点，该发明具备创造性。

最后，发明在商业上获得成功。当发明的产品在商业上获得成功时，如果这种成功是由于发明的技术特征直接导致的，则一方面反映了发明具有有益效果；另一方面也说明了发明是非显而易见的，因此这类发明具有突出的实质性特点和显著的进步，具备创造性。但是，如果商业上的成功是由于其他原因所致，则不能作为判断创造性的依据。

**3. 实用新型创造性的判断**

创造性是实用新型专利条件之一。判断申请专利的实用新型是否符合创造性的标准，只要求其具有实质性特点和进步，不要求其“突出”和“显著”。因此，上述发明创造性的判断基本上适用于实用新型。只是实用新型的创造性程度比发明要低。基本按照这 3 个步骤进行：首先，确定最接近的现有技术；其次，确定实用新型与最接近的现有技术之间的区别技术特征，根据区别技术特征能达到的技术效果确定实用新型实际解决的技术问题；最后，从最接近的现有技术和实用新型实际解决的技术问题出发，判断要求保护的实用新型对本领域的技术人员来说是否显而易见。

### （三）实用性

#### 1. 实用性含义

实用性，是指该发明或者实用新型能够制造或者使用，并且能够产生积极效果。不同于新颖性和创造性与现有技术的比较，实用性强调对发明或实用新型本身性质的判断。发明或实用新型要想获得专利保护，必须是能够解决技术问题和实际运用的技术方案。如果申请的是发明和实用新型的产品，那么该产品必须在产业中能够制造和解决技术问题；如果申请的是方法发明，那么该方法必须在产业中能够使用和解决技术问题。一般而言，在对发明或实用新型专利申请进行审查时，为了节约成本和时间，实用性的审查是排在首位的，因为倘若发明或实用新型不具有实用性，那么可直接不授予专利权，没有必要与现有技术进行比对。

#### 2. 实用性的判断

（1）产业实用性

产业实用性是指发明或实用新型的技术方案符合自然规律，并且在产业中有被制造或使用的可能性。制造是指产品能够在生产中生产、加工、制成。使用是指方法发明在生产中的使用。产业包括工业、农业、林业、水产业、畜牧业、交通运输业以及文化体育、生活用品和医疗器械等行业。产业实用性要求申请专利的必须是技术方案，而不是一种构思。这不意味着该技术方案已经实施，而是表示该技术方案有被在工业中实施的现实可能性。如果所属技术领域的普通技术人员凭借说明书可以将该技术方案制造或使用，则认为具有实用性。

（2）重复再现性

重复再现性是指所属技术领域的技术人员，根据公开的技术内容，能够重复实施专利申请中为解决技术问题所采用的技术方案。这种重复实施不得依赖任何随机的因素，并且实施结果应该是相同的。例如，利用创造者本身的特殊条件方能实施的发明和仅在独一无二的自然条件下才能实现的发明都不具备实用性。

（3）有益性

有益性是指发明或实用新型的技术方案的实施能够产生积极效果。这表明发明或实用新型能满足社会需要，促进经济与科技发展。能够产生积极效果是指发明或者实用新型专利申请在提出申请之日，技术人员可以预料到的其产生的经济、技术和社会的效果，且这些效果应当是积极的和有益的。与工业实用性一样，有益性不意味着该技术方案的效果已经实现，而是表示该技术方案的效果有被实现的现实可能性。

**3. 不具备实用性的情形**

（1）技术方案无重复再现性。无重复再现性的发明或者实用新型专利申请主体不具备实用性。注意将产品的成品率低与不具有重复再现性区别，前者是能够重复实施，只是由于实施过程中未能确保某些技术条件而导致成品率低；后者则是在确保所需全部技术条件下，技术人员仍不可能重复实现该技术方案所要求达到的结果。

（2）违背自然规律。违背自然规律的发明或者实用新型专利申请是不能实施的，因此不具备实用性。例如，永动机。

（3）利用独一无二的自然条件的产品。利用特定的自然条件设计的技术方案始终都是不可移动的，不能直接适用于其他地方，因此不具备实用性。需要注意，利用独一无二的自然条件的产品的构件可能是具备实用性的。

（4）人体或者动物体的非治疗目的的外科手术方法。非治疗目的的外科手术方法是以有生命的人或者动物为实施对象，无法在产业上使用，因此不具备实用性。

（5）测量人体或者动物体在极限情况下的生理参数的方法。测量人体或动物体在极限情况下的生理参数需要将被测对象置于极限环境中，不同的人或动物个体可以耐受的极限条件是不同的，因此这类方法无法在产业上使用，不具备实用性。

（6）无积极效果。明显无益、脱离社会需要的发明或者实用新型专利申请的技术方案不具备实用性。

## 二、外观设计专利的实质要件

外观设计和发明或者实用新型有较大区别，发明和实用新型是一种技术方案，属于技术领域，而不属于文学、艺术等其他非技术的领域。外观设计涉及产品的外观，是使在视觉上能够为人们带来美感的工业产品外观的设计。因此，外观设计专利的授予条件与发明、实用新型有所不同。授予专利权的外观设计应当具备新颖性、显著性和不得与在先取得的合法权利相冲突这3个实质要件。

## （一）新颖性

**1. 新颖性含义**

外观设计应当具有新颖性，是指授予专利权的外观设计应当不属于现有设计；也没有任何单位或者个人就同样的外观设计在申请日以前向国务院专利行政部门提出过申请，并记载在申请日以后公告的专利文件中。

**2. 新颖性的判断**

（1）该外观设计不属于现有设计

外观设计不属于现有设计是指在现有设计中，既没有与涉案专利相同的外观设计，也没有与涉案专利实质相同的外观设计。现有设计，是指申请日以前在国内外为公众所知的设计，包括申请日以前在国内外出版物上公开发表过、公开使用过或者以其他方式为公众所知的设计。如果申请外观设计专利的设计方案与现有设计相同或实质相同，则申请外观设计专利的设计方案不具有新颖性。如何判断相同或实质相同？外观设计相同，是指申请的专利与现有设计是相同种类产品的外观设计，并且申请的专利的全部外观设计要素与对比设计的相应设计要素相同，其中外观设计要素是指形状、图案以及色彩，相同种类产品是指用途完全相同的产品。如果申请的专利仅属是常用材料的替换或仅是产品功能、内部结构、技术性能或尺寸的不同并未导致产品外观设计的变化，二者仍属于相同的外观设计。外观设计实质相同的判断仅限于相同或者相近种类的产品外观设计。对于产品种类不相同也不相近的外观设计，不进行是否实质相同的比较和判断，即可认定不构成实质相同，则申请的专利仍具有新颖性。

（2）该外观设计不存在抵触申请

外观设计不存在抵触申请是指没有任何单位或者个人就同样的外观设计在申请日以前向国务院专利行政部门提出过申请，并记载在申请日以后公告的专利文件中。抵触申请是指在涉案专利申请日以前任何单位或者个人向专利局提出并且在申请日以后（含申请日）公告的同样的外观设计专利申请。判断对比设计是否构成涉案专利的抵触申请时，应当以对比设计所公告的专利文件全部内容为判断依据。与涉案专利要求保护的产品的外观设计进行比较时，判断对比设计中是否包含有与涉案专利相同或者实质相同的外观设计。

### （二）显著性

**1. 显著性含义**

外观设计应当具有显著性，是指授予专利权的外观设计与现有设计或者现有设计特征的组合相比，应当具有明显区别。现有设计特征，是指现有设计的部分设计要素或者其结合。因为外观设计是一种富有美感的设计方案，无法要求其在技术上有实质性特点和进步，只能要求其与现有设计或设计特征的组合有明显区别。

**2. 显著性的判断**

外观设计显著性的判断一般应当基于涉案专利产品的一般消费者的知识水平和认知能力，对外观设计专利与在先设计的整体视觉效果进行整体观察、综合判断。外观设计如果具有独特视觉效果，与现有设计或者现有设计特征的组合相比具有明显区别，则该外观设计申请具有显著性。涉案专利与现有设计或者现有设计特征的组合相比不具有明显区别几种情形。

（1）涉案专利与相同或者相近种类产品现有设计相比不具有明显区别。

（2）涉案专利是由现有设计转用得到的，二者的设计特征相同或者仅有细微差别，且该具体的转用手法在相同或者相近种类产品的现有设计中存在启示。

（3）涉案专利是由现有设计或者现有设计特征组合得到的，所述现有设计与涉案专利的相应设计部分相同或者仅有细微差别，且该具体的组合手法在相同或者相近种类产品的现有设计中存在启示。

### （三）不得与在先取得的合法权利相冲突

外观设计应当不得与在先取得的合法权利相冲突，是指授予专利权的外观设计不得与他人在申请日以前已经取得的合法权利相冲突。这是出于对在先权利的保护。因为外观设计是对产品的形状、图案、色彩或者其结合所作出的富有美感并适用于工业应用的新设计，所以外观设计专利权容易与商标权、著作权、企业名称权、肖像权以及知名商品特有包装或者装潢使用权等其他权利相冲突，因而，专利法规定了外观设计不得与在先合法权利相冲突的条件。这里所述他人是指专利权人以外的民事主体，包括自然人、法人或者其他组织。合法权利，是指依照我国法律享有并且在涉案专利申请日仍然有效的权利或者权益。在先取得是指在先合法权利的取得日在本外观专利申请日之前。相冲突，是指未经权利人许可，外观设计专利使用了在先合法权利的客体，从而导致专利权的实施将会损害在先权利人的相关合法权利或者权益。那么如果一项外观设计专利权被认定与他人在申请日（有优先权的，指优先权日）之前已经取得的合法权利相冲突的，应当宣告该项外观设计专利权无效。

## 第三节　授予专利权的形式要件

任何一项发明创造完成后，除了应当具备“三性”实质条件外，还应当向国家专利行政部门提出申请，履行各种手续，经国家专利行政部门审查认为符合专利授予条件的，才能被授予专利权。一项发明创造只有进行了专利申请，才会被授予专利权；只有被授予专利权，法律才能对专利进行保护。我国《专利法》对授予专利权的形式要件作了全面规定。因为发明和实用新型是一种技术方案，外观设计是一种设计方案，所以《专利法》对发明、实用新型与外观设计专利申请提交的文件有不同规定。

在进行专利申请时，申请人应当遵循书面原则和单一性原则。书面原则是指申请人在申请时需遵循书面原则，申请人在按照《专利法》和《专利法实施细则》履行各种手续时，应当以书面形式或者国务院专利行政部门规定的其他形式办理专利申请。因为专利申请是一项复杂的工作，采用书面形式能够有效保存各项文件，以便于后期记录备查和发生权属争议时证据的确定。单一性原则是指一项专利申请只属于一项发明创造，即一件发明或者实用新型专利申请应当限于一项发明或者实用新型，一件外观设计专利申请应当限于一项外观设计。当然，单一性原则并不是绝对的。为了便于审查与保护，发明创造也可合案申请，对于发明或实用新型专利申请而言，属于一个总的发明构思的两项以上的发明或者实用新型可以作为一件申请提出。一个总的发明构思是指两项以上的发明在技术上必须相互关联，这种相互关联是以相同或者相应的特定技术特征表示在它们的权利要求中的。这包括 6 种情形：两项以上产品或者方法的同类发明；产品和专用于制造该产品的方法的发明；产品和该产品的用途的发明；产品、专用于制造该产品的方法和为实施该方法和该产品的用途的发明；产品、专用于制造该产品的方法和为实施该方法而专门设计的设备的发明；方法和为实施该方法而专门设计的设备的发明。对于外观设计专利申请而言，同一产品两项以上的相似外观设计，或者用于同一类别并且成套出售或者使用的产品的两项以上外观设计，可以作为一件申请。同一产品的相似外观设计是指一件申请中的各项外观设计经整体观察，其他外观设计和基本外观设计具有相同或者相似的设计特征，并且二者之间的区别点在于局部细微变化、该类产品的惯常设计、设计单元重复排列或者仅色彩要素的变化等。用于同一类别并且成套出售或者使用的产品的外观设计是指产品属于国际外观设计分类表中的同一大类，习惯上同时出售或者同时使用，而且各产品的外观设计具有相同的设计构思。从国家知识产权审查的角度出发，专利申请单一性的主要目的是防止申请人仅支付一件专利的费用而获得多项发明创造的保护和便于审查员对专利申请的分类、检索和审查。从申请人角度，专利申请单一性有利于保护不同发明，专利合案申请有利于大幅降低专利申请费用。

## 一、发明或实用新型专利申请应当提交的文件

《专利法》第二十六条第一款规定，申请发明或者实用新型专利的，应当提交请求书、说明书及其摘要和权利要求书等文件。该条规定了发明和实用新型专利申请文件的基本要求。申请发明和实用新型专利应当提交的申请文件包括请求书、说明书及其摘要、权利要求书。

### （一）请求书

请求书是发明或实用新型专利申请人向专利行政部门表达请求授予专利权意思的文件。请求书是申请人为了获得发明创造的专利权，在申请时首先必须提交的文书。在撰写专利请求书时，要检查所申请的发明或实用新型专利是否具备新颖性、创造性、实用性。只有具备新颖性、创造性、实用性的发明或实用新型才能申请专利。在我国，请求书要按照专利局统一制作的格式正确填写，并对所申请的发明或实用新型要作出清楚、完整的说明。《专利法》以列举的方式阐明请求书应当包含的内容，包括发明或者实用新型的名称，发明人的姓名，申请人姓名或者名称、地址，以及其他事项。《专利实施细则》第十六条对请求书的内容作了详细阐述。发明、实用新型或者外观设计专利申请的请求书应当写明下列事项。

（1）发明、实用新型或者外观设计的名称。

（2）申请人是中国单位或者个人的，其名称或者姓名、地址、邮政编码、组织机构代码或者居民身份证件号码；申请人是外国人、外国企业或者外国其他组织的，其姓名或者名称、国籍或者注册的国家或者地区。

（3）发明人或者设计人的姓名。

（4）申请人委托专利代理机构的，受托机构的名称、机构代码以及该机构指定的专利代理人的姓名、执业证号码、联系电话。

（5）要求优先权的，申请人第一次提出专利申请（以下简称在先申请）的申请日、申请号以及原受理机构的名称。

（6）申请人或者专利代理机构的签字或者盖章。

（7）申请文件清单。

（8）附加文件清单。

（9）其他需要写明的有关事项。

### （二）说明书及摘要

说明书是记载发明或者实用新型实质内容的重要法律文件。说明书主要用于清楚、完整地描述发明或者实用新型，使所属技术领域的技术人员能够理解和实施该发明或者实用新型。它是专利的核心文件，是国家知识产权局判断是否能够授予专利权的基础，同时也是确定发明和实用新型权利保护范围的基本依据。

**1. 说明书的要求**

说明书应当满足充分公开发明或者实用新型的要求。即说明书对发明或者实用新型作出的清楚、完整的说明，应当达到所属技术领域的技术人员能够实现的程度。所谓清楚，指说明书应当主题明确和表述准确。主题明确表示说明书须从现有技术出发，写明发明或者实用新型所要解决的技术问题以及解决其技术问题采用的技术方案，并对照现有技术写明发明或者实用新型的有益效果。表达准确表示说明书须使用发明或者实用新型所属技术领域的技术术语，准确地表达发明或者实用新型的技术内容，不得含糊不清或者模棱两可，以致所属技术领域的技术人员不能清楚、正确地理解该发明或者实用新型。所谓完整，指说明书应当包括有关理解、实现发明或者实用新型所需的全部技术内容。一份完整的说明书应当包含帮助理解发明或者实用新型不可缺少的内容、确定发明或者实用新型具有新颖性、创造性和实用性所需的内容等。所谓能够实现，是指所属技术领域的技术人员按照说明书记载的内容，就能够实现该发明或者实用新型的技术方案，解决其技术问题，并且产生预期的技术效果。总之，说明书应当清楚地记载技术方案，详细描述实现的具体实施方式，完整地公开必不可少的技术内容，从而达到所属技术领域的技术人员能够实现该发明或者实用新型的程度。说明书中记载的具体实施方式越多，允许作出的概括程度就越高。

**2. 说明书的内容**

说明书要严格按照规定范式来书写。发明或者实用新型专利申请的说明书应当写明发明或者实用新型的名称，该名称应当与请求书中的名称一致。说明书应当包括下列内容。

（1）技术领域

发明或者实用新型的技术领域应当是要求保护的发明或者实用新型技术方案所属或者直接应用的具体技术领域，而不是上位的或者相邻的技术领域，也不是发明或者实用新型本身。该具体的技术领域往往与发明或者实用新型在国际专利分类表中可能分入的最低位置有关。

（2）背景技术

发明或者实用新型说明书的背景技术部分应当写明对发明或者实用新型的理解、检索、审查有用的背景技术，并且尽可能引证反映这些背景技术的文件。尤其要引证与发明或者实用新型专利申请最接近的现有技术文件。说明书中引证的文件可以是专利文件，也可以是非专利文件。引证专利文件的，至少要写明专利文件的国别、公开号、公开日期；引证非专利文件的，要写明这些文件的标题和详细出处。

（3）发明内容

发明或者实用新型内容应当清楚、客观地写明要解决的技术问题、技术方案、有益效果以及附图说明。发明或者实用新型所要解决的技术问题是指发明或者实用新型要解决的现有技术中存在的技术问题。发明或者实用新型专利申请记载的技术方案应当能够解决这些技术问题。说明书中记载的这些技术方案应当与权利要求所限定的相应技术方案的表述相一致。有益效果是指由构成发明或者实用新型的技术特征直接带来的，或者是由所述的技术特征必然产生的技术效果。有益效果是确定发明是否具有“显著的进步”、实用新型是否具有“进步”的重要依据。说明书有附图的，应当写明各幅附图的图名，并且对图示的内容作简要说明。在零部件较多的情况下，允许用列表的方式对附图中具体零部件名称列表说明。附图不止一幅的，应当对所有附图作出图面说明。

（4）具体实施方式

实现发明或者实用新型的优选的具体实施方式是说明书的重要组成部分，它对于充分公开、理解和实现发明或者实用新型，支持和解释权利要求都是极为重要的。优选的具体实施方式应当体现申请中解决技术问题所采用的技术方案，并应当对权利要求的技术特征给予详细说明，以支持权利要求。对优选的具体实施方式的描述应当详细，使发明或者实用新型所属技术领域的技术人员能够实现该发明或者实用新型。

**3. 摘要**

摘要是说明书记载内容的概述，其不具有法律效力。摘要的内容不属于发明或者实用新型原始记载的内容，不能作为以后修改说明书或者权利要求书的根据，也不能用来解释专利权的保护范围。摘要的作用是便于专利审查人员、社会公众能迅速快捷地获知发明创造的基本内容。依据《专利法》和《专利实施细则》，申请专利时应当提交摘要，且摘要应当简要说明发明或者实用新型的技术要点。包括发明或者实用新型的名称和所属技术领域、所要解决的技术问题、解决该问题的技术方案的要点以及主要用途、最能说明发明的化学式等。申请人没有提交摘要的，国家知识产权局将通知申请人在指定期限内补交；逾期不补交的，其申请被视为撤回。

### （三）权利要求书

权利要求书是发明或实用新型专利申请人向专利行政部门表达请求确定专利权保护范围的重要法律文件。在被授予专利权后，权利要求书就是确定该专利权保护范围的依据。例如，当发生侵权纠纷时，法院首先通过权利要求书来确定专利权受保护的范围，对权利要求中字词或术语进行解释。只有准确地解释权利要求，明确专利权保护的范围后，才能正确判定是否存在侵权。

**1. 权利要求书的要求**

权利要求书的实质性要求包括以说明书为依据和清楚、简要地限定要求专利保护的范围两个方面。所谓以说明书为依据，是指权利要求书中的每一项权利要求所要求保护的技术方案应当是所属技术领域的技术人员能够从说明书充分公开的内容中得到或概括得出的技术方案，并且不得超出说明书公开的范围。说明书是对内容的介绍，而权利要求书是在说明书内容的基础上用技术特征来限定专利申请或者专利权的保护范围。所谓清楚，是指每一项权利要求和构成权利要求书的所有权利要求的整体都应当清楚。这包括类型清楚、保护范围清楚、权利要求之间的引用关系清楚。所谓简要，是指每一项权利要求构成权利要求书的所有权利要求的整体均应当简要。例如，一件专利申请中不得出现两项或两项以上保护范围实质上相同的同类权利要求。这包括权利要求的数目须合理，表述简要合理，不得使用商业性宣传用语。总之，发明或实用新型的非必要技术特征最好不要记载在权利要求书上，因为记载的内容越多，所限定的保护范围就越小。

**2. 权利要求书的内容**

一份权利要求书中应当有一项独立权利要求，还可以包括从属权利要求。独立权利要求应当从整体上反映发明或者实用新型的技术方案，记载解决技术问题的必要技术特征。必要技术特征是指，发明或者实用新型为解决其技术问题所不可缺少的技术特征，其总和足以构成发明或者实用新型的技术方案，使之区别于背景技术中所述的其他技术方案。从属权利要求应当引用附加的技术特征，对引用的权利要求作进一步限定。该附加技术特征可以是对所引用的权利要求的技术特征作进一步限定的技术特征，也可以是增加的技术特征。

独立权利要求应当包括前序部分和特征部分。

（1）前序部分：写明要求保护的发明或者实用新型技术方案的主题名称和发明或者实用新型主题与最接近的现有技术共有的必要技术特征。

（2）特征部分：使用“其特征是……”或者类似的用语，写明发明或者实用新型区别于最接近的现有技术的技术特征。这些特征和前序部分写明的特征合在一起，限定发明或者实用新型要求保护的范围。

一项发明或者实用新型应当只有一个独立权利要求，并写在同一发明或者实用新型的从属权利要求之前。

从属权利要求应当包括引用部分和限定部分。

（1）引用部分：写明引用的权利要求的编号及其主题名称。

（2）限定部分：写明发明或者实用新型附加的技术特征。

从属权利要求只能引用在前的权利要求。引用两项以上权利要求的多项从属权利要求，只能以择一方式引用在前的权利要求，并不得作为另一项多项从属权利要求的基础。

## 二、外观设计专利申请应当提交的文件

外观设计专利权的保护客体是富有美感的产品外观的设计方案，因此对外观设计专利的申请文件有不同的要求。《专利法》第二十七条第一款规定，申请外观设计专利的，应当提交请求书、该外观设计的图片或者照片以及对该外观设计的简要说明等文件。该条外观设计专利申请文件的基本要求。申请外观设计专利应当提交的申请文件包括请求书、图片或照片以及简要说明。

### （一）请求书

请求书是外观设计专利申请人向专利行政部门表达请求授予专利权意思

的文件。外观专利请求书与发明或实用新型专利的请求书内容基本相同。外观设计的名称与发明或实用新型的名称有所不同，外观设计的产品名称应当对其图片或照片中的产品种类具有说明作用。使用外观设计的产品名称应当与外观设计图片或者照片中表示的外观设计相符合，准确、简明地表明要求保护的产品的外观设计。产品名称一般应当符合国际外观设计分类表中小类列举的名称。产品名称通常还应当避免下列情形。

（1）含有人名、地名、国名、单位名称、商标、代号、型号或以历史时代命名的产品名称。

（2）概括不当、过于抽象的名称，例如“文具”“炊具”“乐器”等。

（3）描述技术效果、内部构造的名称，例如“节油发动机”“人体增高鞋垫”等。

（4）有产品规格、大小、规模、数量单位的名称，例如“21英寸电视机”“一副手套”等。

（5）以外国文字或无确定的中文意义的文字命名的名称。但已经众所周知并且含义确定的文字可以使用，例如“DVD播放机”“LED灯”“USB集线器”等。

### （二）图片或照片

由于外观设计的特性，很难如技术特征那样用文字表述，通常用图片或照片来表述外观设计。外观设计专利权的保护范围以表示在图片或者照片中的该产品的外观设计为准。因此申请人提交的有关图片或者照片应当清楚地显示要求产品的外观设计的特点。申请人可以自由选择图片或照片。就立体产品的外观设计而言，产品设计要点涉及六个面的，应当提交六面正投影视图；产品设计要点仅涉及一个或几个面的，应当至少提交所涉及面的正投影视图和立体图，并应当在简要说明中写明省略视图的原因。就平面产品的外观设计而言，产品设计要点涉及一个面的，可以仅提交该面正投影视图；产品设计要点涉及两个面的，应当提交两面正投影视图。必要时，申请人还应当提交该外观设计产品的展开图、剖视图、剖面图、放大图以及变化状态图。此外，申请人可以提交参考图，参考图通常用于表明使用外观设计的产品的用途、使用方法或者使用场所等。

### （三）简要说明

简要说明是用于解释图片或者照片。应当注意，外观设计的简要说明要写明外观设计产品的名称、用途，外观设计的设计要点，并指定一幅最能表明设计要点的图片或者照片。省略视图或者请求保护色彩的，应当在简要说明中写明。对同一产品的多项相似外观设计提出一件外观设计专利申请的，应当在简要说明中指定其中一项作为基本设计。简要说明不得使用商业性宣传用语，也不能用来说明产品的性能。

# 第二篇 专利申请与审查制度

# 第四章
# 专利申请

申请人就一项发明创造要求获得专利权的，应当根据《专利法》和《专利法实施细则》的规定向专利行政部门提出专利申请。在专利审批程序中，申请人根据《专利法》和《专利法实施细则》的规定或者审查员的要求，还需要办理各种与该专利申请有关的事务。申请人向专利行政部门提出专利申请以及在专利审批程序中办理其他专利事务，统称为专利申请手续。

申请人提出专利申请，向专利行政部门提交的《专利法》第二十六条规定的请求书、说明书、权利要求书、说明书附图和摘要或者《专利法》第二十七条规定的请求书、图片或者照片、简要说明等文件，称为专利申请文件；在提出专利申请的同时或者提出专利申请之后，申请人（或专利权人）、其他相关当事人在办理与该专利申请（或专利）有关的各种手续时，提交的除专利申请文件以外的各种请求、申报、意见陈述、补正以及各种证明、证据材料，称为其他文件。

## 第一节　专利申请文件与手续

### 一、专利申请的文件

对于发明和实用新型专利，我国《专利法》第二十六条第一款规定：“申请发明或者实用新型专利的，应当提交请求书、说明书及其摘要和权利要求书等文件。”其中，请求书、说明书和权利要求书是申请人向国务院专利行政部门提出专利申请时的必备材料，说明书摘要允许申请人在提出专利申请文件之后补交。同时，依赖遗传资源完成的发明创造，申请人应当在专利申请文件中说明该遗传资源的直接来源和原始来源，并填写国务院专利行政部门制定的表格；申请人无法说明原始来源的，应当陈述理由。

对于外观设计专利，我国《专利法》第二十七条第一款规定："申请外观设计专利的，应当提交请求书、该外观设计的图片或者照片以及对该外观设计的简要说明等文件。"申请人提交的有关图片或者照片应当清楚地显示要求专利保护的产品的外观设计。

专利申请人办理专利申请，应当提交相应的文件，缴纳相应的费用，并且符合相应的期限要求。

申请人委托专利代理机构向国务院专利行政部门申请专利和办理其他专利事务的，应当同时提交委托书，写明委托权限。申请人有两人以上且未委托专利代理机构的，除请求书中另有声明的外，以请求书中指明的第一申请人为代表人。

## 二、办理专利申请的形式

专利申请手续应当以书面形式（纸件形式）或者电子文件形式办理。

### （一）书面形式

申请人以书面形式提出专利申请并被受理的，在审批程序中应当以纸件形式提交相关文件。除另有规定外，申请人以电子文件形式提交的相关文件视为未提交。

以口头、电话、实物等非书面形式办理各种手续的，或者以电报、电传、传真、电子邮件等通信手段办理各种手续的，均视为未提出，不产生法律效力。

### （二）电子文件形式

申请人以电子文件形式提出专利申请并被受理的，在审批程序中应当通过电子专利申请系统以电子文件形式提交相关文件，另有规定的除外。不符合规定的，该文件视为未提交。

### （三）适用文字

专利申请文件以及其他文件，除由外国政府部门出具的或者在外国形成的证明或者证据材料外，应当使用中文。

专利申请文件是外文的，应当翻译成中文，其中外文科技术语应当按照规定译成中文，并采用规范用语。外文科技术语没有统一中文译法的，可按照一般惯例译成中文，并在译文后的括号内注明原文。计量单位应当使用国家法定计量单位，包括国际单位制计量单位和国家选定的其他计量单位，必要时可以在括号内同时标注本领域公知的其他计量单位。

## 第二节　请求书

### 一、请求书撰写的要求

专利请求书由国务院专利行政部门统一印制，包括《发明专利请求书》《实用新型专利请求书》《外观设计专利请求书》3 种。根据我国《专利法》和《专利法实施细则》的规定，专利申请的请求书应当写明下列事项。

- 发明、实用新型或者外观设计的名称。
- 申请人是中国单位或者个人的，其名称或者姓名、地址、邮政编码、组织机构代码或者居民身份证件号码；申请人是外国人、外国企业或者外国其他组织的，其姓名或者名称、国籍或者注册的国家或者地区。
- 发明人或者设计人的姓名。
- 申请人委托专利代理机构的，受托机构的名称、机构代码以及该机构指定的专利代理人的姓名、执业证号码、联系电话。
- 要求优先权的，申请人第一次提出专利申请（以下简称在先申请）的申请日、申请号以及原受理机构的名称。
- 申请人或者专利代理机构的签字或者盖章。
- 申请文件清单。
- 附加文件清单。
- 其他需要写明的有关事项。

#### （一）发明或实用新型名称

请求书中的发明或实用新型名称和说明书中的发明或实用新型名称应当一致。发明或实用新型名称应当简短、准确地表明发明或实用新型专利申请要求保护的主题和类型。发明或实用新型名称中不得含有非技术词语，例如人名、单位名称、商标、代号、型号等；也不得含有含糊的词语，例如“及其他”“及其类似物”等；也不得仅使用笼统的词语，致使未给出任何发明或实用新型信息，例如仅用“方法”“装置”“组合物”“化合物”等词作为发明或实用新型名称。

发明或实用新型名称一般不得超过 25 个字，在特殊情况下，例如，化学领域的某些发明或实用新型，可以允许最多到 40 个字。

### （二）使用外观设计的产品名称

使用外观设计的产品名称对图片或者照片中表示的外观设计所应用的产品种类具有说明作用。使用外观设计的产品名称应当与外观设计图片或者照片中表示的外观设计相符合，准确、简明地表明要求保护的产品的外观设计。产品名称一般应当符合国际外观设计分类表中小类列举的名称。产品名称一般不得超过 20 个字。

产品名称通常还应当避免下列情形。

（1）含有人名、地名、国名、单位名称、商标、代号、型号或以历史时代命名的产品名称。

（2）概括不当、过于抽象的名称，例如“文具”“炊具”“乐器”“建筑用物品”等；

（3）描述技术效果、内部构造的名称，例如“节油发动机”“人体增高鞋垫”“装有新型发动机的汽车”等。

（4）附有产品规格、大小、规模、数量单位的名称，例如“21 英寸电视机”“中型书柜”“一副手套”等。

（5）以外国文字或无确定的中文意义的文字命名的名称，例如“克莱斯酒瓶”，但已经众所周知并且含义确定的文字可以使用，例如“DVD 播放机”“LED 灯”“USB 集线器”等。

包括图形用户界面的产品外观设计名称，应表明图形用户界面的主要用途和其所应用的产品，一般要有“图形用户界面”字样的关键词，动态图形用户界面的产品名称要有“动态”字样的关键词。如“带有温控图形用户界面的冰箱”“手机的天气预报动态图形用户界面”“带视频点播图形用户界面的显示屏幕面板”等。

### （三）发明人或设计人

发明人是指对发明创造或实用新型的实质性特点作出创造性贡献的人。设计人是指对外观设计的实质性特点作出创造性贡献的人。

发明人或设计人应当是个人，请求书中不得填写单位或者集体，例如不得写成“×× 课题组”等。发明人或设计人应当使用本人真实姓名，不得使用笔名或者其他非正式的姓名。多个发明人或设计人的，应当自左向右顺序填写。

发明人或设计人可以请求专利行政部门不公布其姓名。提出专利申请时请求不公布发明人或设计人姓名的，应当在请求书“发明人”或“设计人”一栏所填写的相应发明人或设计人后面注明“( 不公布姓名 )”。不公布姓名的请求提出之后，经审查认为符合规定的，专利行政部门在专利公报、专利申请单行本、专利单行本以及专利证书中均不公布其姓名，并在相应位置注明“请求不公布姓名”字样，发明人或设计人也不得再请求重新公布其姓名。提出专利申请后请求不公布发明人或设计人姓名的，应当提交由发明人或设计人签字或者盖章的书面声明，但是专利申请进入公布准备后才提出该请求的，视为未提出请求。外国发明人或设计人的中文译名中可以使用外文缩写字母，姓和名之间用圆点分开，圆点置于中间位置，例如“M · 琼斯”。

### （四）申请人

**1. 申请人是中国单位或者个人**

职务发明或实用新型或外观设计，申请专利的权利属于单位；非职务发明或实用新型或外观设计，申请专利的权利属于发明人。

申请人是中国单位或者个人的，应当填写其名称或者姓名、地址、邮政编码、组织机构代码或者居民身份证件号码。

申请人是个人的，应当使用本人真实姓名，不得使用笔名或者其他非正式的姓名。申请人是单位的，应当使用正式全称，不得使用缩写或者简称。请求书中填写的单位名称应当与所使用的公章上的单位名称一致。

**2. 申请人是外国人、外国企业或者外国企业组织**

《专利法》第十七条规定：“在中国没有经常居所或者营业所的外国人、外国企业或者外国其他组织在中国申请专利的，依照其所属国同中国签订的协议或者共同参加的国际条约，或者依照互惠原则，根据本法办理。”

申请人是外国人、外国企业或者外国其他组织，应当写明其姓名或者名称、国籍或者注册的国家或者地区。申请人在请求书中表明在中国有营业所的，审查员应当要求申请人提供当地工商行政管理部门出具的证明文件；申请人在请求书中表明在中国有经常居所，审查员应当要求申请人提交公安部门出具的可在中国居住一年以上的证明文件。

在中国没有经常居所或者营业所的申请人，申请专利或者要求外国优先权的，国务院专利行政部门认为必要时，可以要求其提供下列文件。

（1）申请人是个人的，其国籍证明。

（2）申请人是企业或者其他组织的，其注册的国家或者地区的证明文件。

（3）申请人的所属国，承认中国单位和个人可以按照该国国民的同等条件，在该国享有专利权、优先权和其他与专利有关的权利的证明文件。

在确认申请人是在中国没有经常居所或者营业所的外国人、外国企业或者外国其他组织后，应当审查请求书中填写的申请人国籍、注册地是否符合下列3个条件之一。

（1）申请人所属国同我国签订有相互给予对方国民以专利保护的协议。

（2）申请人所属国是保护工业产权巴黎公约（以下简称巴黎公约）成员国或者世界贸易组织成员。

（3）申请人所属国依互惠原则给外国人以专利保护。

若申请人均不符合上述任何条件，则专利审查机构有权驳回该专利申请。

申请人是个人，其中文译名中可以使用外文缩写字母，姓和名之间用圆点分开，圆点置于中间位置，例如“M·琼斯”；姓名中不应当含有学位、职务等称号，例如××博士、××教授等；申请人是企业或者其他组织，其名称应当使用中文正式译文的全称，对于申请人所属国法律规定具有独立法人地位的某些称谓允许使用。

### （五）联系人

申请人是单位且未委托专利代理机构的，应当填写联系人，联系人是代替该单位接收专利行政部门所发信函的收件人。联系人应当是本单位的工作人员，必要时审查员可以要求申请人出具证明。

申请人为个人且需由他人代收专利行政部门所发信函，也可以填写联系人。联系人只能填写一人。填写联系人的，还需要同时填写联系人的通信地址、邮政编码和电话号码。

### （六）代表人

申请人有两人以上且未委托专利代理机构，除另有规定或请求书中另有声明外，以第一署名申请人为代表人。请求书中另有声明的，所声明的代表人应当是申请人之一。除直接涉及共有权利的手续外，代表人可以代表全体申请人办理在专利行政部门的其他手续。直接涉及共有权利的手续包括：提出专利申请，委托专利代理，转让专利申请权、优先权或者专利权，撤回专利申请，撤回优先权要求，放弃专利权等。直接涉及共有权利的手续应当由全体权利人签字或者盖章。

### （七）专利代理机构与专利代理人

《专利法》第十八条第一款规定："在中国没有经常居所或者营业所的外国人、外国企业或者外国其他组织在中国申请专利和办理其他专利事务的，应当委托依法设立的专利代理机构办理。"《专利法》第十八条第二款规定："中国单位或者个人在国内申请专利和办理其他专利事务，可以委托依法设立的专利代理机构办理。"

专利代理机构依照专利代理条例的规定经国务院专利行政部门批准成立，其名称应当使用其在国务院专利行政部门登记的全称，并且要与加盖在申请文件中的专利代理机构公章上的名称一致，不得使用简称或者缩写。请求书中还应当填写国务院专利行政部门给予该专利代理机构的机构代码。

专利代理人，是指获得专利代理人资格证书、在合法的专利代理机构执业，并且在国务院专利行政部门办理了专利代理人执业证的人员。在请求书中，专利代理人应当使用其真实姓名，同时填写专利代理人执业证号码和联系电话。一件专利申请的专利代理人不得超过两人。

### （八）地址

请求书中的地址（包括申请人、专利代理机构、联系人的地址）应当符合邮件能够迅速、准确投递的要求。本国的地址应当包括所在地区的邮政编码，以及省（自治区）、市（自治州）、区、街道门牌号码和电话号码，或者省（自治区）、县（自治县）、镇（乡）、街道门牌号码和电话号码，或者直辖市、区、街道门牌号码和电话号码。有邮政信箱的，可以按照规定使用邮政信箱。地址中可以包含单位名称，但单位名称不得代替地址，例如不得仅填写 ×× 省 ×× 大学。外国的地址应当注明国别、市（县、州），并附具外文详细地址。

### （九）其他

除上述规定外，申请人的专利申请书通常还应满足以下要求。

（1）申请涉及生物材料的发明专利，申请人应当自申请日起四个月内提交生物材料样品保藏及存活证明，并在请求书中写明生物材料样品的保藏单位、保藏单位地址、保藏日期、保藏编号及其分类命名；对于外国保藏单位出具的生物材料样品保藏及存活证明，还应同时提交生物材料样品保藏及存活证明中文题录。

（2）专利申请涉及核苷酸或氨基酸序列表，或专利申请涉及的发明创造是依赖于遗传资源完成的，申请人应当在请求书中作特别说明。

（3）专利申请可能涉及国家重大利益的，申请人应当申请保密处理并提交保密证明材料。

（4）对于以下情况，申请人可以要求不丧失新颖性宽限期，并自申请日起两个月内提交证明文件。

①已在国家出现紧急状态或者非常情况时，为公共利益目的首次公开。

②已在中国政府主办或承认的国际展览会上首次展出。

③已在规定的学术会议或技术会议上首次发表。

④他人未经申请人同意而泄露其内容。

（5）申请人同日对同样的发明创造既申请实用新型专利又申请发明专利的，应当在请求书中作特别说明；未作说明的，依照《专利法》第九条第一款关于同样的发明创造只能授予一项专利权的规定处理。

## 二、专利请求书的样式

**发明专利请求书**

<table>
<tr><td colspan="4">请按照“注意事项”正确填写本表各栏</td><td>此框由国务院专利行政部门填写</td></tr>
<tr><td rowspan="2">⑦<br>发明<br>名称</td><td colspan="3" rowspan="2"></td><td>①申请号</td></tr>
<tr><td>②分案提交日</td></tr>
<tr><td rowspan="3">⑧<br>发<br>明<br>人</td><td>发明人 1</td><td></td><td>□不公布姓名</td><td>③申请日</td></tr>
<tr><td>发明人 2</td><td></td><td>□不公布姓名</td><td>④费减审批</td></tr>
<tr><td>发明人 3</td><td></td><td>□不公布姓名</td><td>⑤向外申请审批</td></tr>
<tr><td colspan="4">⑨第一发明人国籍或地区<br>居民身份证件号码</td><td>⑥挂号号码</td></tr>
</table>

| | | | | | |
|---|---|---|---|---|---|
| ⑩申请人 | □全体申请人请求费用减缴且已完成费用减缴资格备案 | | | | |
| | 申请人（1） | 姓名或名称 | | | 申请人类型 |
| | | 国籍或注册国家（地区） | | | 电子邮箱 |
| | | 居民身份证件号码或统一社会信用代码 | | | 电话 |
| | | 经常居所地或营业所所在地信息 | 经常居所地或营业所所在地 | | 邮政编码 |
| | | | 省、自治区、直辖市 | | 市县 |
| | | | 城区（乡）、街道、门牌号 | | |
| | 申请人（2） | 姓名或名称 | | | 申请人类型 |
| | | 国籍或注册国家（地区） | | | 电子邮箱 |
| | | 居民身份证件号码或统一社会信用代码 | | | 电话 |
| | | 经常居所地或营业所所在地信息 | 经常居所地或营业所所在地 | | 邮政编码 |
| | | | 省、自治区、直辖市 | | 市县 |
| | | | 城区（乡）、街道、门牌号 | | |
| | 申请人（3） | 姓名或名称 | | | 申请人类型 |
| | | 国籍或注册国家（地区） | | | 电子邮箱 |
| | | 居民身份证件号码或统一社会信用代码 | | | 电话 |
| | | 经常居所地或营业所所在地信息 | 经常居所地或营业所所在地 | | 邮政编码 |
| | | | 省、自治区、直辖市 | | 市县 |
| | | | 城区（乡）、街道、门牌号 | | |
| ⑪联系人 | 姓名 | | | 电话 | 电子邮箱 |
| | 省、自治区、直辖市 | | | | 邮政编码 |
| | 市县 | | | 城区（乡）、街道、门牌号 | |
| ⑫ 代表人为非第一署名申请人时声明 | | | 特声明第署名申请人为代表人 | | |
| ⑬专利代理机构 | □声明已经与申请人签订了专利代理委托书且本表中的信息与委托书中相应信息一致 | | | | |
| | 名称 | | | | 机构代码 |
| | 代理师（1） | 姓名 | | 代理师（2） | 姓名 |
| | | 执业证号 | | | 执业证号 |
| | | 电话 | | | 电话 |
| ⑭ 分案申请 | | 原申请号 | | 针对的分案申请号 | 原申请日 年 月 日 |
| ⑮ 生物材料样品 | | 保藏单位名称（代码） | | 是否存活 | □是 □否 |
| | | 保藏日期 年 月 日 | | 保藏编号 | 分类命名 |

<table>
<tr><td colspan="2">⑯ 序列表</td><td colspan="3">□本专利申请涉及核苷酸或氨基酸序列表</td></tr>
<tr><td colspan="2">⑰ 遗传资源</td><td colspan="3">□本专利申请涉及的发明创造是依赖于遗传资源完成的</td></tr>
<tr><td rowspan="6">⑱<br>要<br>求<br>优<br>先<br>权<br>声<br>明</td><td>序号</td><td>原受理机构名称</td><td>在先申请日</td><td>在先申请号</td></tr>
<tr><td>1</td><td></td><td></td><td></td></tr>
<tr><td>2</td><td></td><td></td><td></td></tr>
<tr><td>3</td><td></td><td></td><td></td></tr>
<tr><td>4</td><td></td><td></td><td></td></tr>
<tr><td>5</td><td></td><td></td><td></td></tr>
<tr><td colspan="2">⑲ 不丧失新颖性宽限期声明</td><td colspan="3">□已在国家出现紧急状态或者非常情况时，为公共利益目的首次公开<br>□已在中国政府主办或承认的国际展览会上首次展出<br>□已在规定的学术会议或技术会议上首次发表<br>□他人未经申请人同意而泄露其内容</td></tr>
<tr><td colspan="2">⑳ 保密请求</td><td colspan="3">□本专利申请可能涉及国家重大利益，请求按保密申请处理<br>□已提交保密证明材料</td></tr>
<tr><td colspan="2">㉑ 同日申请</td><td colspan="3">□声明本申请人对同样的发明创造在申请本发明专利的同日申请了实用新型专利</td></tr>
<tr><td colspan="2">㉒ 提前公布</td><td colspan="3">□请求早日公布该专利申请</td></tr>
<tr><td colspan="2">㉓ 请求实质审查</td><td colspan="3">□根据《专利法》第 35 条的规定，请求对该专利申请进行实质审查<br><br>请求对本申请延迟审查，延迟期限为　□ 1 年　□ 2 年　□ 3 年<br>□申请人声明，放弃专利法实施细则第 51 条规定的主动修改的权利</td></tr>
<tr><td colspan="2">㉔ 摘要附图</td><td colspan="3">指定说明书附图中的图为摘要附图</td></tr>
<tr><td colspan="3">㉕ 申请文件清单<br>1. 请求书　页<br>2. 说明书摘要　页<br>3. 权利要求书　页<br>4. 说明书　页<br>5. 说明书附图　页<br>6. 核苷酸或氨基酸序列表　页<br>7. 计算机可读形式的序列表　份<br><br>权利要求的项数　项</td><td colspan="2">㉖ 附加文件清单<br>□实质审查请求书　页<br>□实质审查参考资料　份<br>□优先权转让证明　份<br>□优先权转让证明中文题录　页<br>□保密证明材料　份<br>□专利代理委托书　页<br>总委托书备案编号（__________）<br>□在先申请文件副本　份<br>□在先申请文件副本中文题录　页<br>□生物材料样品保藏及存活证明　份<br>□生物材料样品保藏及存活证明中文题录　页<br>□向外国申请专利保密审查请求书　页<br>□其他证明文件（注明文件名称）　份</td></tr>
</table>

<table>
<tr><td>㉗全体申请人或专利代理机构签字或者盖章<br><br><br><br>年　　月　　日</td><td>㉘国务院专利行政部门审核意见<br><br><br><br>年　　月　　日</td></tr>
</table>

## 实用新型专利请求书

<table>
<tr><td colspan="5">请按照“注意事项”正确填写本表各栏</td><td>此框由国务院专利行政部门填写</td></tr>
<tr><td rowspan="2">⑦<br>实用新型名称</td><td colspan="4" rowspan="2"></td><td>①<br>申请号　（实用新型）</td></tr>
<tr><td>②分案提交日</td></tr>
<tr><td rowspan="3">⑧<br>发明人</td><td colspan="2">发明人 1</td><td></td><td>□不公布姓名</td><td>③申请日</td></tr>
<tr><td colspan="2">发明人 2</td><td></td><td>□不公布姓名</td><td>④费减审批</td></tr>
<tr><td colspan="2">发明人 3</td><td></td><td>□不公布姓名</td><td>⑤向外申请审批</td></tr>
<tr><td colspan="5">⑨第一发明人国籍或地区<br>居民身份证件号码</td><td>⑥挂号号码</td></tr>
<tr><td rowspan="15">⑩<br>申请人</td><td colspan="5">□全体申请人请求费用减缴且已完成费用减缴资格备案</td></tr>
<tr><td rowspan="7">申请人（1）</td><td colspan="3">姓名或名称</td><td>申请人类型</td></tr>
<tr><td colspan="3">国籍或注册国家（地区）</td><td>电子邮箱</td></tr>
<tr><td colspan="3">居民身份证件号码或统一社会信用代码</td><td>电话</td></tr>
<tr><td rowspan="3">经常居所地或营业所所在地信息</td><td colspan="2">经常居所地或营业所所在地</td><td>邮政编码</td></tr>
<tr><td colspan="2">省、自治区、直辖市</td><td>市县</td></tr>
<tr><td colspan="3">城区（乡）、街道、门牌号</td></tr>
<tr><td colspan="4"></td></tr>
<tr><td rowspan="7">申请人（2）</td><td colspan="3">姓名或名称</td><td>申请人类型</td></tr>
<tr><td colspan="3">国籍或注册国家（地区）</td><td>电子邮箱</td></tr>
<tr><td colspan="3">居民身份证件号码或统一社会信用代码</td><td>电话</td></tr>
<tr><td rowspan="3">经常居所地或营业所所在地信息</td><td colspan="2">经常居所地或营业所所在地</td><td>邮政编码</td></tr>
<tr><td colspan="2">省、自治区、直辖市</td><td>市县</td></tr>
<tr><td colspan="3">城区（乡）、街道、门牌号</td></tr>
</table>

<table>
<tr><td rowspan="6">⑩申请人</td><td rowspan="6">申请人（3）</td><td colspan="3">姓名或名称</td><td>申请人类型</td></tr>
<tr><td colspan="3">国籍或注册国家（地区）</td><td>电子邮箱</td></tr>
<tr><td colspan="3">居民身份证件号码或统一社会信用代码</td><td>电话</td></tr>
<tr><td rowspan="3">经常居所地或营业所所在地信息</td><td colspan="2">经常居所地或营业所所在地</td><td>邮政编码</td></tr>
<tr><td colspan="2">省、自治区、直辖市</td><td>市县</td></tr>
<tr><td colspan="3">城区（乡）、街道、门牌号</td></tr>
<tr><td rowspan="3">⑪联系人</td><td colspan="2">姓　名</td><td colspan="2">电话</td><td>电子邮箱</td></tr>
<tr><td colspan="4">省、自治区、直辖市</td><td>邮政编码</td></tr>
<tr><td colspan="2">市县</td><td colspan="3">城区（乡）、街道、门牌号</td></tr>
<tr><td colspan="4">⑫代表人为非第一署名申请人时声明</td><td colspan="2">特声明第署名申请人为代表人</td></tr>
<tr><td rowspan="5">⑬专利代理机构</td><td colspan="5">☐声明已经与申请人签订了专利代理委托书且本表中的信息与委托书中相应信息一致</td></tr>
<tr><td colspan="2">名称</td><td colspan="3">机构代码</td></tr>
<tr><td rowspan="3">代理师（1）</td><td>姓 名</td><td rowspan="3">代理师（2）</td><td colspan="2">姓 名</td></tr>
<tr><td>执业证号</td><td colspan="2">执业证号</td></tr>
<tr><td>电 话</td><td colspan="2">电 话</td></tr>
<tr><td colspan="2">⑭分案申请</td><td>原申请号</td><td colspan="2">针对的分案申请号</td><td>原申请日<br>年　月　日</td></tr>
<tr><td rowspan="6">⑮要求优先权声明</td><td>序号</td><td>原受理机构名称</td><td colspan="2">在先申请日</td><td>在先申请号</td></tr>
<tr><td>1</td><td></td><td colspan="2"></td><td></td></tr>
<tr><td>2</td><td></td><td colspan="2"></td><td></td></tr>
<tr><td>3</td><td></td><td colspan="2"></td><td></td></tr>
<tr><td>4</td><td></td><td colspan="2"></td><td></td></tr>
<tr><td>5</td><td></td><td colspan="2"></td><td></td></tr>
<tr><td colspan="3">⑯不丧失新颖性宽限期声明</td><td colspan="3">☐已在国家出现紧急状态或者非常情况时，为公共利益目的首次公开<br>☐已在中国政府主办或承认的国际展览会上首次展出<br>☐已在规定的学术会议或技术会议上首次发表<br>☐他人未经申请人同意而泄露其内容</td></tr>
<tr><td colspan="3">⑰保密请求</td><td colspan="3">☐本专利申请可能涉及国家重大利益，请求按保密申请处理<br>☐已提交保密证明材料</td></tr>
<tr><td colspan="3">⑱同日申请</td><td colspan="3">☐声明本申请人对同样的发明创造在申请本实用新型专利的同日申请了发明专利</td></tr>
<tr><td colspan="3">⑲摘要附图</td><td colspan="3">☐指定说明书附图中的图为摘要附图</td></tr>
<tr><td colspan="3">⑳放弃主动修改权利</td><td colspan="3">☐申请人声明，放弃《专利法实施细则》第 51 条规定的主动修改的权利</td></tr>
</table>

<table>
<tr><td>㉑ 申请文件清单<br>1. 请求书　页<br>2. 说明书摘要　页<br>3. 权利要求书　页<br>4. 说明书　页<br>5. 说明书附图　页<br><br>权利要求的项数　项</td><td>㉒ 附加文件清单<br>□优先权转让证明　份<br>□优先权转让证明中文题录　页<br>□保密证明材料　份<br>□专利代理委托书　页<br>总委托书备案编号（________）<br>□在先申请文件副本　份<br>□在先申请文件副本中文题录　页<br>□向外国申请专利保密审查请求书　页<br>□其他证明文件（名称______）　份</td></tr>
<tr><td>㉓ 全体申请人或专利代理机构签字或者盖章<br><br>年　月　日</td><td>㉔ 国务院专利行政部门审核意见<br><br>年　月　日</td></tr>
</table>

## 外观设计专利请求书

<table>
<tr><td colspan="4">请按照“注意事项”正确填写本表各栏</td><td>此框由国务院专利行政部门填写</td></tr>
<tr><td rowspan="2">⑥使用外观设计的产品名称</td><td colspan="3" rowspan="2"></td><td>①<br>申请号　（外观设计）</td></tr>
<tr><td>②分案<br>提交日</td></tr>
<tr><td rowspan="3">⑦<br>设<br>计<br>人</td><td>设计人 1</td><td></td><td>□不公布姓名</td><td rowspan="2">③申请日</td></tr>
<tr><td>设计人 2</td><td></td><td>□不公布姓名</td></tr>
<tr><td>设计人 3</td><td></td><td>□不公布姓名</td><td>④费减审批</td></tr>
<tr><td colspan="4">⑧第一设计人国籍或地区<br>居民身份证件号码</td><td>⑤挂号号码</td></tr>
</table>

<table>
<tr><td rowspan="19">⑨<br>申<br>请<br>人</td><td colspan="4">全体申请人请求费用减缴且已完成费用减缴资格备案</td></tr>
<tr><td rowspan="6">申<br>请<br>人<br>（1）</td><td colspan="2">姓名或名称</td><td>申请人类型</td></tr>
<tr><td colspan="2">国籍或注册国家（地区）</td><td>电子邮箱</td></tr>
<tr><td colspan="2">居民身份证件号码或统一社会信用代码</td><td>电话</td></tr>
<tr><td rowspan="3">经常居所地或营业所所在地信息</td><td>经常居所地或营业所所在地</td><td>邮政编码</td></tr>
<tr><td>省、自治区、直辖市</td><td>市县</td></tr>
<tr><td colspan="2">城区（乡）、街道、门牌号</td></tr>
<tr><td rowspan="6">申<br>请<br>人<br>（2）</td><td colspan="2">姓名或名称</td><td>申请人类型</td></tr>
<tr><td colspan="2">国籍或注册国家（地区）</td><td>电子邮箱</td></tr>
<tr><td colspan="2">居民身份证件号码或统一社会信用代码</td><td>电话</td></tr>
<tr><td rowspan="3">经常居所地或营业所所在地信息</td><td>经常居所地或营业所所在地</td><td>邮政编码</td></tr>
<tr><td>省、自治区、直辖市</td><td>市县</td></tr>
<tr><td colspan="2">城区（乡）、街道、门牌号</td></tr>
<tr><td rowspan="6">申<br>请<br>人<br>（3）</td><td colspan="2">姓名或名称</td><td>申请人类型</td></tr>
<tr><td colspan="2">国籍或注册国家（地区）</td><td>电子邮箱</td></tr>
<tr><td colspan="2">居民身份证件号码或统一社会信用代码</td><td>电话</td></tr>
<tr><td rowspan="3">经常居所地或营业所所在地信息</td><td>经常居所地或营业所所在地</td><td>邮政编码</td></tr>
<tr><td>省、自治区、直辖市</td><td>市县</td></tr>
<tr><td colspan="2">城区（乡）、街道、门牌号</td></tr>
<tr><td rowspan="3">⑩<br>联<br>系<br>人</td><td colspan="2">姓名</td><td>电话</td><td>电子邮箱</td></tr>
<tr><td colspan="3">省、自治区、直辖市</td><td>邮政编码</td></tr>
<tr><td colspan="2">市县</td><td colspan="2">城区（乡）、街道、门牌号</td></tr>
<tr><td colspan="3">⑪ 代表人为非第一署名申请人时声明</td><td colspan="2">特声明第　署名申请人为代表人</td></tr>
<tr><td rowspan="5">⑫<br>专<br>利<br>代<br>理<br>机<br>构</td><td colspan="4">声明已经与申请人签订了专利代理委托书且本表中的信息与委托书中相应信息一致</td></tr>
<tr><td colspan="3">名称</td><td>机构代码</td></tr>
<tr><td rowspan="3">代<br>理<br>师<br>（1）</td><td>姓名</td><td rowspan="3">代<br>理<br>师<br>（2）</td><td>姓名</td></tr>
<tr><td>执业证号</td><td>执业证号</td></tr>
<tr><td>电话</td><td>电话</td></tr>
<tr><td colspan="2">⑬ 分案申请</td><td>原申请号</td><td>针对的分案申请号</td><td>原申请日<br>年　月　日</td></tr>
</table>

<table>
<tr><td rowspan="6">⑭要求优先权声明</td><td>序号</td><td>原受理机构名称</td><td>在先申请日</td><td>在先申请号</td></tr>
<tr><td>1</td><td></td><td></td><td></td></tr>
<tr><td>2</td><td></td><td></td><td></td></tr>
<tr><td>3</td><td></td><td></td><td></td></tr>
<tr><td>4</td><td></td><td></td><td></td></tr>
<tr><td>5</td><td></td><td></td><td></td></tr>
<tr><td colspan="2">⑮ 不丧失新颖性宽限期声明</td><td colspan="3">□已在国家出现紧急状态或者非常情况时，为公共利益目的首次公开<br>□已在中国政府主办或承认的国际展览会上首次展出<br>□已在规定的学术会议或技术会议上首次发表<br>□他人未经申请人同意而泄露其内容</td></tr>
<tr><td colspan="2">⑯ 相似设计</td><td colspan="3">□本案为同一产品的相似外观设计，其所包含的项数为　　项</td></tr>
<tr><td colspan="2">⑰ 成套产品</td><td colspan="3">□本案为成套产品的多项外观设计，其所包含的项数为　　项</td></tr>
<tr><td colspan="2">⑱ 局部设计</td><td colspan="3">□本案请求保护的外观设计为局部外观设计。</td></tr>
<tr><td colspan="2">⑲ 放弃主动修改权利</td><td colspan="3">□申请人声明，放弃《专利法实施细则》第 51 条规定的主动修改的权利</td></tr>
<tr><td colspan="2">⑳ 延迟审查</td><td colspan="3">□请求对本申请延迟审查，延迟期限为 1 年<br>□请求对本申请延迟审查，延迟期限为 2 年<br>□请求对本申请延迟审查，延迟期限为 3 年</td></tr>
<tr><td colspan="3">㉑ 申请文件清单<br>1. 请求书　页<br>2. 图片或照片　页<br>3. 简要说明　页<br><br>图片或照片　幅</td><td colspan="2">㉒ 附加文件清单<br>□优先权转让证明　份<br>□专利代理委托书　页<br>总委托书（编号 ____________）<br>□在先申请文件副本　份<br>□在先申请文件副本中文题录　页<br>□其他证明文件（名称 ______）　份</td></tr>
<tr><td colspan="3">㉓ 全体申请人或专利代理机构签字或者盖章<br><br>年　月　日</td><td colspan="2">㉔ 国务院专利行政部门审核意见<br><br>年　月　日</td></tr>
</table>

## 第三节　说明书及其摘要

### 一、说明书撰写的实质要求

《专利法》第二十六条第三款规定：“说明书应当对发明或者实用新型作出清楚、完整的说明，以所属技术领域的技术人员能够实现为准；必要的时候，应当有附图。摘要应当简要说明发明或者实用新型的技术要点。”

#### （一）所属技术领域的技术人员

根据《专利审查指南2021》的规定，所属技术领域的技术人员是一种假设的“人”，设定这一概念的目的在于统一专利审查的标准，使专利审查尽可能客观、公正，避免审查员主观因素的影响。所属技术领域的技术人员，应当至少具备以下特征。

（1）“他”知晓申请日或者优先权日之前发明所属技术领域所有的普通技术知识。

（2）“他”能够获知该领域中所有的现有技术，并且具有应用该日期之前常规实验手段的能力，但“他”不具有创造能力。

（3）如果所要解决的技术问题能够促使所属技术领域的技术人员在其他技术领域寻找解决技术问题的技术手段，“他”也应具有从该其他技术领域中获知该申请日或优先权日之前的相关现有技术、普通技术知识和常规实验手段的能力。

#### （二）清楚

清楚，是指说明书的内容应当清楚，具体应满足下述要求。

**1. 主题明确**

说明书应当从现有技术出发，明确地反映出发明或者实用新型想要做什么和如何去做，使所属技术领域的技术人员能够确切地理解该发明或者实用新型要求保护的主题。换句话说，说明书应当写明发明或者实用新型所要解决的技术问题以及解决其技术问题采用的技术方案，并对照现有技术写明发明或者实用新型的有益效果。上述技术问题、技术方案和有益效果应当相互适应，不得出现相互矛盾或不相关联的情形。

**2. 表述准确**

说明书应当使用发明或者实用新型所属技术领域的技术术语。说明书的表述应当准确地表达发明或者实用新型的技术内容，不得含糊不清或者模棱两可，以致所属技术领域的技术人员不能清楚、正确地理解该发明或者实用新型。

### （三）完整

完整，是指说明书应当包括有关理解、实现发明或者实用新型所需的全部技术内容。一份完整的说明书应当包含下列各项内容。

（1）帮助理解发明或者实用新型不可缺少的内容。例如，有关所属技术领域、背景技术状况的描述以及说明书有附图时的附图说明等。

（2）确定发明或者实用新型具有新颖性、创造性和实用性所需的内容。例如，发明或者实用新型所要解决的技术问题，解决其技术问题采用的技术方案和发明或者实用新型的有益效果。

（3）实现发明或者实用新型所需的内容。例如，为解决发明或者实用新型的技术问题而采用的技术方案的具体实施方式。

对于克服了技术偏见的发明或者实用新型，说明书中还应当解释为什么该发明或者实用新型克服了技术偏见，新的技术方案与技术偏见之间的差别以及为克服技术偏见所采用的技术手段。

应当指出，凡是所属技术领域的技术人员不能从现有技术中直接、唯一地得出的有关内容，均应当在说明书中描述。

### （四）能否实现

能够实现，是指所属技术领域的技术人员按照说明书记载的内容，就能够实现该发明或者实用新型的技术方案，解决其技术问题，并且产生预期的技术效果。

说明书应当清楚地记载发明或者实用新型的技术方案，详细地描述实现发明或者实用新型的具体实施方式，完整地公开对于理解和实现发明或者实用新型必不可少的技术内容，达到所属技术领域的技术人员能够实现该发明或者实用新型的程度。

以下各种情况由于缺乏解决技术问题的技术手段而被认为无法实现。

（1）说明书中只给出任务和 / 或设想，或者只表明一种愿望和 / 或结果，而未给出任何使所属技术领域的技术人员能够实施的技术手段。

（2）说明书中给出了技术手段，但对所属技术领域的技术人员来说，该手段是含糊不清的，根据说明书记载的内容无法具体实施。

（3）说明书中给出了技术手段，但所属技术领域的技术人员采用该手段并不能解决发明或者实用新型所要解决的技术问题。

（4）申请的主题为由多个技术手段构成的技术方案，对于其中一个技术手段，所属技术领域的技术人员按照说明书记载的内容并不能实现。

（5）说明书中给出了具体的技术方案，但未给出实验证据，而该方案又必须依赖实验结果加以证实才能成立。例如，对于已知化合物的新用途发明，通常情况下，需要在说明书中给出实验证据来证实其所述的用途以及效果，否则将无法达到能够实现的要求。

## 二、说明书撰写的形式要求

根据《专利法》第十七条的规定，发明或者实用新型专利申请的说明书应当写明发明或者实用新型的名称，该名称应当与请求书中的名称一致。说明书应当包括下列内容。

**1. 技术领域**

写明要求保护的技术方案所属的技术领域。

**2. 背景技术**

写明对发明或者实用新型的理解、检索、审查有用的背景技术；有可能的，并引证反映这些背景技术的文件。

**3. 发明内容**

写明发明或者实用新型所要解决的技术问题以及解决其技术问题采用的技术方案，对照现有技术写明发明或者实用新型的有益效果，并且，所要解决的技术问题、所采用的技术方案和有益效果应当相互适应，不得出现相互矛盾或不相关联的情形。

**4. 附图说明**

说明书有附图的，对各幅附图作简略说明；无附图的，说明书文字部分不包括附图说明及其相应的标题。

**5. 具体实施方式**

详细写明申请人认为实现发明或者实用新型的优选方式；必要时，举例说明；有附图的，对照附图。

发明或者实用新型专利申请人应当按照前款规定的方式和顺序撰写说明书，并在说明书每一部分前面写明标题，除非其发明或者实用新型的性质用其他方式或者顺序撰写能节约说明书的篇幅并使他人能够准确理解其发明或者实用新型。

发明专利申请包含一个或者多个核苷酸或者氨基酸序列的，说明书应当包括符合国务院专利行政部门规定的序列表。申请人应当将该序列表作为说明书的一个单独部分提交，并按照国务院专利行政部门的规定提交该序列表的计算机可读形式的副本，如提交记载有该序列表的符合规定的光盘或者软盘。提交的光盘或者软盘中记载的序列表与说明书中的序列表不一致的，以说明书中的序列表为准。未提交计算机可读形式的副本，或者所提交的副本与说明书中的序列表明显不一致的，申请人应在指定期限内补交正确的副本；期满未补交的，视为撤回。

实用新型专利申请说明书应当有表示要求保护的产品的形状、构造或者其结合的附图。

### （一）说明书的组成部分与要求

#### 1. 名称

发明或者实用新型的名称应当清楚、简要，写在说明书首页正文部分的上方居中位置。发明或者实用新型的名称应当按照以下各项要求撰写。

（1）说明书中的发明或者实用新型的名称与请求书中的名称应当一致，一般不得超过 25 个字，特殊情况下，例如，化学领域的某些申请，可以允许最多到 40 个字。

（2）采用所属技术领域通用的技术术语，最好采用国际专利分类表中的技术术语，不得采用非技术术语。

（3）清楚、简要、全面地反映要求保护的发明或者实用新型的主题和类型（产品或者方法），以利于专利申请的分类，例如，一件包含拉链产品和该拉链制造方法两项发明的申请，其名称应当写成“拉链及其制造方法”。

（4）不得使用人名、地名、商标、型号或者商品名称等，也不得使用商业性宣传用语。

（5）名称前不得冠以“发明名称”“实用新型名称”或者“名称”等字样，名称与说明书正文之间应当空一行。

#### 2. 技术领域

发明或者实用新型的技术领域应当是要求保护的发明或者实用新型技术方案所属或者直接应用的具体技术领域，而不是上位的或者相邻的技术领域，也不是发明或者实用新型本身。

该具体的技术领域往往与发明或者实用新型在国际专利分类表中可能分入的最低位置有关。例如，一项关于挖掘机悬臂的发明，其改进之处是将背景技术中的长方形悬臂截面改为椭圆形截面。其所属技术领域可以写成“本发明涉及一种挖掘机，特别是涉及一种挖掘机悬臂”（具体的技术领域），而不宜写成“本发明涉及一种建筑机械”（上位的技术领域），也不宜写成“本发明涉及挖掘机悬臂的椭圆形截面”或者“本发明涉及一种截面为椭圆形的挖掘机悬臂”（发明本身）。

**3. 背景技术**

发明或者实用新型说明书的背景技术部分，应当写明对发明或者实用新型的理解、检索、审查有用的背景技术，并且尽可能引证反映这些背景技术的文件。通常，对背景技术的描述应当包括以下几方面内容。

（1）引证包含发明或者实用新型权利要求书中的独立权利要求前序部分技术特征的现有技术文件，即引证与发明或者实用新型专利申请最接近的现有技术文件。

（2）说明书中引证的文件可以是专利文件，也可以是非专利文件，例如期刊、杂志、手册和书籍等——引证专利文件的，至少要写明专利文件的国别、公开号，最好包括公开日期；引证非专利文件的，要写明这些文件的标题和详细出处。

（3）客观地指出背景技术中存在的问题和缺点，但是，仅限于涉及由发明或者实用新型的技术方案所解决的问题和缺点；在可能的情况下，说明存在这种问题和缺点的原因以及解决这些问题时曾经遇到的困难。

引证文件还应当满足以下要求。

（1）引证文件应当是公开出版物，除纸件形式外，还包括电子出版物等形式。

（2）所引证的非专利文件和外国专利文件的公开日应当在本申请的申请日之前，所引证的中国专利文件的公开日不能晚于本申请的公开日。

（3）引证外国专利或非专利文件的，应当以所引证文件公布或发表时的原文所使用的文字写明引证文件的出处以及相关信息，必要时给出中文译文，并将译文放置在括号内。

**4. 发明内容**

发明或者实用新型说明书的发明内容部分应当清楚、客观地写明以下内容。

（1）要解决的技术问题

发明或者实用新型所要解决的技术问题，是指发明或者实用新型要解决的现有技术中存在的技术问题。具体而言，应当按照下列要求撰写。

①针对现有技术中存在的缺陷或不足。

②用正面的、尽可能简洁的语言客观而有根据地反映发明或者实用新型要解决的技术问题，也可以进一步说明其技术效果。

对发明或者实用新型所要解决的技术问题的描述不得采用广告式宣传用语。

一件专利申请的说明书可以列出发明或者实用新型所要解决的一个或者多个技术问题，但是同时应当在说明书中描述解决这些技术问题的技术方案。当一件申请包含多项发明或者实用新型时，说明书中列出的多个要解决的技术问题应当都与一个总的发明构思相关。

（2）技术方案

一件发明或者实用新型专利申请的核心是其在说明书中记载的技术方案。在技术方案这一部分，至少应反映包含全部必要技术特征的独立权利要求的技术方案，还可以给出包含其他附加技术特征的进一步改进的技术方案。

说明书中记载的这些技术方案应当与权利要求所限定的相应技术方案的表述相一致。

在一般情况下，说明书技术方案部分先应当写明独立权利要求的技术方案，其用语应当与独立权利要求的用语相应或者相同，以发明或者实用新型必要技术特征总和的形式阐明其实质，必要时，说明必要技术特征总和与发明或者实用新型效果之间的关系。然后，可以通过对该发明或者实用新型的附加技术特征的描述，反映对其作进一步改进的从属权利要求的技术方案。

如果一件申请中有几项发明或者几项实用新型，应当说明每项发明或者实用新型的技术方案。

（3）有益效果

有益效果是指由构成发明或者实用新型的技术特征直接带来的，或者是由所述的技术特征必然产生的技术效果。

有益效果是确定发明是否具有“显著的进步”，实用新型是否具有“进步”的重要依据。通常，有益效果可以由产率、质量、精度和效率的提高，能耗、原材料、工序的节省，加工、操作、控制、使用的简便，环境污染的治理或者根治，以及有用性能的出现等方面反映出来。

有益效果可以通过对发明或者实用新型结构特点的分析和理论说明相结合，或者通过列出实验数据的方式予以说明，不得只断言发明或者实用新型具有有益的效果。但是，无论用哪种方式说明有益效果，都应当与现有技术进行比较，指出发明或者实用新型与现有技术的区别。

机械、电气领域中的发明或者实用新型的有益效果，在某些情况下，可以结合发明或者实用新型的结构特征和作用方式进行说明。但是，化学领域中的发明，在大多数情况下，不适于用这种方式说明发明的有益效果，而是借助于实验数据来说明。

对于目前尚无可取的测量方法而不得不依赖于人的感官判断的，例如味道、气味等，可以采用统计方法表示的实验结果来说明有益效果。在引用实验数据说明有益效果时，应当给出必要的实验条件和方法。

**5. 附图说明**

根据《专利审查指南》（以下简称《指南》）的规定，说明书文字部分可以有化学式、数学式或者表格，但不得有插图。因此，说明书中需要通过图片来阐释、说明的部分，应当通过附图的方式进行阐释、说明。《指南》规定，说明书文字部分写有附图说明的，说明书应当有附图；说明书有附图的，说明书文字部分应当有附图说明。说明书有附图的，应当写明各幅附图的图名，并且对图示的内容作简要说明。在零部件较多的情况下，允许用列表的方式对附图中具体零部件名称列表说明。

说明书文字部分写有附图说明但说明书无附图或者缺少相应附图的，申请人应当取消说明书文字部分的附图说明，或者在指定的期限内补交相应附图。申请人补交的附图，以提交或者邮寄补交附图之日为申请日；申请人取消相应的附图说明，保留原申请日。

附图不止 1 幅，应当对所有附图作出图面说明。例如，一件发明名称为“燃煤锅炉节能装置”的专利申请，其说明书包括 4 幅附图，这些附图的图面说明如下。

图 1 是燃煤锅炉节能装置的主视图。

图 2 是图 1 所示节能装置的侧视图。

图 3 是图 2 中的 A 向视图。

图 4 是沿图 1 中 B — B 线的剖视图。

**6. 具体实施方式**

实现发明或者实用新型的优选的具体实施方式是说明书的重要组成部分，它对于充分公开、理解和实现发明或者实用新型，支持和解释权利要求都是极为重要。因此，说明书应当详细描述申请人认为实现发明或者实用新型的优选的具体实施方式。在适当情况下，应当举例说明；有附图的，应当对照附图进行说明。

优选的具体实施方式应当体现申请中解决技术问题所采用的技术方案，并应当对权利要求的技术特征给予详细说明，以支持权利要求。对优选的具体实施方式的描述应当详细，使发明或者实用新型所属技术领域的技术人员能够实现该发明或者实用新型。

通常，申请人可以通过实施例对发明或者实用新型的优选的具体实施方式进行举例说明。实施例的数量应当根据发明或者实用新型的性质、所属技术领域、现有技术状况以及要求保护的范围来确定：当一个实施例足以支持权利要求所概括的技术方案时，说明书中可以只给出一个实施例。当权利要求（尤其是独立权利要求）覆盖的保护范围较宽，其概括不能从一个实施例中找到依据时，应当给出至少两个不同实施例，以支持要求保护的范围。当权利要求相对于背景技术的改进涉及数值范围时，通常应给出两端值附近（最好是两端值）的实施例，当数值范围较宽时，还应当给出至少一个中间值的实施例。

在发明或者实用新型技术方案比较简单的情况下，如果说明书涉及技术方案的部分已经就发明或者实用新型专利申请所要求保护的主题作出了清楚、完整的说明，说明书就不必在涉及具体实施方式部分再作重复说明。

对于产品的发明或者实用新型，实施方式或者实施例应当描述产品的机械构成、电路构成或者化学成分，说明组成产品的各部分之间的相互关系。对于可动作的产品，只描述其构成不能使所属技术领域的技术人员理解和实现发明或者实用新型时，还应当说明其动作过程或者操作步骤。

对于方法的发明，应当写明其步骤，包括可以用不同的参数或者参数范围表示的工艺条件。

在具体实施方式部分，对最接近的现有技术或者发明或实用新型与最接近的现有技术共有的技术特征，一般来说可以不作详细的描述，但对发明或者实用新型区别于现有技术的技术特征以及从属权利要求中的附加技术特征应当足够详细地描述，以所属技术领域的技术人员能够实现该技术方案为准。应当注意的是，为了方便专利审查，也为了帮助公众更直接地理解发明或者实用新型，对于那些就满足《专利法》第二十六条第三款的要求而言必不可少的内容，不能采用引证其他文件的方式撰写，而应当将其具体内容写入说明书。

对照附图描述发明或者实用新型的优选的具体实施方式时，使用的附图标记或者符号应当与附图中所示的一致，并放在相应的技术名称的后面，不加括号。例如，对涉及电路连接的说明，可以写成“电阻 3 通过三极管 4 的集电极与电容5相连接”，不得写成“3通过4与5连接”。

### （二）说明书撰写的其他形式要求

除了上文介绍的说明书各组成部分与要求外，说明书还应当做到用词规范，语句清楚。即说明书的内容应当明确，无含糊不清或者前后矛盾之处，使所属技术领域的技术人员容易理解。具体而言，说明书还应当满足以下形式要求。

（1）说明书不得使用“如权利要求……所述的……”一类的引用语，也不得使用商业性宣传用语及贬低他人或者他人产品的词句。

（2）说明书应当使用发明或者实用新型所属技术领域的技术术语。

（3）对于自然科学名词，国家有规定的，应当采用统一的术语，国家没有规定的，可以采用所属技术领域约定俗成的术语，也可以采用鲜为人知或者最新出现的科技术语，或者直接使用外来语（中文音译或意译词），但是其含义对所属技术领域的技术人员来说必须是清楚的，不会造成理解错误，必要时可以采用自定义词并给出明确的定义或者说明。

（4）说明书不应当使用在所属技术领域中具有基本含义的词汇来表示其本意之外的其他含义，以免造成误解和语义混乱。

（5）说明书中使用的技术术语与符号应当前后一致。

（6）说明书应当使用中文，但是在不产生歧义的前提下，个别词语可以使用中文以外的其他文字——在说明书中第一次使用非中文技术名词时，应当用中文译文加以注释或者使用中文给予说明。

（7）说明书中的计量单位应当使用国家法定计量单位，包括国际单位制计量单位和国家选定的其他计量单位，必要时可以在括号内同时标注本领域公知的其他计量单位。

（8）说明书中无法避免使用商品名称时，其后应当注明其型号、规格、性能及制造单位。

（9）说明书中应当避免使用注册商标来确定物质或者产品。

（10）说明书中所引用的外国专利文献、专利申请、非专利文献的出处和名称应当使用原文，必要时给出中文译文，并将译文放置在括号内。

（11）说明书应当用阿拉伯数字顺序编写页码。

下述情况下，说明书可以使用非中文表述形式。

（1）本领域技术人员熟知的技术名词可以使用非中文形式表述，例如用“EPROM”表示可擦除可编程只读存储器，用“CPU”表示中央处理器；

但在同一语句中连续使用非中文技术名词可能造成该语句难以理解的，则不允许。

（2）计量单位、数学符号、数学公式、各种编程语言、计算机程序、特定意义的表示符号（例如中国国家标准缩写 GB）等可以使用非中文形式。

（3）所引用的外国专利文献、专利申请、非专利文献的出处和名称应当使用原文，必要时给出中文译文，并将译文放置在括号内。

## （三）说明书附图及其要求

附图是说明书的一个组成部分，其作用在于用图形补充说明书文字部分的描述，使人能够直观地、形象化地理解发明或者实用新型的每个技术特征和整体技术方案。对于机械和电学技术领域中的专利申请，说明书附图的作用尤其明显。因此，说明书附图应该清楚地反映发明或者实用新型的内容。

对发明专利申请，用文字足以清楚、完整地描述其技术方案的，可以没有附图；实用新型专利申请的说明书必须有附图。

说明书附图的具体要求如下。

（1）说明书附图应当使用包括计算机在内的制图工具和黑色墨水绘制，线条应当均匀清晰、足够深，不得着色和涂改，不得使用工程蓝图，附图的周围不得有与图无关的框线，剖面图中的剖面线不得妨碍附图标记线和主线条的清楚识别。

（2）一件专利申请有多幅附图时，几幅附图可以绘制在一张图纸上，一幅总体图可以绘制在几张图纸上，但应当保证每一张上的图都是独立的，而且当全部图纸组合起来构成一幅完整总体图时又不互相影响其清晰程度，同时，在用于表示同一实施方式的各幅图中，表示同一组成部分（同一技术特征或者同一对象）的附图标记应当一致。

（3）说明书中与附图中使用的相同的附图标记应当表示同一组成部分，说明书文字部分中未提及的附图标记不得在附图中出现，附图中未出现的附图标记也不得在说明书文字部分中提及。

（4）附图中除了必需的词语外，不应当含有其他的注释，但对于流程图、框图一类的附图，应当在其框内给出必要的文字或符号。

（5）附图中的词语应当使用中文，必要时，可以在其后的括号里注明原文。

（6）一般不得使用照片作为附图，但特殊情况下，例如，显示金相结构、组织细胞或者电泳图谱时，可以使用照片贴在图纸上作为附图。

（7）附图总数在两幅以上的，应当使用阿拉伯数字顺序编号，并冠以

“图”字，例如“图1、图2……”，该编号应当标注在相应附图的正下方。

（8）说明书附图应当集中放在说明书文字部分之后，并用阿拉伯数字顺序编写页码。

（9）实用新型专利的说明书附图中，应当有表示要求保护的产品的形状、构造或者其结合的附图，不得仅有表示现有技术的附图，也不得仅有表示产品效果、性能的附图，例如温度变化曲线图等。

（10）同一附图中应当采用相同比例绘制，为使其中某一组成部分清楚显示，可以另外增加一幅局部放大图。

### 三、说明书摘要

说明书摘要是说明书记载内容的概述，它仅是一种技术信息，不具有法律效力。摘要的内容不属于发明或者实用新型原始记载的内容，不能作为以后修改说明书或者权利要求书的根据，也不能用来解释专利权的保护范围。

说明书摘要应当满足以下要求。

（1）摘要应当写明发明或者实用新型的名称和所属技术领域，并清楚地反映所要解决的技术问题、解决该问题的技术方案的要点以及主要用途，其中以技术方案为主；摘要可以包含最能说明发明或者实用新型的化学式或数学式。

（2）有附图的专利申请，应当提供或者由审查员指定一幅最能反映该发明或者实用新型技术方案的主要技术特征的附图作为摘要附图，该摘要附图应当是说明书附图中的一幅。

（3）说明书有附图的，申请人应当提交一幅从说明书附图中选出的最能说明该发明技术方案主要技术特征的附图作为摘要附图，摘要附图的大小及清晰度应当保证在该图缩小到4厘米×6厘米时，仍能清楚地分辨出图中的各个细节。

（4）摘要文字部分（包括标点符号）不得超过300个字，并且不得使用商业性宣传用语。

（5）摘要不得用发明或者实用新型名称作为标题。

## 第四节　权利要求书

权利要求书是确定发明或者实用新型专利保护范围的法律文件。《专利法》第二十六条第四款规定：“权利要求书应当以说明书为依据，清楚、简要地限定要求专利保护的范围。”权利要求书应当记载发明或者实用新型的技术特征，技术特征可以是构成发明或者实用新型技术方案的组成要素，也可以是要素之间的相互关系。我国《专利法》和《专利法实施细则》对权利要求的内容及其撰写作了相应规定。

## 一、权利要求的概念与类型

权利要求是在说明书的基础上，用体现发明或者实用新型内容的技术特征构成的技术方案。一项权利要求可以包含一个技术方案，也可以包含并列的多个技术方案。

### （一）产品权利要求和方法权利要求

在专利法上，可以获得发明专利保护的技术方案分为产品技术方案和方法技术方案两种，可以获得实用新型专利保护的技术方案仅为产品技术方案。同理，权利要求按照保护对象和性质也可分为产品权利要求和方法权利要求，又称物的权利要求和活动的权利要求。其中，产品权利要求涉及人类技术生产的物，如产品、物质、材料、工具、装置、设备等；方法权利要求涉及有时间过程要素的活动，如制造方法、使用方法、通信方法、处理方法以及将产品用于特定用途的方法等。

法律对于不同类型的专利权提供不同的法律保护，在类型上区分权利要求的目的也即是为了确定权利要求的保护范围。例如，对于产品权利要求，法律禁止他人未经专利权人许可而制造、使用、许诺销售、销售、进口其专利产品；对于产品制造的方法权利要求，法律禁止他人未经专利权人许可而使用其专利方法，以及使用、许诺销售、销售、进口依照该专利方法所直接获得的产品；对于其他方法权利要求，法律禁止他人未经专利权人许可而使用其专利方法。

值得注意的是，在确定权利要求的保护范围时，权利要求中的所有特征均应当予以考虑，而每一个特征的实际限定作用应当最终体现在该权利要求所要求保护的主题上。例如，当产品权利要求中的一个或多个技术特征无法用结构特征并且也不能用参数特征予以清楚地表征时，允许借助于方法特征表征。但是，该方法特征表征的产品权利要求的保护主题仍然是产品，其实际的限定作用取决于对所要求保护的产品本身带来何种影响。

对于主题名称中含有用途限定的产品权利要求，其中的用途限定在确定该产品权利要求的保护范围时应当予以考虑，但其实际的限定作用取决于对所要求保护的产品本身带来何种影响。例如，主题名称为“用于钢水浇铸的模具”的权利要求，其中“用于钢水浇铸”的用途对主题“模具”具有限定作用；对于“一种用于冰块成型的塑料模盒”，因其熔点远低于“用于钢水浇铸的模具”的熔点，不可能用于钢水浇铸，故不在上述权利要求的保护范围内。然而，如果“用于……”的限定对所要求保护的产品或设备本身没有带来影响，只是对产品或设备的用途或使用方式的描述，则其对产品或设备例如是否具有新颖性、创造性的判断不起作用。例如，“用于……的化合物×”，如果其中“用于……”对化合物×本身没有带来任何影响，则在判断该化合物×是否具有新颖性、创造性时，其中的用途限定不起作用。

### （二）独立权利要求和从属权利要求

按照撰写形式的不同，可以将权利要求分为独立权利要求和从属权利要求。独立权利要求，是指从整体上反映发明或者实用新型的技术方案；从属权利要求，是指包含了另一项同类型权利要求中的所有技术特征，并对该另一项权利要求的技术方案作了进一步限定的技术方案。

独立权利要求，应当记载解决技术问题的必要技术特征。所谓必要技术特征，是指发明或者实用新型为解决其技术问题所不可缺少的技术特征，其总和足以构成发明或者实用新型的技术方案，使之区别于背景技术中所述的其他技术方案。判断某一技术特征是否为必要技术特征，应当从所要解决的技术问题出发并考虑说明书描述的整体内容，不应简单地将实施例中的技术特征直接认定为必要技术特征。

在一件专利申请的权利要求书中，独立权利要求所限定的一项发明或者实用新型的保护范围最宽。而从属权利要求由于用附加的技术特征对所引用的权利要求作了进一步的限定，所以其保护范围落在其所引用的权利要求的保护范围之内。从属权利要求中的附加技术特征，可以是对所引用的权利要求的技术特征作进一步限定的技术特征，也可以是增加的技术特征。

## 二、权利要求撰写的实质要求

《专利法》第二十六条第四款规定：“权利要求书应当以说明书为依据，清楚、简要地限定要求专利保护的范围。”《专利法实施细则》第十九条第一款规定：“权利要求书应当记载发明或者实用新型的技术特征。”

### （一）以说明书为依据

权利要求书应当以说明书为依据，是指权利要求应当得到说明书的支持。权利要求书中的每一项权利要求所要求保护的技术方案应当是所属技术领域的技术人员能够从说明书充分公开的内容中得到或概括得出的技术方案，并且不得超出说明书公开的范围。

权利要求通常由说明书记载的一个或者多个实施方式或实施例概括而成。权利要求的概括应当不超出说明书公开的范围，在权利要求中作出记载但未记载在说明书中的内容应当补入说明书中。如果所属技术领域的技术人员可以合理预测说明书给出的实施方式的所有等同替代方式或明显变型方式都具备相同的性能或用途，则应当允许申请人将权利要求的保护范围概括至覆盖其所有的等同替代或明显变型的方式。对于权利要求概括得是否恰当，应当参照与之相关的现有技术进行判断，如开拓性发明可以比改进性发明有更宽的概括范围。

对于用上位概念概括或用并列选择方式概括的权利要求，应当审查这种概括是否得到说明书的支持。如果权利要求的概括包含申请人推测的内容，而其效果又难以预先确定和评价，应当认为这种概括超出了说明书公开的范围。如果权利要求的概括使所属技术领域的技术人员有理由怀疑该上位概括，或并列概括所包含的一种，或多种下位概念，或选择方式不能解决发明或者实用新型所要解决的技术问题，并达到相同的技术效果，则应当认为该权利要求没有得到说明书的支持。

例如，对于“用高频电能影响物质的方法”这样一个概括较宽的权利要求，如果说明书中只给出一个“用高频电能从气体中除尘”的实施方式，对高频电能影响其他物质的方法未作说明，而且所属技术领域的技术人员也难以预先确定或评价高频电能影响其他物质的效果，则该权利要求被认为未得到说明书的支持。

又如，对于“控制冷冻时间和冷冻程度来处理植物种子的方法”这样一个概括较宽的权利要求，如果说明书中仅记载了适用于处理一种植物种子的方法，未涉及其他种类植物种子的处理方法，而且园艺技术人员也难以预先确定或评价处理其他种类植物种子的效果，则该权利要求也被认为未得到说明书的支持。除非说明书中还指出了这种植物种子和其他植物种子的一般关系，或者记载了足够多的实施例，使园艺技术人员能够明了如何使用这种方法处理植物种子，才可以认为该权利要求得到了说明书的支持。

对于一个概括较宽又与整类产品或者整类机械有关的权利要求，如果说明书中有较好的支持，并且也没有理由怀疑发明或者实用新型在权利要求范围内不可以实施，那么，即使这个权利要求范围较宽也是可以接受的。但是当说明书中给出的信息不充分，所属技术领域的技术人员用常规的实验或者分析方法不足以把说明书记载的内容扩展到权利要求所述的保护范围时，申请人应当作出解释，说明所属技术领域的技术人员在说明书给出信息的基础上，能够容易地将发明或者实用新型扩展到权利要求的保护范围；否则，应当限制权利要求。例如，对于“一种处理合成树脂成型物来改变其性质的方法”的权利要求，如果说明书中只涉及热塑性树脂的实施例，而且申请人又不能证明该方法也适用于热固性树脂，那么申请人就应当把权利要求限制在热塑性树脂的范围内。

通常，对产品权利要求来说，应当尽量避免使用功能或者效果特征来限定发明。只有在某一技术特征无法用结构特征来限定，或者技术特征用结构特征限定不如用功能或效果特征来限定更为恰当，而且该功能或者效果能通过说明书中规定的实验或者操作或者所属技术领域的惯用手段直接和肯定地验证的情况下，使用功能或者效果特征来限定发明才可能是允许的。

对于权利要求中所包含的功能性限定的技术特征，应当理解为覆盖了所有能够实现所述功能的实施方式。对于含有功能性限定的特征的权利要求，应当审查该功能性限定是否得到说明书的支持。如果权利要求中限定的功能是以说明书实施例中记载的特定方式完成的，并且所属技术领域的技术人员不能明了此功能，还可以采用说明书中未提到的其他替代方式来完成，或者所属技术领域的技术人员有理由怀疑，该功能性限定所包含的一种或几种方式不能解决发明或者实用新型所要解决的技术问题，并达到相同的技术效果，则权利要求中不得采用覆盖了上述其他替代方式或者不能解决发明或实用新型技术问题的方式的功能性限定。

此外，如果说明书中仅以含糊的方式描述了其他替代方式也可能适用，但对所属技术领域的技术人员来说，并不清楚这些替代方式是什么或者怎样应用这些替代方式，则权利要求中的功能性限定也是不允许的。另外，纯功能性的权利要求得不到说明书的支持，因而也是不允许的。

在判断权利要求是否得到说明书的支持时，应当考虑说明书的全部内容，而不是仅限于具体实施方式部分的内容。如果说明书的其他部分也记载了有关具体实施方式或实施例的内容，从说明书的全部内容来看，能说明权利要求的概括是适当的，则应当认为权利要求得到了说明书的支持。

对于包括独立权利要求和从属权利要求或者不同类型权利要求的权利要求书，需要逐一判断各项权利要求是否都得到了说明书的支持。独立权利要求得到说明书支持并不意味着从属权利要求也必然得到支持；方法权利要求得到说明书支持也并不意味着产品权利要求必然得到支持。

当要求保护的技术方案的部分或全部内容在原始申请的权利要求书中已经记载而在说明书中没有记载时，允许申请人将其补入说明书。但是权利要求的技术方案在说明书中存在一致性的表述，并不意味着权利要求必然得到说明书的支持。只有当所属技术领域的技术人员能够从说明书充分公开的内容中得到或概括得出该项权利要求所要求保护的技术方案时，记载该技术方案的权利要求才被认为得到了说明书的支持。

### （二）清楚

权利要求书应当清楚，一是指每一项权利要求应当清楚，二是指构成权利要求书的所有权利要求作为一个整体也应当清楚。

**1. 每项权利要求的类型应当清楚**

一方面，权利要求的主题名称应当能够清楚地表明该权利要求的类型是产品权利要求还是方法权利要求。不允许采用模糊不清的主题名称，例如，“一种……技术”，或者在一项权利要求的主题名称中既包含有产品又包含有方法，例如，“一种……产品及其制造方法”。

另一方面，权利要求的主题名称还应当与权利要求的技术内容相适应。举例如下。

（1）产品权利要求适用于产品发明或者实用新型，通常应当用产品的结构特征来描述。在特殊情况下，当产品权利要求中的一个或多个技术特征无法用结构特征予以清楚地表征时，允许借助物理或化学参数表征；当无法用结构特征并且也不能用参数特征予以清楚地表征时，允许借助于方法特征表征。使用参数表征时，所使用的参数必须是所属技术领域的技术人员根据说明书的教导或通过所属技术领域的惯用手段可以清楚而可靠地加以确定的。

（2）方法权利要求适用于方法发明，通常应当用工艺过程、操作条件、步骤或者流程等技术特征来描述。

（3）用途权利要求属于方法权利要求。但应当注意从权利要求的撰写措词上区分用途权利要求和产品权利要求。例如，“用化合物 × 作为杀虫剂”或者“化合物 × 作为杀虫剂的应用”是用途权利要求，属于方法权利要求，而“用化合物 × 制成的杀虫剂”或者“含化合物 × 的杀虫剂”，则不是用途权利要求，而是产品权利要求。

权利要求中不得包含不产生技术效果的特征，也不得含有用图形表达的技术特征。

**2. 每项权利要求所确定的保护范围应当清楚**

权利要求的保护范围应当根据其所用词语的含义来理解。在一般情况下，权利要求中的用词应当理解为相关技术领域通常具有的含义。在特定情况下，如果说明书中指明了某词具有特定的含义，并且使用了该词的权利要求的保护范围由于说明书中对该词的说明而被限定得足够清楚，这种情况也是允许的。但此时也应要求申请人尽可能修改权利要求，使得根据权利要求的表述即可明确其含义。

权利要求中不得使用含义不确定的用语，如“厚”“薄”“强”“弱”“高温”“高压”“很宽范围”等，除非这种用语在特定技术领域中具有公认的确切含义，如放大器中的“高频”。对没有公认含义的用语，如果可能，应选择说明书中记载的更为精确的措词替换上述不确定的用语。

权利要求中不得出现“例如”“最好是”“尤其是”“必要时”等类似用语。因为这类用语会在一项权利要求中限定出不同的保护范围，导致保护范围不清楚。当权利要求中出现某一上位概念后面跟一个由上述用语引出的下位概念时，应当要求申请人修改权利要求，允许其在该权利要求中保留其中之一，或将两者分别在两项权利要求中予以限定。

在一般情况下，权利要求中不得使用“约”“接近”“等”“或类似物”等类似的用语，因为这类用语通常会使权利要求的范围不清楚。当权利要求中不可避免地使用了这类用语时，应当针对具体情况判断使用该用语是否会导致权利要求不清楚，如果不会，则允许。

除了附图标记或者化学式及数学式中使用的括号之外，权利要求中应尽量避免使用括号，以免造成权利要求不清楚，例如“（混凝土）模制砖”。然而，具有通常可接受含义的括号是允许的，例如“（甲基）丙烯酸酯”，“含有10%～60%（重量）的A”。

权利要求中不得使用与技术方案的内容无关的词句，例如“请求保护该专利的生产、销售权”等，也不得使用商业性宣传用语及贬低他人或者他人产品的词句。

**3. 权利要求书的整体应当清楚**

构成权利要求书的所有权利要求作为一个整体也应当清楚，即权利要求之间的引用关系应当清楚。一方面，一项权利要求与其引用的权利要求之间在内容上应有连贯性，不能有前后矛盾或者不能衔接的情况发生；另一方面，采用引用的方式撰写权利要求时，要特别注意各权利要求之间的逻辑顺序和规范，满足后文会详细叙述到的权利要求撰写的形式要求。

### （三）简要

权利要求书应当简要，一是指每一项权利要求应当简要，二是指构成权利要求书的所有权利要求作为一个整体也应当简要。例如，一件专利申请中不得出现两项或两项以上保护范围实质上相同的同类权利要求。

权利要求的数目应当合理。在权利要求书中，允许有合理数量的限定发明或者实用新型优选技术方案的从属权利要求。

权利要求的表述应当简要，除记载技术特征外，不得对原因或者理由作不必要的描述，也不得使用商业性宣传用语。

为避免权利要求之间相同内容的不必要重复，在可能的情况下，权利要求应尽量采取引用在前权利要求的方式撰写。

## 三、权利要求撰写的形式要求

### （一）独立权利要求撰写的形式要求

发明或者实用新型的独立权利要求应当包括前序部分和特征部分，按照下列规定撰写。

前序部分：写明要求保护的发明或者实用新型技术方案的主题名称和发明或者实用新型主题与最接近的现有技术共有的必要技术特征。

特征部分：使用“其特征是……”或者类似的用语，写明发明或者实用新型区别于最接近的现有技术的技术特征。这些特征和前序部分写明的特征合在一起，限定发明或者实用新型要求保护的范围。

发明或者实用新型的性质不适于用前款方式表达的，独立权利要求可以用其他方式撰写。

一项发明或者实用新型应当只有一个独立权利要求，并写在同一发明或者实用新型的从属权利要求之前。在一件专利申请的权利要求书中，应当至少有一项独立权利要求。当有两项或者两项以上独立权利要求时，写在最前面的独立权利要求被称为第一独立权利要求，其他独立权利要求称为并列独立权利要求。

值得注意的是，有时并列独立权利要求也引用在前的独立权利要求，例如，“一种实施权利要求 1 的方法的装置，……”“一种制造权利要求 1 的产品的方法，……”“一种包含权利要求 1 的部件的设备，……”“与权利要求 1 的插座相配合的插头，……”等。这种引用其他独立权利要求的权利要求是并列的独立权利要求，而不能被看作是从属权利要求。对于这种引用另一权利要求的独立权利要求，在确定其保护范围时，被引用的权利要求的特征均应予以考虑，而其实际的限定作用应当最终体现在对该独立权利要求的保护主题产生了何种影响。

在某些情况下，形式上的从属权利要求（即其包含有从属权利要求的引用部分），实质上不一定是从属权利要求。例如，独立权利要求 1 为：“包括特征 X 的机床”。在后的另一项权利要求为：“根据权利要求 1 所述的机床，其特征在于用特征 Y 代替特征 X”。在这种情况下，后一权利要求也是独立权利要求，而不能仅从撰写的形式上判定在后的权利要求为从属权利要求。

独立权利要求分两部分撰写的目的，在于使公众更清楚地看出独立权利要求的全部技术特征中哪些是发明或者实用新型与最接近的现有技术所共有的技术特征，哪些是发明或者实用新型区别于最接近的现有技术的特征。发明或者实用新型的性质不适于用上述方式撰写的，独立权利要求也可以不分前序部分和特征部分。例如下列情况。

（1）开拓性发明。

（2）由几个状态等同的已知技术整体组合而成的发明，其发明实质在组合本身。

（3）已知方法的改进发明，其改进之处在于省去某种物质或者材料，或者是用一种物质或材料代替另一种物质或材料，或者是省去某个步骤。

（4）已知发明的改进在于系统中部件的更换或者其相互关系上的变化。

### （二）从属权利要求撰写的形式要求

发明或者实用新型的从属权利要求应当包括引用部分和限定部分，按照下列规定撰写。

（1）引用部分：写明引用的权利要求的编号及其主题名称。

（2）限定部分：写明发明或者实用新型附加的技术特征。

从属权利要求只能引用在前的权利要求。引用两项以上权利要求的多项从属权利要求，只能以择一方式引用在前的权利要求，并不得作为另一项多项从属权利要求的基础，即在后的多项从属权利要求不得引用在前的多项从属权利要求。

从属权利要求的引用部分应当写明引用的权利要求的编号，其后应当重述引用的权利要求的主题名称。例如，一项从属权利要求的引用部分应当写成："根据权利要求 1 所述的金属纤维拉拔装置，……"。

多项从属权利要求是指引用两项以上权利要求的从属权利要求，多项从属权利要求的引用方式，包括引用在前的独立权利要求和从属权利要求，以及引用在前的几项从属权利要求。

当从属权利要求是多项从属权利要求时，其引用的权利要求的编号应当用"或"或者其他与"或"同义的择一引用方式表达。例如，从属权利要求的引用部分写成下列方式："根据权利要求 1 或 2 所述的……""根据权利要求 2、4、6 或 8 所述的……"；或者"根据权利要求 4 ～ 9 中任一权利要求所述的……"。

一项引用两项以上权利要求的多项从属权利要求不得作为另一项多项从属权利要求的引用基础。例如，权利要求 3 为"根据权利要求 1 或 2 所述的摄像机调焦装置，……"，如果多项从属权利要求 4 写成"根据权利要求 1、2 或 3 所述的摄像机调焦装置，……"则是不允许的，因为被引用的权利要求 3 是一项多项从属权利要求。

从属权利要求的限定部分可以对在前的权利要求（独立权利要求或者从属权利要求）中的技术特征进行限定。在前的独立权利要求采用两部分撰写方式的，其后的从属权利要求不仅可以进一步限定该独立权利要求特征部分中的特征，也可以进一步限定前序部分中的特征。

直接或间接从属于某一项独立权利要求的所有从属权利要求都应当写在该独立权利要求之后，另一项独立权利要求之前。

### （三）权利要求书撰写的其他形式要求

（1）权利要求书有几项权利要求的，应当用阿拉伯数字顺序编号，编号前不得冠以"权利要求"或者"权项"等词。

（2）权利要求中使用的科技术语应当与说明书中的科技术语一致。权利要求中可以有化学式或者数学式，必要时也可以有表格，但不得有插图。除绝对必要外，不得使用"如说明书……部分所述"或者"如图……所示"的用语。

（3）权利要求中的技术特征可以引用说明书附图中相应的标记，以帮助理解权利要求所记载的技术方案。但是，这些标记应当用括号括起来，并放在相应的技术特征后面，权利要求中使用的附图标记，应当与说明书附图标记一致。

（4）权利要求的保护范围是由权利要求中记载的全部内容作为一个整体限定的，因此，每一项权利要求仅允许在权利要求的结尾处使用句号。一项权利要求可以用一个自然段表述，但是当技术特征较多，内容和相互关系较复杂，借助于标点符号难以将其关系表达清楚时，也可以在一个自然段中分行或者分小段表述。分行和分小段处只可用分号或逗号，必要时可在分行或小段前给出其排序的序号。

（5）在得到说明书支持的情况下，允许权利要求对发明或者实用新型作概括性的限定。通常，概括的方式有以下两种。

①用上位概念概括。例如，用“气体激光器”概括氦氖激光器、氩离子激光器、一氧化碳激光器、二氧化碳激光器等。又如用“C1—C4 烷基”概括甲基、乙基、丙基和丁基。再如，用“皮带传动”概括平皮带、三角皮带和齿形皮带传动等。

②用并列选择法概括，即用“或者”或者“和”并列几个必择其一的具体特征。例如，“特征 A、B、C 或者 D”。又如，“由 A、B、C 和 D 组成的物质组中选择的一种物质”等。

采用并列选择法概括时，被并列选择概括的具体内容应当是等效的，不得将上位概念概括的内容，用“或者”与其下位概念并列。另外，被并列选择概括的概念，应含义清楚。例如在“A、B、C、D 或者类似物（设备、方法、物质）”这一描述中，“类似物”这一概念含义是不清楚的，因而不能与具体的物或者方法（A、B、C、D）并列。

（6）通常，开放式的权利要求宜采用“包含”“包括”“主要由……组成”的表达方式，其解释为还可以含有该权利要求中没有述及的结构组成部分或方法步骤。封闭式的权利要求宜采用“由……组成”的表达方式，其一般解释为不含有该权利要求所述以外的结构组成部分或方法步骤。

（7）在一般情况下，权利要求中包含有数值范围的，其数值范围尽量以数学方式表达，例如，“≥ 30℃”“＞ 5”等。通常，“大于”“小于”“超过”等理解为不包括本数；“以上”“以下”“以内”等理解为包括本数。

（8）权利要求书不得加标题，并应当用阿拉伯数字顺序编写页码。

## 第五节 外观设计图片或者照片

《专利法》第六十四条第二款规定：“外观设计专利权的保护范围以表示

在图片或者照片中的该产品的外观设计为准，简要说明可以用于解释图片或者照片所表示的该产品的外观设计。”《专利法》第二十七条第二款规定：“申请人提交的有关图片或者照片应当清楚地显示要求专利保护的产品的外观设计。”

## 一、视图及其制作要求

视图的名称包括：主视图、后视图、左视图、右视图、俯视图、仰视图、立体图、剖视图、剖面图、放大图、局部放大图、展开图、使用状态图、变化状态图和参考图等。各视图的视图名称应当标注在相应视图的正下方。

（1）六面正投影视图。六面正投影视图的视图名称，是指主视图、后视图、左视图、右视图、俯视图和仰视图——其中主视图所对应的面应当是使用时通常朝向消费者的面或者最大程度反映产品的整体设计的面，例如带杯把的杯子的主视图应是杯把在侧边的视图。

（2）立体图。立体图更接近人们看到的物品的三维形状，可以更直观地表达产品的立体效果。

（3）剖视图、剖面图。用于辅助表达产品的外观设计，如产品的凹凸形状等。

（4）放大图、局部放大图。将原视图或者原视图的一部分按照一定比例进行放大，用以呈现产品的某个或多个细节。

（5）展开图。用于清晰地展示产品曲面上的图案和具有展开结构的产品。

（6）使用状态图、变化状态图。用于表示产品在使用状态或者变化状态下的外观设计。

（7）参考图。用于表示产品的使用场所或者与其他产品配合使用时的情况，从而解释产品所属领域、使用方法、使用场所或者用途等，使产品表达得更加全面。

就立体产品的外观设计而言，产品设计要点涉及六个面的，应当提交六面正投影视图；产品设计要点仅涉及一个或几个面的，应当至少提交所涉及面的正投影视图和立体图，并应当在简要说明中写明省略视图的原因。

就平面产品的外观设计而言，产品设计要点涉及一个面的，可以仅提交该面正投影视图；产品设计要点涉及两个面的，应当提交两面正投影视图。

必要时，申请人还应当提交该外观设计产品的展开图、剖视图、剖面图、放大图、变化状态图或者参考图，用以全面表达使用外观设计的产品的用途、使用方法或者使用场所等。

对于成套产品，应当在其中每件产品的视图名称前以阿拉伯数字顺序编号标注，并在编号前加“套件”字样。例如，对于成套产品中的第4套件的主视图，其视图名称为：套件4主视图。

对于同一产品的相似外观设计，应当在每个设计的视图名称前以阿拉伯数字顺序编号标注，并在编号前加“设计”字样。例如，设计1主视图。

对于组件产品，即由多个构件相结合构成的一件产品，将其分为无组装关系、组装关系唯一或者组装关系不唯一的组件产品。对于组装关系唯一的组件产品，应当提交组合状态的产品视图；对于无组装关系或者组装关系不唯一的组件产品，应当提交各构件的视图，并在每个构件的视图名称前以阿拉伯数字顺序编号标注，并在编号前加“组件”字样。例如，对于组件产品中的第3组件的左视图，其视图名称为：组件3左视图。对于有多种变化状态的产品的外观设计，应当在其显示变化状态的视图名称后，以阿拉伯数字顺序编号标注。

## 二、图片的绘制

图片应当参照我国技术制图和机械制图国家标准中有关正投影关系、线条宽度以及剖切标记的规定绘制，并应当以粗细均匀的实线表达外观设计的形状。不得以阴影线、指示线、虚线、中心线、尺寸线、点划线等线条表达外观设计的形状。可以用两条平行的双点划线或自然断裂线表示细长物品的省略部分。图面上可以用指示线表示剖切位置和方向、放大部位、透明部位等，但不得有不必要的线条或标记。图片应当清楚地表达外观设计。

图片可以使用包括计算机在内的制图工具绘制，但不得使用铅笔、蜡笔、圆珠笔绘制，也不得使用蓝图、草图、油印件。对于使用计算机绘制的外观设计图片，图面分辨率应当满足清晰的要求。

## 三、照片的拍摄

（1）照片应当清晰，避免因对焦等原因导致产品的外观设计无法清楚地显示。

（2）照片背景应当单一，避免出现该外观设计产品以外的其他内容。产品和背景应有适当的明度差，以清楚地显示产品的外观设计。

（3）照片的拍摄通常应当遵循正投影规则，避免因透视产生的变形影响产品的外观设计的表达。

（4）照片应当避免因强光、反光、阴影、倒影等影响产品的外观设计的表达。

（5）照片中的产品通常应当避免包含内装物或者衬托物，但对于必须依靠内装物或者衬托物才能清楚地显示产品的外观设计时，则允许保留内装物或者衬托物。

## 四、图片或者照片的缺陷

所谓图片或者照片的缺陷，主要包括下列各项。

（1）视图投影关系有错误，例如投影关系不符合正投影规则、视图之间的投影关系不对应或者视图方向颠倒等。

（2）外观设计图片或者照片不清晰，图片或者照片中显示的产品图形尺寸过小；或者虽然图形清晰，但因存在强光、反光、阴影、倒影、内装物或者衬托物等而影响产品外观设计的正确表达。

（3）外观设计图片中的产品绘制线条包含有应删除或修改的线条，例如视图中的阴影线、指示线、虚线、中心线、尺寸线、点划线等。

（4）表示立体产品的视图有下述情况的：①各视图比例不一致；②产品设计要点涉及六个面，而六面正投影视图不足，但下述情况除外。a）后视图与主视图相同或对称时可以省略后视图；b）左视图与右视图相同或对称时可以省略左视图（或右视图）；c）俯视图与仰视图相同或对称时可以省略俯视图（或仰视图）；d）大型或位置固定的设备和底面不常见的物品可以省略仰视图。

（5）表示平面产品的视图有下述情况的：①各视图比例不一致；②产品设计要点涉及两个面，而两面正投影视图不足，但后视图与主视图相同或对称的情况以及后视图无图案的情况除外。

（6）细长物品（例如量尺、型材等），绘图时省略了中间一段长度，但没有使用两条平行的双点划线或自然断裂线断开的画法。

（7）剖视图或剖面图的剖面及剖切处的表示有下述情况的：①缺少剖面线或剖面线不完全；②表示剖切位置的剖切位置线、符号及方向不全或缺少上述内容（但可不给出表示从中心位置处剖切的标记）。

（8）有局部放大图，但在有关视图中没有标出放大部位的。

（9）组装关系唯一的组件产品缺少组合状态的视图；无组装关系或者组装关系不唯一的组件产品缺少必要的单个构件的视图。

（10）透明产品的外观设计，外层与内层有两种以上形状、图案和色彩时，没有分别表示出来。

## 第六节　外观设计的简要说明

简要说明是外观设计专利申请的必要申请文件。《专利法》第六十四条第二款规定:“外观设计专利权的保护范围以表示在图片或者照片中的该产品的外观设计为准，简要说明可以用于解释图片或者照片所表示的该产品的外观设计。”

### 一、简要说明应当写明的内容

《专利法实施细则》第二十八条第一款规定:“外观设计的简要说明应当写明外观设计产品的名称、用途，外观设计的设计要点，并指定一幅最能表明设计要点的图片或者照片。省略视图或者请求保护色彩的，应当在简要说明中写明。”

**外观设计产品的名称:** 简要说明中的产品名称应当与请求书中的产品名称一致。

**外观设计产品的用途:** 简要说明中应当写明有助于确定产品类别的用途;对于具有多种用途的产品，简要说明应当写明所述产品的多种用途。

**外观设计的设计要点:** 设计要点是指与现有设计相区别的产品的形状、图案及其结合，或者色彩与形状、图案的结合，或者部位——对设计要点的描述应当简明扼要，无须具体描述产品的形状、图案或色彩等。

**指定一幅最能表明设计要点的图片或者照片:** 指定的图片或者照片用于出版专利公报。

### 二、必要时应当在简要说明中写明的内容

（1）请求保护色彩或者省略视图的情况:如果外观设计专利申请请求保护色彩，应当在简要说明中声明。如果外观设计专利申请省略了视图，申请人通常应当写明省略视图的具体原因，例如因对称或者相同而省略;如果难以写明的，也可仅写明省略某视图，又如大型设备缺少仰视图，可以写为“省略仰视图”。

（2）对同一产品的多项相似外观设计提出一件外观设计专利申请的，应当在简要说明中指定其中一项作为基本设计。

（3）对于花布、壁纸等平面产品，必要时应当描述平面产品中的单元图案两方连续或者四方连续等无限定边界的情况。

（4）对于细长物品，必要时应当写明细长物品的长度采用省略画法。

（5）如果产品的外观设计由透明材料或者具有特殊视觉效果的新材料制成，必要时应当在简要说明中写明。

（6）如果外观设计产品属于成套产品，必要时应当写明各套件所对应的产品名称。

需要特别说明的是，简要说明不得使用商业性宣传用语，也不能用来说明产品的性能和内部结构。

## 第七节　申请材料要求

按照《专利法》的规定，申请人按照《专利合作条约》完成国际阶段的程序，办理进入中国国家阶段的手续的，其专利申请材料应当符合下列要求。

（1）以中文提交进入中国国家阶段的书面声明，写明国际申请号和要求获得的专利权类型。

（2）国际申请以外文提出的，提交原始国际申请的说明书和权利要求书的中文译文。

（3）在进入中国国家阶段的书面声明中写明发明创造的名称，申请人姓名或者名称、地址和发明人的姓名，上述内容应当与世界知识产权组织国际局（以下简称国际局）的记录一致；国际申请中未写明发明人的，在上述声明中写明发明人的姓名。

（4）国际申请以外文提出的，提交摘要的中文译文，有附图和摘要附图的，提交附图副本和摘要附图副本，附图中有文字的，将其替换为对应的中文文字；国际申请以中文提出的，提交国际公布文件中的摘要和摘要附图副本。

（5）在国际阶段向国际局已办理申请人变更手续的，提供变更后的申请人享有申请权的证明材料。

# 第五章
# 专利申请的初步审查

## 第一节　发明专利申请的初步审查

《专利法》第三十四条规定："国务院专利行政部门收到发明专利申请后，经初步审查认为符合本法要求的，自申请日起满十八个月，即行公布。国务院专利行政部门可以根据申请人的请求早日公布其申请。"发明专利申请的初步审查是受理发明专利申请之后、公布该申请之前的一个必要程序。

### 一、发明专利申请初步审查的主要任务与审查范围

#### （一）发明专利申请初步审查的主要任务

（1）审查申请人提交的申请文件是否符合专利法及其实施细则的规定，发现存在可以补正的缺陷时，通知申请人以补正的方式消除缺陷，使其符合公布的条件；发现存在不可克服的缺陷时，发出审查意见通知书，指明缺陷的性质，并通过驳回的方式结束审查程序。

（2）审查申请人在提出专利申请的同时或者随后提交的与专利申请有关的其他文件是否符合专利法及其实施细则的规定，发现文件存在缺陷时，根据缺陷的性质，通知申请人以补正的方式消除缺陷，或者直接作出文件视为未提交的决定。

（3）审查申请人提交的与专利申请有关的其他文件是否是在专利法及其实施细则规定的期限内或者专利行政部门指定的期限内提交；期满未提交或者逾期提交的，根据情况作出申请视为撤回或者文件视为未提交的决定。

（4）审查申请人缴纳的有关费用的金额和期限是否符合专利法及其实施细则的规定，费用未缴纳或者未缴足或者逾期缴纳的，根据情况作出申请视

为撤回或者请求视为未提出的决定。

### （二）发明专利申请初步审查的范围

（1）申请文件的形式审查，包括专利申请是否包含《专利法》第二十六条规定的申请文件，以及这些文件格式上是否明显不符合《专利法实施细则》第十六条至第十九条、第二十三条的规定，是否符合《专利法实施细则》第二条、第三条、第二十六条第二款、第一百一十九条、第一百二十一条的规定。

（2）申请文件的明显实质性缺陷审查，包括专利申请是否明显属于《专利法》第五条、第二十五条规定的情形，是否不符合《专利法》第十八条、第十九条第一款、第二十条第一款的规定，是否明显不符合《专利法》第二条第二款、第二十六条第五款、第三十一条第一款、第三十三条或者《专利法实施细则》第十七条、第十九条的规定。

（3）其他文件的形式审查，包括与专利申请有关的其他手续和文件是否符合《专利法》第十条、第二十四条、第二十九条、第三十条以及《专利法实施细则》第二条、第三条、第六条、第七条、第十五条第三款和第四款、第二十四条、第三十条、第三十一条第一款至第三款、第三十二条、第三十三条、第三十六条、第四十条、第四十二条、第四十三条、第四十五条、第四十六条、第八十六条、第八十七条、第一百条的规定。

（4）有关费用的审查，包括专利申请是否按照《专利法实施细则》第九十三条、第九十五条、第九十六条、第九十九条的规定缴纳了相关费用。

## 二、发明专利申请初步审查的基本原则

### （一）保密原则

审查员在专利申请的审批程序中，根据有关保密规定，对于尚未公布、公告的专利申请文件和与专利申请有关的其他内容，以及其他不适宜公开的信息负有保密责任。

### （二）书面审查原则

审查员应当以申请人提交的书面文件为基础进行审查，审查意见（包括补正通知）和审查结果应当以书面形式通知申请人。在初步审查程序中，原则上不进行会晤。

### （三）听证原则

审查员在作出驳回决定之前，应当将驳回所依据的事实、理由和证据通知申请人，至少给申请人一次陈述意见和/或修改申请文件的机会。审查员作出驳回决定时，驳回决定所依据的事实、理由和证据，应当是已经通知过申请人的，不得包含新的事实、理由和/或证据。

### （四）程序节约原则

在符合规定的情况下，审查员应当尽可能提高审查效率，缩短审查过程。对于存在可以通过补正克服的缺陷的申请，审查员应当进行全面审查，并尽可能在一次补正通知书中指出全部缺陷。对于申请文件中文字和符号的明显错误，审查员可以依职权自行修改，并通知申请人。对于存在不可能通过补正克服的实质性缺陷的申请，审查员可以不对申请文件和其他文件的形式缺陷进行审查，在审查意见通知书中可以仅指出实质性缺陷。

除遵循以上原则外，审查员在作出视为未提出、视为撤回、驳回等处分决定的同时，应当告知申请人可以启动的后续程序。

## 三、发明专利申请初步审查的程序

### （一）初步审查合格

经初步审查，对于申请文件符合专利法及其实施细则有关规定并且不存在明显实质性缺陷的专利申请，包括经过补正符合初步审查要求的专利申请，应当认为初步审查合格。审查员应当发出初步审查合格通知书，指明公布所依据的申请文本，之后进入公布程序。

### （二）申请文件的补正

在初步审查中，对于申请文件存在可以通过补正克服的缺陷的专利申请，审查员应当进行全面审查，并发出补正通知书。

补正通知书中应当指明专利申请存在的缺陷，说明理由，同时指定答复期限。经申请人补正后，申请文件仍然存在缺陷的，审查员应再次发出补正通知书。

### （三）明显实质性缺陷的处理

在初步审查中，对于申请文件存在不可能通过补正方式克服的明显实质性缺陷的专利申请，审查员应当发出审查意见通知书。审查意见通知书中应当指明专利申请存在的实质性缺陷，说明理由，同时指定答复期限。

对于申请文件中存在的实质性缺陷，只有其明显存在并影响公布时，才需指出和处理。

### （四）通知书的答复

申请人在收到补正通知书或者审查意见通知书后，应当在指定的期限内补正或者陈述意见。申请人对专利申请进行补正的，应当提交补正书和相应修改文件替换页。申请文件的修改替换页应当一式两份，其他文件只需提交一份。对申请文件的修改，应当针对通知书指出的缺陷进行。修改的内容不得超出申请人提交的说明书和权利要求书记载的范围。

申请人期满未答复的，审查员应当根据情况发出视为撤回通知书或者其他通知书。申请人因正当理由难以在指定的期限内作出答复的，可以提出延长期限请求。

对于因不可抗拒事由或者因其他正当理由耽误期限而导致专利申请被视为撤回的，申请人可以在规定的期限内向专利行政部门提出恢复权利的请求。

### （五）申请的驳回

申请文件存在明显实质性缺陷，在审查员发出审查意见通知书后，经申请人陈述意见或者修改后仍然没有消除的，或者申请文件存在形式缺陷，审查员针对该缺陷已发出过两次补正通知书，经申请人陈述意见或者补正后仍然没有消除的，审查员可以作出驳回决定。

驳回决定正文应当包括案由、驳回的理由和决定三部分内容。案由部分应当简述被驳回申请的审查过程；驳回的理由部分应当说明驳回的事实、理由和证据；决定部分应当明确指出该专利申请不符合专利法及其实施细则的相应条款，并说明根据专利法实施细则第四十四条第二款的规定驳回该专利申请。

### （六）复审

申请人对驳回决定不服的，可以在规定的期限内向专利复审委员会提出复审请求。

## 四、申请文件的形式审查

除满足本书第四章“专利申请”所陈述的各项要求外，申请文件的格式还应该满足：专利申请公布时的说明书、权利要求书和说明书摘要的文字应当整齐清晰，不得涂改，行间不得加字。说明书附图、说明书摘要附图的线条（如轮廓线、点划线、剖面线、中心线、标引线等）应当清晰可辨。文字和线条应当是黑色，并且足够深，背景干净，以能够满足复印、扫描的要求为准。文字和附图的版心四周不应有框线。各种文件的页码应当分别连续编写。

申请文件不符合上述规定的，审查员应当发出补正通知书，通知申请人补正。期满未补正的，审查员应当发出视为撤回通知书。

## 五、分案申请的初步审查

一件专利申请包括两项以上发明的，申请人可以主动提出或者依据审查员的审查意见提出分案申请。分案申请应当以原申请（第一次提出的申请）为基础提出。分案申请的类别应当与原申请的类别一致。分案申请应当在请求书中填写原申请的申请号和申请日；对于已提出过分案申请，申请人需要针对该分案申请再次提出分案申请的，还应当在原申请的申请号后的括号内填写该分案申请的申请号。对于分案申请，除按规定审查申请文件和其他文件外，审查员还应当根据原申请核实下列各项内容。

### （一）请求书中填写的原申请的申请日

请求书中应当正确填写原申请的申请日，申请日填写有误的，审查员应当发出补正通知书，通知申请人补正。期满未补正的，审查员应当发出视为撤回通知书；补正符合规定的，审查员应当发出重新确定申请日通知书。

### （二）请求书中填写的原申请的申请号

请求书中应当正确填写原申请的申请号。原申请是国际申请的，申请人还应当在所填写的原申请的申请号后的括号内注明国际申请号。不符合规定的，审查员应当发出补正通知书，通知申请人补正。期满未补正的，审查员应当发出视为撤回通知书。

### （三）分案申请的递交时间

申请人最迟应当在收到专利行政部门对原申请作出授予专利权通知书之日起两个月期限（即办理登记手续的期限）届满之前提出分案申请。上述期限届满后，或者原申请已被驳回，或者原申请已撤回，或者原申请被视为撤回且未被恢复权利的，一般不得再提出分案申请。

对于审查员已发出驳回决定的原申请，自申请人收到驳回决定之日起三个月内，不论申请人是否提出复审请求，均可以提出分案申请；在提出复审请求以后以及对复审决定不服提起行政诉讼期间，申请人也可以提出分案申请。

在初步审查中，对于分案申请递交日不符合上述规定的，审查员应当发出分案申请视为未提出通知书，并作结案处理。

对于已提出过分案申请，申请人需要针对该分案申请再次提出分案申请的，再次提出分案申请的递交时间仍应当根据原申请审核。再次提出分案的递交日不符合上述规定的，不得分案。

但是，因审查员发出分案通知书或审查意见通知书中指出分案申请存在单一性的缺陷，申请人按照审查员的审查意见再次提出分案申请的，再次提出分案申请的递交时间应当以该存在单一性缺陷的分案申请为基础审核。不符合规定的，不得以该分案申请为基础进行分案，审查员应当发出分案申请视为未提出通知书，并作结案处理。

### （四）分案申请的申请人和发明人

分案申请的申请人应当与提出分案申请时原申请的申请人相同。针对分案申请提出再次分案申请的申请人应当与该分案申请的申请人相同。不符合规定的，审查员应当发出分案申请视为未提出通知书。

分案申请的发明人应当是原申请的发明人或者是其中的部分成员。针对分案申请提出的再次分案申请的发明人应当是该分案申请的发明人或者是其中的部分成员。对于不符合规定的，审查员应当发出补正通知书，通知申请人补正。期满未补正的，审查员应当发出视为撤回通知书。

### （五）分案申请提交的文件

分案申请除应当提交申请文件外，还应当提交原申请的申请文件副本以及原申请中与本分案申请有关的其他文件副本（如优先权文件副本）。原申请中已提交的各种证明材料，可以使用复印件。原申请的国际公布使用外文的，除提交原申请的中文副本外，还应当同时提交原申请国际公布文本的副本。对于不符合规定的，审查员应当发出补正通知书，通知申请人补正。期满未补正的，审查员应当发出视为撤回通知书。

### （六）分案申请的期限和费用

分案申请适用的各种法定期限，例如提出实质审查请求的期限，应当从原申请日起算。对于已经届满或者自分案申请递交日起至期限届满日不足两个月的各种期限，申请人可以自分案申请递交日起两个月内或者自收到受理通知书之日起十五日内补办各种手续；期满未补办的，审查员应当发出视为撤回通知书。

对于分案申请，应当视为一件新申请收取各种费用。对于已经届满或者自分案申请递交日起至期限届满日不足两个月的各种费用，申请人可以在自分案申请递交日起两个月内或者自收到受理通知书之日起十五日内补缴；期满未补缴或未缴足的，审查员应当发出视为撤回通知书。

## 六、涉及生物材料的申请的初步审查

对于涉及生物材料的申请，申请人除应当使申请符合专利法及其实施细则的有关规定外，还应当办理下列手续。

（1）在申请日前或者最迟在申请日（有优先权的，指优先权日），将该生物材料样品提交至国务院专利行政部门认可的生物材料样品国际保藏单位保藏。

（2）在请求书和说明书中注明保藏该生物材料样品的单位名称、地址、保藏日期和编号，以及该生物材料的分类命名（注明拉丁文名称）。

（3）在申请文件中提供有关生物材料特征的资料。

（4）自申请日起四个月内提交保藏单位出具的保藏证明和存活证明。

在初步审查中，对于已在规定期限内提交保藏证明的，审查员应当根据保藏证明核实下列各项内容。

### （一）保藏单位

保藏单位应当是国务院专利行政部门认可的生物材料样品国际保藏单位，不符合规定的，审查员应当发出生物材料样品视为未保藏通知书。

### （二）保藏日期

保藏日期应当在申请日之前或者在申请日（有优先权的，指优先权日）当天。不符合规定的，审查员应当发出生物材料样品视为未保藏通知书。

但是，保藏证明写明的保藏日期在所要求的优先权日之后，并且在申请日之前的，审查员应当发出办理手续补正通知书，要求申请人在指定的期限内撤回优先权要求或者声明该保藏证明涉及的生物材料的内容不要求享受优先权，期满未答复或者补正后仍不符合规定的，审查员应当发出生物材料样品视为未保藏通知书。

### （三）保藏及存活证明和请求书的一致性

保藏及存活证明与请求书中所填写的项目应当一致；不一致的，审查员应当发出补正通知书，通知申请人在规定期限内补正。期满未补正的，审查员应当发出生物材料样品视为未保藏通知书。

在初步审查中，对于未在规定期限内提交保藏证明的，该生物材料样品视为未提交保藏，审查员应当发出生物材料样品视为未保藏通知书。在自申请日起四个月内，申请人未提交生物材料存活证明，又没有说明未能提交该证明的正当理由的，该生物材料样品视为未提交保藏，审查员应当发出生物材料样品视为未保藏通知书。

在提交生物材料样品保藏过程中发生样品死亡的，除申请人能够提供证据证明造成生物材料样品死亡并非申请人责任外，该生物材料样品视为未提交保藏，审查员应当发出生物材料样品视为未保藏通知书。申请人提供证明的，可以在自申请日起四个月内重新提供与原样品相同的新样品重新保藏，并以原提交保藏日为保藏日。

涉及生物材料的专利申请，申请人应当在请求书和说明书中分别写明生物材料的分类命名，保藏该生物材料样品的单位名称、地址、保藏日期和保藏编号，并且相一致。申请时请求书和说明书都未写明的，申请人应当自申请日起四个月内补正，期满未补正的，视为未提交保藏。请求书和说明书填写不一致的，申请人可以在收到专利行政部门通知书后，在指定的期限内补正，期满未补正的，视为未提交保藏。

审查员发出生物材料样品视为未保藏通知书后，申请人有正当理由的，可以根据《专利法实施细则》第六条第二款的规定启动恢复程序。除其他方面正当理由外，属于生物材料样品未提交保藏或未存活方面的正当理由如下。

（1）保藏单位未能在自申请日起四个月内作出保藏证明或者存活证明，并出具了证明文件。

（2）提交生物材料样品过程中发生生物材料样品死亡，申请人能够提供证据证明生物材料样品死亡并非申请人的责任。

## 七、涉及遗传资源的申请的初步审查

就依赖遗传资源完成的发明创造申请专利，申请人应当在请求书中对于遗传资源的来源予以说明，并填写遗传资源来源披露登记表，写明该遗传资源的直接来源和原始来源。申请人无法说明原始来源的，应当陈述理由。对于不符合规定的，审查员应当发出补正通知书，通知申请人补正。期满未补正的，审查员应当发出视为撤回通知书。补正后仍不符合规定的，该专利申请应当被驳回。

## 八、委托专利代理机构

### （一）委托

根据《专利法》第十九条第一款的规定，在中国内地没有经常居所或者营业所的外国人、外国企业或者外国其他组织在中国申请专利和办理其他专利事务，或者作为第一署名申请人与中国内地的申请人共同申请专利和办理其他专利事务的，应当委托专利代理机构办理。审查中发现上述申请人申请专利和办理其他专利事务时，未委托专利代理机构的，审查员应当发出审查意见通知书，通知申请人在指定期限内答复。申请人在指定期限内未答复的，其申请被视为撤回；申请人陈述意见或者补正后，仍然不符合《专利法》第十九条第一款规定的，该专利申请应当被驳回。

中国内地的单位或者个人可以委托专利代理机构在国内申请专利和办理其他专利事务。委托不符合规定的，审查员应当发出补正通知书，通知专利代理机构在指定期限内补正。期满未答复或者补正后仍不符合规定的，应当向申请人和被委托的专利代理机构发出视为未委托专利代理机构通知书。

在中国内地没有经常居所或者营业所的香港、澳门或者台湾地区的申请人向专利行政部门提出专利申请和办理其他专利事务，或者作为第一署名申请人与中国内地的申请人共同申请专利和办理其他专利事务的，应当委托专利代理机构办理。未委托专利代理机构的，审查员应当发出审查意见通知书，通知申请人在指定期限内答复。申请人在指定期限内未答复的，审查员应当发出视为撤回通知书；申请人陈述意见或者补正后仍不符合规定的，该专利申请应当被驳回。

委托的双方当事人是申请人和被委托的专利代理机构。申请人有两个以上的，委托的双方当事人是全体申请人和被委托的专利代理机构。被委托的专利代理机构仅限一家，本指南另有规定的除外。专利代理机构接受委托后，应当指定该专利代理机构的专利代理人办理有关事务，被指定的专利代理人不得超过两名。

### （二）委托书

申请人委托专利代理机构向专利行政部门申请专利和办理其他专利事务的，应当提交委托书。委托书应当使用专利行政部门制定的标准表格，写明委托权限、发明创造名称、专利代理机构名称、专利代理人姓名，并应当与请求书中填写的内容相一致。在专利申请确定申请号后提交委托书的，还应当注明专利申请号。申请人是个人的，委托书应当由申请人签字或者盖章；申请人是单位的，应当加盖单位公章，同时也可以附有其法定代表人的签字或者盖章；申请人有两个以上的，应当由全体申请人签字或者盖章。此外，委托书还应当由专利代理机构加盖公章。

申请人委托专利代理机构的，可以向专利行政部门交存总委托书；专利行政部门收到符合规定的总委托书后，应当给出总委托书编号，并通知该专利代理机构。已交存总委托书的，在提出专利申请时可以不再提交专利代理委托书原件，而提交总委托书复印件，同时写明发明创造名称、专利代理机构名称、专利代理人姓名和专利行政部门给出的总委托书编号，并加盖专利代理机构公章。

委托书不符合规定的，审查员应当发出补正通知书，通知专利代理机构在指定期限内补正。第一署名申请人是中国内地单位或者个人的，期满未答复或者补正后仍不符合规定的，审查员应当向双方当事人发出视为未委托专利代理机构通知书。

第一署名申请人为外国人、外国企业或者外国其他组织的，期满未答复的，审查员应当发出视为撤回通知书；补正后仍不符合规定的，该专利申请应当被驳回。第一署名申请人是香港、澳门或者台湾地区的个人、企业或者其他组织的，期满未答复的，审查员应当发出视为撤回通知书；补正后仍不符合规定的，该专利申请应当被驳回。

### （三）解除委托和辞去委托

申请人（或专利权人）委托专利代理机构后，可以解除委托；专利代理机构接受申请人（或专利权人）委托后，可以辞去委托。

## 九、要求优先权

要求优先权，是指申请人根据《专利法》第二十九条规定向专利行政部门要求以其在先提出的专利申请为基础享有优先权。申请人要求优先权应当符合《专利法》第二十九条、第三十条，《专利法实施细则》第三十一条、第三十二条以及巴黎公约的有关规定。

### （一）要求外国优先权

申请人就相同主题的发明或者实用新型在外国第一次提出专利申请之日起十二个月内，或者就相同主题的外观设计在外国第一次提出专利申请之日起六个月内，又在中国提出申请的，依照该国同中国签订的协议或者共同参加的国际条约，或者依照相互承认优先权的原则，可以享有优先权。这种优先权称为外国优先权。

**1. 在先申请和要求优先权的在后申请**

申请人向专利行政部门提出一件专利申请并要求外国优先权的，审查员应当审查作为要求优先权基础的在先申请是否是在巴黎公约成员国内提出的，或者是对该成员国有效的地区申请或者国际申请；对于来自非巴黎公约成员国的要求优先权的申请，应当审查该国是否是承认中国优先权的国家；还应当审查要求优先权的申请人是否有权享受巴黎公约给予的权利，即申请人是否是巴黎公约成员国的国民或者居民，或者申请人是否是承认中国优先权的国家的国民或者居民。

审查员还应当审查要求优先权的在后申请是否是在规定的期限内提出的；不符合规定的，审查员应当发出视为未要求优先权通知书。在先申请有两项以上的，其期限从最早的在先申请的申请日起算，对于超过规定期限的，针对那项超出期限的要求优先权声明，审查员应当发出视为未要求优先权通知书。

在初步审查中，对于在先申请是否是巴黎公约定义的第一次申请以及在先申请和在后申请的主题的实质内容是否相同均不予审查，除非第一次申请明显不符合巴黎公约的有关规定或者在先申请与在后申请的主题明显不相关。

在先申请可以是《巴黎公约》第四条定义的要求发明人证书的申请。

**2. 要求优先权声明**

申请人要求优先权的，应当在提出专利申请的同时在请求书中声明；未在请求书中提出声明的，视为未要求优先权。申请人在要求优先权声明中应当写明作为优先权基础的在先申请的申请日、申请号和原受理机构名称；未写明或者错写在先申请日、申请号和原受理机构名称中的一项或者两项内容，而申请人已在规定的期限内提交了在先申请文件副本的，审查员应当发出办理手续补正通知书，期满未答复或者补正后仍不符合规定的，审查员应当发出视为未要求优先权通知书。

要求多项优先权而在声明中未写明或者错写某个在先申请的申请日、申请号和原受理机构名称中的一项或者两项内容，而申请人已在规定的期限内提交了该在先申请文件副本的，审查员应当发出办理手续补正通知书，期满未答复或者补正后仍不符合规定的，视为未要求该项优先权，审查员应当发出视为未要求优先权通知书。

**3. 在先申请文件副本**

作为优先权基础的在先申请文件的副本应当由该在先申请的原受理机构出具。在先申请文件副本的格式应当符合国际惯例，至少应当表明原受理机构、申请人、申请日、申请号；不符合规定的，审查员应当发出办理手续补正通知书，期满未答复或者补正后仍不符合规定的，视为未提交在先申请文件副本，审查员应当发出视为未要求优先权通知书。

要求多项优先权的，应当提交全部在先申请文件副本，其中某份不符合规定的，审查员应当发出办理手续补正通知书，期满未答复或者补正后仍不符合规定的，视为未提交该在先申请文件副本，针对该在先申请文件副本对应的那项要求优先权声明，审查员应当发出视为未要求优先权通知书。

在先申请文件副本应当在提出在后申请之日起三个月内提交；期满未提交的，审查员应当发出视为未要求优先权通知书。

依照国务院专利行政部门与在先申请的受理机构签订的协议，专利行政部门通过电子交换等途径从该受理机构获得在先申请文件副本的，视为申请人提交了经该受理机构证明的在先申请文件副本。

已向专利行政部门提交过的在先申请文件副本，需要再次提交的，可以仅提交该副本的中文题录译文，但应当注明在先申请文件副本的原件所在案卷的申请号。

**4. 在后申请的申请人**

要求优先权的在后申请的申请人与在先申请文件副本中记载的申请人应当一致，或者是在先申请文件副本中记载的申请人之一。

申请人完全不一致，且在先申请的申请人将优先权转让给在后申请的申请人的，应当在提出在后申请之日起三个月内提交由在先申请的全体申请人签字或者盖章的优先权转让证明文件。在先申请具有多个申请人，且在后申请具有多个与之不同的申请人的，可以提交由在先申请的所有申请人共同签字或者盖章的转让给在后申请的所有申请人的优先权转让证明文件；也可以提交由在先申请的所有申请人分别签字或者盖章的转让给在后申请的申请人的优先权转让证明文件。

申请人期满未提交优先权转让证明文件或者提交的优先权转让证明文件不符合规定的，审查员应当发出视为未要求优先权通知书。

**（二）要求本国优先权**

申请人就相同主题的发明或者实用新型在中国第一次提出专利申请之日起十二个月内，又以该发明专利申请为基础向专利行政部门提出发明专利申请或者实用新型专利申请的，或者又以该实用新型专利申请为基础向专利行政部门提出实用新型专利申请或者发明专利申请的，可以享有优先权。这种优先权称为本国优先权。

**1. 在先申请和要求优先权的在后申请**

在先申请和要求优先权的在后申请应当符合下列规定。

（1）在先申请应当是发明或者实用新型专利申请，不应当是外观设计专利申请，也不应当是分案申请。

（2）在先申请的主题没有要求过外国优先权或者本国优先权，或者虽然要求过外国优先权或者本国优先权，但未享有优先权。

（3）该在先申请的主题，尚未授予专利权。

（4）要求优先权的在后申请是在其在先申请的申请日起十二个月内提出的。

审查上述第 3 项时，以要求优先权的在后申请的申请日为时间判断基准。审查上述第 4 项时，对于要求多项优先权的，以最早的在先申请的申请日为时间判断基准，即要求优先权的在后申请的申请日是在最早的在先申请的申请日起十二个月内提出的。

在先申请不符合上述规定情形之一的，针对不符合规定的那项要求优先权声明，审查员应当发出视为未要求优先权通知书。

在审查优先权时，如果发现专利行政部门已经对在先申请发出授予专利权通知书和办理登记手续通知书，并且申请人已经办理了登记手续的，审查员应当针对在后申请发出视为未要求优先权通知书。在初步审查中，审查员只审查在后申请与在先申请的主题是否明显不相关，不审查在后申请与在先申请的实质内容是否一致。当其申请的主题明显不相关时，审查员应当发出视为未要求优先权通知书。

**2. 要求优先权声明**

申请人要求优先权的，应当在提出专利申请的同时在请求书中声明；未在请求书中提出声明的，视为未要求优先权。

申请人在要求优先权声明中应当写明作为优先权基础的在先申请的申请日、申请号和原受理机构名称（即中国）。未写明或者错写上述各项中的一项或者两项内容的，审查员应当发出办理手续补正通知书，期满未答复或者补正后仍不符合规定的，审查员应当发出视为未要求优先权通知书。

要求多项优先权而在声明中未写明或者错写某个在先申请的申请日、申请号和原受理机构名称中的一项或者两项内容的，审查员应当发出办理手续补正通知书，期满未答复或者补正后仍不符合规定的，视为未要求该项优先权，审查员应当发出视为未要求优先权通知书。

**3. 在先申请文件副本**

在先申请文件的副本，由专利行政部门根据规定制作。申请人要求本国优先权并且在请求书中写明了在先申请的申请日和申请号的，视为提交了在先申请文件副本。

**4. 在后申请的申请人**

要求优先权的在后申请的申请人与在先申请中记载的申请人应当一致；不一致的，在后申请的申请人应当在提出在后申请之日起三个月内提交由在先申请的全体申请人签字或者盖章的优先权转让证明文件。在后申请的申请人期满未提交优先权转让证明文件，或者提交的优先权转让证明文件不符合规定的，审查员应当发出视为未要求优先权通知书。

**5. 视为撤回在先申请的程序**

申请人要求本国优先权的，其在先申请自在后申请提出之日起即视为撤回。

申请人要求本国优先权，经初步审查认为符合规定的，审查员应当对在先申请发出视为撤回通知书。申请人要求两项以上本国优先权，经初步审查认为符合规定的，审查员应当针对相应的在先申请，发出视为撤回通知书。

被视为撤回的在先申请不得请求恢复。

### （三）优先权要求的撤回

申请人要求优先权之后，可以撤回优先权要求。申请人要求多项优先权之后，可以撤回全部优先权要求，也可以撤回其中某一项或者几项优先权要求。

申请人要求撤回优先权要求的，应当提交全体申请人签字或者盖章的撤回优先权声明。符合规定的，审查员应当发出手续合格通知书。不符合规定的，审查员应当发出视为未提出通知书。

优先权要求撤回后，导致该专利申请的最早优先权日变更时，自该优先权日起算的各种期限尚未届满的，该期限应当自变更后的最早优先权日或者申请日起算，撤回优先权的请求是在原最早优先权日起十五个月之后到达专利行政部门的，则在后专利申请的公布期限仍按照原最早优先权日起算。

要求本国优先权的，撤回优先权后，已按照《专利法实施细则》第三十二条第三款规定被视为撤回的在先申请不得因优先权要求的撤回而请求恢复。

### （四）优先权要求的恢复

视为未要求优先权并属于下列情形之一的，申请人可以根据《专利法实施细则》第六条的规定请求恢复要求优先权的权利。

（1）由于未在指定期限内答复办理手续补正通知书导致视为未要求优先权。

（2）要求优先权声明中至少一项内容填写正确，但未在规定的期限内提交在先申请文件副本或者优先权转让证明。

（3）要求优先权声明中至少一项内容填写正确，但未在规定期限内缴纳或者缴足优先权要求费。

（4）分案申请的原申请要求了优先权。

除以上情形外，其他原因造成被视为未要求优先权的，不予恢复。例如，由于提出专利申请时未在请求书中提出声明而视为未要求优先权的，不予恢复要求优先权的权利。

## 十、不丧失新颖性的公开

根据《专利法》第二十四条的规定，申请专利的发明创造在申请日以前六个月内，有下列情形之一的，不丧失新颖性。

### （一）在中国政府主办或者承认的国际展览会上首次展出的

在中国政府主办或者承认的国际展览会上首次展出中国政府主办的国际展览会，包括国务院、各部委主办或者国务院批准由其他机关或者地方政府举办的国际展览会。中国政府承认的国际展览会，是指国际展览会公约规定的由国际展览局注册或者认可的国际展览会。所谓国际展览会，即展出的展品除了举办国的产品以外，还应当有来自外国的展品。

申请专利的发明创造在申请日以前六个月内在中国政府主办或者承认的国际展览会上首次展出过，申请人要求不丧失新颖性宽限期的，应当在提出申请时在请求书中声明，并在自申请日起两个月内提交证明材料。

国际展览会的证明材料，应当由展览会主办单位出具。证明材料中应当注明展览会展出日期、地点、展览会的名称以及该发明创造展出的日期、形式和内容，并加盖公章。

### （二）在规定的学术会议或者技术会议上首次发表的

在规定的学术会议或者技术会议上首次发表规定的学术会议或者技术会议，是指国务院有关主管部门或者全国性学术团体组织召开的学术会议或者技术会议，不包括省以下或者受国务院各部委或者全国性学术团体委托或者以其名义组织召开的学术会议或者技术会议。在后者所述的会议上的公开将导致丧失新颖性，除非这些会议本身有保密约定。

申请专利的发明创造在申请日以前六个月内在规定的学术会议或者技术会议上首次发表过，申请人要求不丧失新颖性宽限期的，应当在提出申请时在请求书中声明，并在自申请日起两个月内提交证明材料。

学术会议和技术会议的证明材料，应当由国务院有关主管部门或者组织会议的全国性学术团体出具。证明材料中应当注明会议召开的日期、地点、会议的名称以及该发明创造发表的日期、形式和内容，并加盖公章。

### （三）他人未经申请人同意而泄露其内容

他人未经申请人同意而泄露其内容所造成的公开，包括他人未遵守明示或者默示的保密信约而将发明创造的内容公开，也包括他人用威胁、欺诈或者间谍活动等手段从发明人或者申请人那里得知发明创造的内容而后造成的公开。

申请专利的发明创造在申请日以前六个月内他人未经申请人同意而泄

露了其内容，若申请人在申请日前已获知，应当在提出专利申请时在请求书中声明，并在自申请日起两个月内提交证明材料。若申请人在申请日以后得知的，应当在得知情况后两个月内提出要求不丧失新颖性宽限期的声明，并附具证明材料。审查员认为必要时，可以要求申请人在指定期限内提交证明材料。

申请人提交的关于他人泄露申请内容的证明材料，应当注明泄露日期、泄露方式、泄露的内容，并由证明人签字或者盖章。

申请人要求享有不丧失新颖性宽限期但不符合上述规定的，审查员应当发出视为未要求不丧失新颖性宽限期的通知书。

## 十一、提前公布声明

提前公布声明只适用于发明专利申请。

申请人提出提前公布声明不能附有任何条件。

提前公布声明不符合规定的，审查员应当发出视为未提出通知书；符合规定的，在专利申请初步审查合格后立即进入公布准备。进入公布准备后，申请人要求撤销提前公布声明的，该要求视为未提出，申请文件照常公布。

## 十二、撤回专利申请声明

授予专利权之前，申请人随时可以主动要求撤回其专利申请。申请人撤回专利申请的，应当提交撤回专利申请声明，并附具全体申请人签字或者盖章同意撤回专利申请的证明材料，或者仅提交由全体申请人签字或者盖章的撤回专利申请声明。

委托专利代理机构的，撤回专利申请的手续应当由专利代理机构办理，并附具全体申请人签字或者盖章同意撤回专利申请的证明材料，或者仅提交由专利代理机构和全体申请人签字或者盖章的撤回专利申请声明。

撤回专利申请不得附有任何条件。

撤回专利申请声明不符合规定的，审查员应当发出视为未提出通知书；符合规定的，审查员应当发出手续合格通知书。

撤回专利申请的生效日为手续合格通知书的发文日。对于已经公布的发明专利申请，还应当在专利公报上予以公告。申请人无正当理由不得要求撤销撤回专利申请的声明；但在申请权非真正拥有人恶意撤回专利申请后，申请权真正拥有人（应当提交生效的法律文书来证明）可要求撤销撤回专利申请的声明。

撤回专利申请的声明是在专利申请进入公布准备后提出的，申请文件照常公布或者公告，但审查程序终止。

## 十三、著录项目变更

专利申请权（或专利权）转让或者因其他事由发生转移的，申请人（或专利权人）应当以著录项目变更的形式向专利行政部门登记。

著录项目（即著录事项）包括：申请号、申请日、发明创造名称、分类号、优先权事项（包括在先申请的申请号、申请日和原受理机构的名称）、申请人或者专利权人事项（包括申请人或者专利权人的姓名或者名称、国籍或者注册的国家或地区、地址、邮政编码、组织机构代码或者居民身份证件号码）、发明人姓名、专利代理事项（包括专利代理机构的名称、机构代码、地址、邮政编码、专利代理人姓名、执业证号码、联系电话）、联系人事项（包括姓名、地址、邮政编码、联系电话）以及代表人等。

其中有关人事的著录项目（指申请人或者专利权人事项、发明人姓名、专利代理事项、联系人事项、代表人）发生变化的，应当由当事人按照规定办理著录项目变更手续；其他著录项目发生变化的，可以由专利行政部门根据情况依职权进行变更。

### （一）著录项目变更手续

**1. 著录项目变更申报书**

办理著录项目变更手续应当提交著录项目变更申报书。一件专利申请的多个著录项目同时发生变更的，只需提交一份著录项目变更申报书；一件专利申请同一著录项目发生连续变更的，应当分别提交著录项目变更申报书；多件专利申请的同一著录项目发生变更的，即使变更的内容完全相同，也应当分别提交著录项目变更申报书。

**2. 办理著录项目变更手续的人**

未委托专利代理机构的，著录项目变更手续应当由申请人（或专利权人）或者其代表人办理；已委托专利代理机构的，应当由专利代理机构办理。因权利转移引起的变更，也可以由新的权利人或者其委托的专利代理机构办理。

### （二）著录项目变更证明文件

**1. 申请人（或专利权人）姓名或者名称变更**

（1）个人因更改姓名提出变更请求的，应当提交户籍管理部门出具的证明文件。

（2）个人因填写错误提出变更请求的，应当提交本人签字或者盖章的声明及本人的身份证明文件。

（3）企业法人因更名提出变更请求的，应当提交工商行政管理部门出具的证明文件。

（4）事业单位法人、社会团体法人因更名提出变更请求的，应当提交登记管理部门出具的证明文件。

（5）机关法人因更名提出变更请求的，应当提交上级主管部门签发的证明文件。

（6）其他组织因更名提出变更请求的，应当提交登记管理部门出具的证明文件。

（7）外国人、外国企业或者外国其他组织因更名提出变更请求的，应当参照以上各项规定提交相应的证明文件。

（8）外国人、外国企业或者外国其他组织因更改中文译名提出变更请求的，应当提交申请人（或专利权人）的声明。

**2. 专利申请权（或专利权）转移**

（1）申请人（或专利权人）因权属纠纷发生权利转移提出变更请求的，如果纠纷是通过协商解决的，应当提交全体当事人签字或者盖章的权利转移协议书。如果纠纷是由地方知识产权管理部门调解解决的，应当提交该部门出具的调解书；如果纠纷是由人民法院调解或者判决确定的，应当提交生效的人民法院调解书或者判决书，对一审法院的判决，收到判决书后，审查员应当通知其他当事人，确认是否提起上诉，在指定的期限内未答复或者明确不上诉的，应当依据此判决书予以变更；提起上诉的，当事人应当提交上级人民法院出具的证明文件，原人民法院判决书不发生法律效力；如果纠纷是由仲裁机构调解或者裁决确定的，应当提交仲裁调解书或者仲裁裁决书。

（2）申请人（或专利权人）因权利的转让或者赠与发生权利转移提出变更请求的，应当提交双方签字或者盖章的转让或者赠与合同。必要时还应当提交主体资格证明，例如，有当事人对专利申请权（或专利权）转让或者赠与有异议的；当事人办理专利申请权（或专利权）转移手续，多次提交的证明文件相互矛盾的；转让或者赠与协议中申请人或专利权人的签字或者盖章与案件中记载的签字或者盖章不一致的。该合同是由单位订立的，应当加盖单位公章或者合同专用章。公民订立合同的，由本人签字或者盖章。有多个申请人（或专利权人）的，应当提交全体权利人同意转让或者赠与的证明材料。

（3）专利申请权（或专利权）转让（或赠与）涉及外国人、外国企业或者外国其他组织的，应当符合下列规定。

1）转让方、受让方均是外国人、外国企业或者外国其他组织的，应当提交双方签字或者盖章的转让合同。

2）对于发明或者实用新型专利申请（或专利），转让方是中国内地的个人或者单位，受让方是外国人、外国企业或者外国其他组织的，应当出具国务院商务主管部门颁发的《技术出口许可证》或者《自由出口技术合同登记证书》，或者地方商务主管部门颁发的《自由出口技术合同登记证书》，以及双方签字或者盖章的转让合同。

3）转让方是外国人、外国企业或者外国其他组织，受让方是中国内地个人或者单位的，应当提交双方签字或者盖章的转让合同。

中国内地的个人或者单位与外国人、外国企业或者外国其他组织作为共同转让方，受让方是外国人、外国企业或者外国其他组织的，适用本项2）的规定处理；中国内地的个人或者单位与外国人、外国企业或者外国其他组织作为共同受让方，转让方是外国人、外国企业或者外国其他组织的，适用本项3）的规定处理。

中国内地的个人或者单位与香港、澳门或者台湾地区的个人、企业或者其他组织作为共同转让方，受让方是外国人、外国企业或者外国其他组织的，参照本项2）的规定处理；中国内地的个人或者单位与香港、澳门或者台湾地区的个人、企业或者其他组织作为共同受让方，转让方是外国人、外国企业或者外国其他组织的，参照本项3）的规定处理。

转让方是中国内地的个人或者单位，受让方是香港、澳门或者台湾地区的个人、企业或者其他组织的，参照本项2）的规定处理。

（4）申请人（或专利权人）是单位，因其合并、分立、注销或者改变组织形式提出变更请求的，应当提交登记管理部门出具的证明文件。

（5）申请人（或专利权人）因继承提出变更请求的，应当提交经公证的当事人是唯一合法继承人或者当事人已包括全部法定继承人的证明文件。除另有明文规定外，共同继承人应当共同继承专利申请权（或专利权）。

（6）专利申请权（或专利权）因拍卖提出变更请求的，应当提交有法律效力的证明文件。

（7）专利权质押期间的专利权转移，除应当提交变更所需的证明文件外，还应当提交质押双方当事人同意变更的证明文件。

**3. 发明人变更**

（1）因发明人更改姓名提出变更请求的，参照本部分第 1 小节“申请人（或专利权人）姓名或者名称变更”的相关规定。

（2）因漏填或者错填发明人提出变更请求的，应当提交由全体申请人（或专利权人）和变更前全体发明人签字或者盖章的证明文件。

（3）因发明人资格纠纷提出变更请求的，参照本部分第 2 小节“专利申请权（或专利权）转移”第 1 条的相关规定。

（4）因更改中文译名提出变更请求的，应当提交发明人声明。

**4. 专利代理机构及代理人变更**

（1）专利代理机构更名、迁址的，应当首先在国务院专利行政部门主管部门办理备案的注册变更手续，注册变更手续生效后，由专利行政部门统一对其代理的全部有效专利申请及专利进行变更处理。专利代理人的变更应当由专利代理机构办理个案变更手续。

（2）办理解除委托或者辞去委托手续的，应当事先通知对方当事人。

在解除委托时，申请人（或专利权人）应当提交著录项目变更申报书，并附具全体申请人（或专利权人）签字或者盖章的解聘书，或者仅提交由全体申请人（或专利权人）签字或者盖章的著录项目变更申报书。在辞去委托时，专利代理机构应当提交著录项目变更申报书，并附具申请人（或专利权人）或者其代表人签字或者盖章的同意辞去委托声明，或者附具由专利代理机构盖章的表明已通知申请人（或专利权人）的声明。

变更手续生效（即发出手续合格通知书）之前，原专利代理委托关系依然有效，且专利代理机构已为申请人（或专利权人）办理的各种事务在变更手续生效之后继续有效。变更手续不符合规定的，审查员应当向办理变更手续的当事人发出视为未提出通知书；变更手续符合规定的，审查员应当向当事人发出手续合格通知书。

对于第一署名申请人是在中国内地没有经常居所或者营业所的外国申请人的专利申请，在办理解除委托或者辞去委托手续时，申请人（或专利权人）应当同时委托新的专利代理机构，否则不予办理解除委托或者辞去委托手续，审查员应当发出视为未提出通知书。

对于第一署名申请人是在中国内地没有经常居所或者营业所的香港、澳门或者台湾地区申请人的专利申请，在办理解除委托或者辞去委托手续时，申请人（或专利权人）应当同时委托新的专利代理机构，否则不予办理解除委托或者辞去委托手续，审查员应当发出视为未提出通知书。

（3）申请人（或专利权人）更换专利代理机构的，应当提交由全体申请人（或专利权人）签字或者盖章的对原专利代理机构的解除委托声明以及对新的专利代理机构的委托书。

（4）专利申请权（或专利权）转移的，变更后的申请人（或专利权人）委托新专利代理机构的，应当提交变更后的全体申请人（或专利权人）签字或者盖章的委托书；变更后的申请人（或专利权人）委托原专利代理机构的，只需提交新增申请人（或专利权人）签字或者盖章的委托书。

**5. 申请人（或专利权人）国籍变更**

申请人（或专利权人）变更国籍的，应当提交身份证明文件。

**6. 证明文件的形式要求**

（1）提交的各种证明文件中，应当写明申请号（或专利号）、发明创造名称和申请人（或专利权人）姓名或者名称。

（2）一份证明文件仅对应一次著录项目变更请求，同一著录项目发生连续变更的，应当分别提交证明文件。

（3）各种证明文件应当是原件。证明文件是复印件的，应当经过公证或者由出具证明文件的主管部门加盖公章（原件在专利行政部门备案确认的除外）；在外国形成的证明文件是复印件的，应当经过公证。

### （三）著录项目变更手续的审批

审查员应当依据当事人提交的著录项目变更申报书和附具的证明文件进行审查。著录项目变更申报手续不符合规定的，应当向办理变更手续的当事人发出视为未提出通知书；著录项目变更申报手续符合规定的，应当向有关当事人发出手续合格通知书，通知著录项目变更前后的情况，应当予以公告的，还应当同时通知准备公告的卷期号。

著录项目变更涉及权利转移的，手续合格通知书应当发给双方当事人。同一次提出的申请人（或专利权人）涉及多次变更的，手续合格通知书应当发给变更前的申请人（或专利权人）和变更最后的申请人（或专利权人）。手续合格通知书中的申请人（或专利权人）应当填写变更后的申请人（或专利权人）。涉及专利代理机构更换的，手续合格通知书应当发给变更前和变更后的专利代理机构。与此同时，审查员还应当作如下处理。

（1）涉及享有费用减缓的如下。

1）申请人（或专利权人）全部变更的，变更后的申请人（或专利权人）未提出费用减缓请求的，不再予以费用减缓，审查员应当修改数据库中的费用减缓标记，并通知申请人（或专利权人）。

2）变更后申请人（或专利权人）增加的，新增的申请人（或专利权人）未提出费用减缓请求的，不再予以费用减缓，审查员应当修改数据库中的费用减缓标记，并通知申请人（或专利权人）。

3）变更后申请人（或专利权人）减少的，申请人（或专利权人）未再提出费用减缓请求的，费用减缓标准不变。

变更后的申请人（或专利权人）可以根据专利费用减缓办法重新办理请求费用减缓的手续。

（2）变更前申请人（或专利权人）填写了联系人的，变更后的申请人（或专利权人）未指定原联系人为其联系人的，审查员应当删除数据库中变更前的申请人（或专利权人）指定的联系人信息。

（3）涉及委托专利代理机构的，变更后的申请人（或专利权人）未委托专利代理机构的，审查员应当删除数据库中变更前的申请人（或专利权人）委托的专利代理机构信息。

（4）按规定应当在专利公报上公告变更情况的，例如专利权人的变更等，应当公告著录项目变更前后的情况。

（5）专利代理机构名称、地址变更以及按照专利代理条例撤销专利代理机构的，应当作如下处理。

1）对于因专利代理机构的集体著录项目变更和专利代理机构被撤销需要统一处理的，统一修改数据库中有关著录项目。

2）被撤销专利代理机构的专利申请（或专利）的申请人（或专利权人）是中国内地个人或者单位的，自撤销公告之日起，第一署名申请人（或专利权人）视为专利申请的代表人，另有声明的除外。申请人（或专利权人）也可以重新委托其他专利代理机构。

**（四）著录项目变更的生效**

著录项目变更手续自专利行政部门发出变更手续合格通知书之日起生效。专利申请权（或专利权）的转移自登记日起生效，登记日即上述的手续合格通知书的发文日。

著录项目变更手续生效前，专利行政部门发出的通知书以及已进入专利公布或公告准备的有关事项，仍以变更前为准。

## 第二节　实用新型专利申请的初步审查

《专利法》第四十条规定:“实用新型和外观设计专利申请经初步审查没有发现驳回理由的，由国务院专利行政部门作出授予实用新型专利权或者外观设计专利权的决定，发给相应的专利证书，同时予以登记和公告。实用新型专利权和外观设计专利权自公告之日起生效。”实用新型专利申请的初步审查是受理实用新型专利申请之后、授予专利权之前的一个必要程序。

### 一、实用新型专利申请初步审查的范围

（1）申请文件的形式审查，包括专利申请是否包含《专利法》第二十六条规定的申请文件，以及这些文件是否符合《专利法实施细则》第二条、第三条、第十六条至第二十三条、第四十条、第四十二条、第四十三条第二款和第三款、第五十一条、第五十二条、第一百一十九条、第一百二十一条的规定。

（2）申请文件的明显实质性缺陷审查，包括专利申请是否明显属于《专利法》第五条、第二十五条规定的情形，是否不符合《专利法》第十八条、第十九条第一款、第二十条第一款的规定，是否明显不符合《专利法》第二条第三款、第二十二条第二款或第四款、第二十六条第三款或第四款、第三十一条第一款、第三十三条或《专利法实施细则》第十七条至第二十二条、第四十三条第一款的规定，是否依照《专利法》第九条规定不能取得专利权。

（3）其他文件的形式审查，包括与专利申请有关的其他手续和文件是否符合《专利法》第十条第二款、第二十四条、第二十九条、第三十条以及《专利法实施细则》第二条、第三条、第六条、第十五条、第三十条、第三十一条第一款至第三款、第三十二条、第三十三条、第三十六条、第四十五条、第八十六条、第一百条、第一百一十九条的规定。

（4）有关费用的审查，包括专利申请是否按照《专利法实施细则》第九十三条、第九十五条、第九十九条的规定缴纳了相关费用。

### 二、实用新型专利申请初步审查的原则

#### （一）保密原则

审查员在专利申请的审批程序中，根据有关保密规定，对于尚未公布、

公告的专利申请文件和与专利申请有关的其他内容，以及其他不适宜公开的信息负有保密责任。

### （二）书面审查原则

审查员应当以申请人提交的书面文件为基础进行审查，审查意见（包括补正通知）和审查结果应当以书面形式通知申请人。在初步审查程序中，原则上不进行会晤。

### （三）听证原则

审查员在作出驳回决定之前，应当将驳回所依据的事实、理由和证据通知申请人，至少给申请人一次陈述意见和/或修改申请文件的机会。审查员作出驳回决定时，驳回决定所依据的事实、理由和证据，应当是已经通知过申请人的，不得包含新的事实、理由和/或证据。

### （四）程序节约原则

在符合规定的情况下，审查员应当尽可能提高审查效率，缩短审查过程。对于存在可以通过补正克服的缺陷的申请，审查员应当进行全面审查，并尽可能在一次补正通知书中指出全部缺陷。对于存在不可能通过补正克服的实质性缺陷的申请，审查员可以不对申请文件和其他文件的形式缺陷进行审查，在审查意见通知书中可以仅指出实质性缺陷。对于申请文件中的缺陷均可以通过依职权修改克服的申请，审查员可以不发出补正通知书。

除遵循以上原则外，审查员在作出视为未提出、视为撤回、驳回等处理决定的同时，应当告知申请人可以启动的后续程序。

## 三、实用新型专利申请初步审查的程序

### （一）授予专利权通知

实用新型专利申请经初步审查没有发现驳回理由的，审查员应当作出授予实用新型专利权通知。能够授予专利权的实用新型专利申请包括不需要补正就符合初步审查要求的专利申请，以及经过补正符合初步审查要求的专利申请。

授予专利权通知书除收件人信息、著录项目外，还应指明授权所依据的文本和实用新型名称。审查员依职权修改的，还应当写明依职权修改的内容。

### （二）申请文件的补正

在初步审查中，对于申请文件存在可以通过补正克服的缺陷的专利申请，审查员应当进行全面审查，并发出补正通知书。

经申请人补正后，申请文件仍然存在缺陷的，审查员应当再次发出补正通知书。

补正通知书除收件人信息、著录项目外，还应包括如下内容。

（1）指出补正通知书所针对的是申请人何时提交的何种文件。

（2）明确具体地指出申请文件中存在的缺陷，并指出其不符合专利法及其实施细则的有关条款。

（3）明确具体地说明审查员的倾向性意见和可能的建议，使申请人能够理解审查员的意图。

（4）指定申请人答复补正通知书的期限。

（5）提示申请人补正时的文件种类和数量要求。

### （三）明显实质性缺陷的处理

在初步审查中，如果审查员认为申请文件存在不可能通过补正方式克服的明显实质性缺陷，应当发出审查意见通知书。

审查意见通知书除收件人信息、著录项目外，还应包括如下内容。

（1）指出审查意见通知书所针对的是申请人何时提交的何种文件。

（2）明确具体地指出申请文件中存在的缺陷，并指出其不符合专利法及其实施细则的有关条款，对申请文件存在的明显实质性缺陷的事实，必要时还应结合有关证据进行分析。

（3）说明审查员将根据《专利法》及其实施细则的有关规定准备驳回专利申请的倾向性意见。

（4）指定申请人答复审查意见通知书的期限。

### （四）通知书的答复

申请人在收到补正通知书或者审查意见通知书后，应当在指定的期限内补正或者陈述意见。申请人对专利申请进行补正的，应当提交补正书和相应修改文件替换页。申请文件的修改替换页应当一式两份，其他文件只需提交一份。对申请文件的修改，应当针对通知书指出的缺陷进行修改。修改的内容不得超出申请人提交的说明书和权利要求书记载的范围。

申请人期满未答复的，审查员应当根据情况发出视为撤回通知书或者其他通知书。申请人因正当理由难以在指定的期限内作出答复的，可以提出延长期限请求。

对于因不可抗拒事由或者因其他正当理由耽误期限而导致专利申请被视为撤回的，申请人可以在规定的期限内向专利行政部门提出恢复权利的请求。

### （五）申请的驳回

申请文件存在审查员认为不可能通过补正方式克服的明显实质性缺陷，审查员发出审查意见通知书后，在指定的期限内申请人未提出有说服力的意见陈述和 / 或证据，也未针对通知书指出的缺陷进行修改，例如仅改变了错别字或改变了表述方式，审查员可以作出驳回决定。如果是针对通知书指出的缺陷进行了修改，即使所指出的缺陷仍然存在，也应当给申请人再次陈述和 / 或修改文件的机会。对于此后再次修改涉及同类缺陷的，如果修改后的申请文件仍然存在已通知过申请人的缺陷，审查员可以作出驳回决定。

申请文件存在可以通过补正方式克服的缺陷，审查员针对该缺陷已发出过两次补正通知书，并且在指定的期限内经申请人陈述意见或者补正后仍然没有消除的，审查员可以作出驳回决定。

驳回决定正文包括案由、驳回的理由以及决定 3 个部分。

（1）在案由部分，应当指明驳回决定所针对的申请文本，并简述被驳回申请的审查过程。

（2）在驳回的理由部分，应当详细论述驳回决定所依据的事实、理由和证据，尤其应当注意下列各项要求。

1）正确选用法律条款。当可以同时根据《专利法》及其实施细则的不同条款驳回专利申请时，应当选择其中最为适合、占主导地位的条款作为驳回的主要法律依据，同时简要指出申请中存在的其他实质性缺陷。驳回的法律依据应当包含在《专利法实施细则》第四十四条所列的法律条款中。

2）以令人信服的事实、理由和证据作为驳回的依据，而且对于这些事实、理由和证据的听证，已经符合驳回条件。

3）经多次补正仍然存在缺陷而驳回专利申请的，应当明确指出针对该缺陷已经发出过两次或两次以上补正通知书，并且最后一次补正文件仍然存在该缺陷。

4）以《专利法》第二条第三款、第五条、第九条、第二十条第一款、第二十二条第二款或第四款、第二十五条、第二十六条第三款或第四款、第三十一条第一款、第三十三条或《专利法实施细则》第二十条、第四十三条第一款为理由驳回专利申请的，应当对申请文件中的明显实质性缺陷进行分析。

审查员在驳回理由部分还应当对申请人的争辩意见进行简要的评述。

（3）在决定部分，应当明确指出该专利申请不符合《专利法》及其实施细则的相应条款，并根据《专利法实施细则》第四十四条第二款的规定作出驳回该专利申请的结论。

### （六）复审

因不符合《专利法》及其实施细则的规定，专利申请被驳回，申请人对驳回决定不服的，可以在规定的期限内向专利复审委员会提出复审请求。

## 四、其他要求

在实用新型专利申请初步审查中，关于委托代理机构、要求优先权、不丧失新颖性的公开、撤回专利申请声明及著录项目变更等，参照本书第五章第一节“发明专利申请的初步审查”部分的相关内容。

# 第三节　外观设计专利申请的初步审查

《专利法》第四十条规定：“实用新型和外观设计专利申请经初步审查没有发现驳回理由的，由国务院专利行政部门作出授予实用新型专利权或者外观设计专利权的决定，发给相应的专利证书，同时予以登记和公告。实用新型专利权和外观设计专利权自公告之日起生效。”外观设计专利申请的初步审查是受理外观设计专利申请之后、授予专利权之前的一个必要程序。

## 一、外观设计专利申请初步审查的范围

（1）申请文件的形式审查，包括专利申请是否具备《专利法》第二十七条第一款规定的申请文件，以及这些文件是否符合《专利法实施细则》第二条、第三条第一款、第十六条、第二十七条、第二十八条、第二十九条、第三十五条第三款、第五十一条、第五十二条、第一百一十九条、第一百二十一条的规定。

（2）申请文件的明显实质性缺陷审查，包括专利申请是否明显属于《专利法》第五条第一款、第二十五条第一款第（六）项规定的情形，或者不符

合《专利法》第十八条、第十九条第一款的规定，或者明显不符合《专利法》第二条第四款、第二十三条第一款、第二十七条第二款、第三十一条第二款、第三十三条，以及《专利法实施细则》第四十三条第一款的规定，或者依照专利法第九条规定不能取得专利权。

（3）其他文件的形式审查，包括与专利申请有关的其他手续和文件是否符合《专利法》第二十四条、第二十九条第一款、第三十条，以及《专利法实施细则》第六条、第十五条第三款和第四款、第三十条、第三十一条、第三十二条第一款、第三十三条、第三十六条、第四十二条、第四十三条第二款和第三款、第四十五条、第八十六条、第一百条的规定。

（4）有关费用的审查，包括专利申请是否按照《专利法实施细则》第九十三条、第九十五条、第九十九条的规定缴纳了相关费用。

## 二、外观设计专利申请初步审查的原则

### （一）保密原则

审查员在专利申请的审批程序中，根据有关保密规定，对于尚未公布、公告的专利申请文件和与专利申请有关的其他内容，以及其他不适宜公开的信息负有保密责任。

### （二）书面审查原则

审查员应当以申请人提交的书面文件为基础进行审查，审查意见（包括补正通知）和审查结果应当以书面形式通知申请人。在初步审查程序中，原则上不进行会晤。

### （三）听证原则

审查员在作出驳回决定之前，应当将驳回所依据的事实、理由和证据通知申请人，至少给申请人一次陈述意见和/或修改申请文件的机会。审查员作出驳回决定时，驳回决定所依据的事实、理由和证据，应当是已经通知过申请人的，不得包含新的事实、理由和/或证据。

### （四）程序节约原则

在符合规定的情况下，审查员应当尽可能提高审查效率，缩短审查过程。对于存在可以通过补正克服的缺陷的申请，审查员应当进行全面审查，并尽可能在一次补正通知书中指出全部缺陷。对于存在不可能通过补正克服的实

质性缺陷的申请，审查员可以不对申请文件和其他文件的形式缺陷进行审查，在审查意见通知书中可以仅指出实质性缺陷。对于申请文件中的缺陷均可以通过依职权修改克服的申请，审查员可以不发出补正通知书。

除遵循以上原则外，审查员在作出视为未提出、视为撤回、驳回等处理决定的同时，应当告知申请人可以启动的后续程序。

## 三、外观设计专利申请初步审查的程序

### （一）授予专利权通知

外观设计专利申请经初步审查没有发现驳回理由的，审查员应当作出授予外观设计专利权通知。能够授予专利权的外观设计专利申请包括不需要补正就符合初步审查要求的专利申请，以及经过补正符合初步审查要求的专利申请。

### （二）申请文件的补正

在初步审查中，对于申请文件存在可以通过补正克服的缺陷的专利申请，审查员应当进行全面审查，并发出补正通知书。

经申请人补正后，申请文件仍然存在缺陷的，审查员应当再次发出补正通知书。

补正通知书除收件人信息、著录项目外，还应包括如下内容。

（1）指出补正通知书所针对的是申请人何时提交的何种文件。

（2）明确具体地指出申请文件中存在的缺陷，并指出其不符合专利法及其实施细则的有关条款。

（3）明确具体地说明审查员的倾向性意见和可能的建议，使申请人能够理解审查员的意图。

（4）指定申请人答复补正通知书的期限。

### （三）明显实质性缺陷的处理

在初步审查中，对于申请文件存在不可能通过补正方式克服的明显实质性缺陷的专利申请，审查员应当发出审查意见通知书。

审查意见通知书除收件人信息、著录项目外，还应包括如下内容。

（1）指出审查意见通知书所针对的是申请人何时提交的何种文件。

（2）明确、具体地指出申请文件中存在的缺陷，并指出其不符合《专利法》及其实施细则的有关条款，对申请文件存在的明显实质性缺陷的事实，

必要时还应结合有关证据进行分析。

（3）说明审查员将根据《专利法》及其实施细则的有关规定准备驳回专利申请的倾向性意见。

（4）指定申请人答复审查意见通知书的期限。

### （四）通知书的答复

申请人在收到补正通知书或者审查意见通知书后，应当在指定的期限内补正或者陈述意见。申请人对专利申请进行补正的，应当提交补正书和相应修改文件替换页。申请文件的修改替换页应当一式两份，其他文件只需提交一份。对申请文件的修改，应当针对通知书指出的缺陷进行。修改的内容不得超出申请人提交的图片或者照片表示的范围。

申请人期满未答复的，审查员应当根据情况发出视为撤回通知书或者其他通知书。申请人因正当理由难以在指定的期限内作出答复的，可以提出延长期限请求。

对于因不可抗拒事由或者因其他正当理由耽误期限而导致专利申请被视为撤回的，申请人可以在规定的期限内向专利行政部门提出恢复权利的请求。

### （五）申请的驳回

申请文件存在明显实质性缺陷，在审查员发出审查意见通知书后，经申请人陈述意见或者修改后仍然没有消除的，或者申请文件存在形式缺陷，审查员针对该缺陷已发出过两次补正通知书，经申请人陈述意见或者补正后仍然没有消除的，审查员可以作出驳回决定。

驳回决定正文应当包括案由、驳回的理由和决定 3 个部分内容。

案由部分应当简述被驳回申请的审查过程，即历次的审查意见和申请人的答复概要、申请所存在的导致被驳回的缺陷以及驳回决定所针对的申请文本。

驳回的理由部分应当说明驳回的事实、理由和证据，并符合下列要求：

（1）正确选用法律条款。当可以同时根据《专利法》及其实施细则的不同条款驳回专利申请时，应当选择其中最适合、占主导地位的条款作为驳回的主要法律依据，同时简要地指出专利申请中存在的其他缺陷。

（2）以令人信服的事实、理由和证据作为驳回的依据，而且对于这些事实、理由和证据，应当已经通知过申请人，并已给申请人至少一次陈述意见和 / 或修改申请文件的机会。

审查员在驳回理由部分还应当对申请人的争辩意见进行简要的评述。

决定部分应当明确指出该专利申请不符合《专利法》及其实施细则的相应条款，并说明根据《专利法实施细则》第四十四条第二款的规定驳回该专利申请。

### （六）复审

因不符合《专利法》及其实施细则的规定，专利申请被驳回，申请人对驳回决定不服的，可以在规定的期限内向专利复审委员会提出复审请求。

## 四、要求优先权

申请人要求享有优先权应当符合《专利法》第二十九条第一款、第三十条，《专利法实施细则》第三十一条、第三十二条第一款以及巴黎公约的有关规定。

根据《专利法》第二十九条第一款的规定，外观设计专利申请的优先权要求仅限于外国优先权，即申请人自外观设计在外国第一次提出专利申请之日起六个月内，又在中国就相同的主题提出外观设计专利申请的，依照该外国同中国签订的协议或者共同参加的国际条约，或者依照相互承认优先权的原则，可以享有优先权。

根据《专利法实施细则》第三十一条第四款的规定，外观设计专利申请的申请人要求外国优先权，其在先申请未包括对外观设计的简要说明，申请人按照《专利法实施细则》第二十八条规定提交的简要说明未超出在先申请文件的图片或者照片表示的范围的，不影响其享有优先权。

根据《专利法实施细则》第三十二条第一款的规定，申请人在一件外观设计专利申请中，可以要求一项或者多项优先权。

在初步审查中，对多项优先权的审查，应当审查每一项优先权是否符合本章的有关规定。

关于要求优先权的具体要求与规定，参照本书第五章第一节“发明专利申请的初步审查”部分的相关内容。

## 五、其他要求

外观设计申请初步审查中，关于委托代理机构、不丧失新颖性的公开、撤回专利申请声明及著录项目变更等，参照本书第五章第一节“发明专利申请的初步审查”部分的相关内容。

# 第六章
# 专利申请的实质审查

## 第一节　单一性的审查

### 一、单一性的基本概念

#### （一）单一性要求

单一性，是指一件发明或者实用新型专利申请应当限于一项发明或者实用新型，属于一个总的发明构思的两项以上发明或者实用新型，可以作为一件申请提出。也就是说，如果一件申请包括几项发明或者实用新型，则只有在所有这几项发明或者实用新型之间有一个总的发明构思使之相互关联的情况下才被允许。这是专利申请的单一性要求。

专利申请应当符合单一性要求的主要原因如下。

（1）经济上的原因。为了防止申请人只支付一件专利的费用而获得几项不同发明或者实用新型专利的保护。

（2）技术上的原因。为了便于专利申请的分类、检索和审查。

缺乏单一性不影响专利的有效性，因此缺乏单一性不应当作为专利无效的理由。

#### （二）总的发明构思

《专利法实施细则》第三十四条规定，可以作为一件专利申请提出的属于一个总的发明构思的两项以上的发明或者实用新型，应当在技术上相互关联，包含一个或者多个相同或者相应的特定技术特征，其中特定技术特征是指每一项发明或者实用新型作为整体，对现有技术作出贡献的技术特征。

上述条款定义了一种判断一件申请中要求保护两项以上的发明是否属于一个总的发明构思的方法。也就是说，属于一个总的发明构思的两项以上的发明在技术上必须相互关联，这种相互关联是以相同或者相应的特定技术特征表示在它们的权利要求中的。

上述条款还对特定技术特征作了定义。特定技术特征是专门为评定专利申请单一性而提出的一个概念，应当把它理解为体现发明对现有技术作出贡献的技术特征，也就是使发明相对于现有技术具有新颖性和创造性的技术特征，并且应当从每一项要求保护的发明的整体上考虑后加以确定。

因此，《专利法》第三十一条第一款所称的“属于一个总的发明构思”是指具有相同或者相应的特定技术特征。

## 二、单一性的审查原则

审查员在审查发明专利申请的单一性时，应当遵循以下基本原则。

（1）根据《专利法》第三十一条第一款及其实施细则第三十四条所规定的内容，判断一件专利申请中要求保护的两项以上发明是否满足发明单一性的要求，就是要看权利要求中记载的技术方案的实质性内容是否属于一个总的发明构思，即判断这些权利要求中是否包含使它们在技术上相互关联的一个或者多个相同或者相应的特定技术特征。这一判断是根据权利要求的内容来进行的，必要时可以参照说明书和附图的内容。

（2）属于一个总的发明构思的两项以上发明的权利要求可以按照以下 6 种方式之一撰写；但是，不属于一个总的发明构思的两项以上独立权利要求，即使按照所列举的 6 种方式中的某一种方式撰写，也不能允许在一件申请中请求保护。

1）不能包括在一项权利要求内的两项以上产品或者方法的同类独立权利要求。

2）产品和专用于制造该产品的方法的独立权利要求。

3）产品和该产品的用途的独立权利要求。

4）产品、专用于制造该产品的方法和该产品的用途的独立权利要求。

5）产品、专用于制造该产品的方法和为实施该方法而专门设计的设备的独立权利要求。

6）方法和为实施该方法而专门设计的设备的独立权利要求。

其中，第 1 种方式中所述的“同类”是指独立权利要求的类型相同，即一件专利申请中所要求保护的两项以上发明仅涉及产品发明，或者仅涉及方法发明。只要有一个或者多个相同或者相应的特定技术特征使多项产品类独立权利要求之间或者多项方法类独立权利要求之间在技术上相关联，则允许在一件专利申请中包含多项同类独立权利要求。

第 2 种至第 6 种方式涉及的是两项以上不同类独立权利要求的组合。

对于产品与专用于生产该产品的方法独立权利要求的组合，该“专用”方法使用的结果就是获得该产品，两者之间在技术上相关联。但“专用”并不意味该产品不能用其他方法制造。

对于产品与该产品用途独立权利要求的组合，该用途必须是由该产品的特定性能决定的，它们在技术上相关联。

对于方法与为实施该方法而专门设计的设备独立权利要求的组合，除了该“专门设计”的设备能够实施该方法外，该设备对现有技术作出的贡献还必须与该方法对现有技术作出的贡献相对应。但是，“专门设计”的含义并不是指该设备不能用来实施其他方法，或者该方法不能用其他设备来实施。

不同类独立权利要求之间是否按照引用关系撰写，只是形式上的不同，不影响它们的单一性。例如，与一项产品 A 独立权利要求相并列的一项专用于制造该产品 A 的方法独立权利要求，可以写成“权利要求 1 的产品 A 的制造方法，……”也可以写成“产品 A 的制造方法，……”。

（3）以上列举了 6 种可允许包括在一件申请中的两项以上同类或不同类独立权利要求的组合方式及适当的排列次序，但是，所列 6 种方式并非穷举，也就是说，在属于一个总的发明构思的前提下，除上述排列组合方式外，还允许有其他的方式。

（4）评定两项以上发明是否属于一个总的发明构思，无须考虑这些发明是分别在各自的独立权利要求中要求保护，还是在同一项权利要求中作为并列选择的技术方案要求保护。对于上述两种情况，均应当按照相同的标准判断其单一性。此外，权利要求的排列次序也不应当影响发明单一性的判断。

（5）在一般情况下，审查员只需要考虑独立权利要求之间的单一性，从属权利要求与其所从属的独立权利要求之间不存在缺乏单一性的问题。但是，在遇有形式上为从属权利要求而实质上是独立权利要求的情况时，应当审查其是否符合单一性规定。如果一项独立权利要求由于缺乏新颖性、创造性等理由而不能被授予专利权，则需要考虑其从属权利要求之间是否符合单一性的规定。

（6）某些申请的单一性可以在检索现有技术之前确定，而某些申请的单一性则只有在考虑了现有技术之后才能确定。当一件申请中不同的发明明显不具有一个总的发明构思时，则在检索之前即可判断其缺乏单一性。例如，一件申请中包括了除草剂和割草机两项独立权利要求，由于两者之间没有相同或者相应的技术特征，更不可能有相同或者相应的特定技术特征，因而明显不具有单一性，检索前即可得出结论。然而，由于特定技术特征是体现发明对现有技术作出贡献的技术特征，是相对于现有技术而言的，只有在考虑了现有技术之后才能确定，因此，不少申请的单一性问题常常要在检索之后才能作出判断。当申请与现有技术比较后，在否定了第一独立权利要求的新颖性或创造性的情形下，与其并列的其余独立权利要求之间是否还属于一个总的发明构思，应当重新确定。

## 三、单一性审查的方法和举例

在对包含在一件申请中的两项以上发明进行检索之前，应当首先判断它们之间是否明显不具有单一性。如果这几项发明没有包含相同或相应的技术特征，或所包含的相同或相应的技术特征均属于本领域惯用的技术手段，则它们不可能包含相同或相应的体现发明对现有技术作出贡献的特定技术特征，因而明显不具有单一性。

对于不明显缺乏单一性的两项以上发明，即需要通过检索之后才能判断单一性的情形，通常采用以下的分析方法。

（1）将第一项发明的主题与相关的现有技术进行比较，确定体现发明对现有技术作出贡献的特定技术特征。

（2）判断第二项发明中是否存在一个或者多个与第一项发明相同或者相应的特定技术特征，从而确定这两项发明是否在技术上相关联。

（3）如果在发明之间存在一个或者多个相同或者相应的特定技术特征，即存在技术上的关联，则可以得出它们属于一个总的发明构思的结论。相反，如果各项发明之间不存在技术上的关联，则可以作出它们不属于一个总的发明构思的结论，进而确定它们不具有单一性。

### （一）同类独立权利要求的单一性

【例 1】

权利要求 1：一种传送带 X，特征为 A。

权利要求 2：一种传送带 Y，特征为 B。

权利要求 3：一种传送带 Z，特征为 A 和 B。

现有技术中没有公开具有特征 A 或 B 的传送带，从现有技术来看，具有特征 A 或 B 的传送带不是显而易见的，且 A 与 B 不相关。

说明：权利要求 1 和权利要求 2 没有记载相同或相应的技术特征，也就不可能存在相同或者相应的特定技术特征，因此，它们在技术上没有相互关联，不具有单一性。权利要求 1 中的特征 A 是体现发明对现有技术作出贡献的特定技术特征，权利要求 3 中包括了该特定技术特征 A，两者之间存在相同的特定技术特征，具有单一性。类似地，权利要求 2 和权利要求 3 之间存在相同的特定技术特征 B，具有单一性。

【例 2】

权利要求 1：一种发射器，特征在于视频信号的时轴扩展器。

权利要求 2：一种接收器，特征在于视频信号的时轴压缩器。

权利要求 3：一种传送视频信号的设备，包括权利要求 1 的发射器和权利要求 2 的接收器。

现有技术中既没有公开也没有暗示在本领域中使用时轴扩展器和时轴压缩器，这种使用不是显而易见的。

说明：权利要求 1 的特定技术特征是视频信号时轴扩展器，权利要求 2 的特定技术特征是视频信号时轴压缩器，它们之间相互关联不能分开使用，两者是彼此相应的特定技术特征，权利要求 1 与 2 有单一性；权利要求 3 包含了权利要求 1 和 2 两者的特定技术特征，因此它与权利要求 1 或与权利要求 2 均有单一性。

【例 3】

权利要求 1：一种插头，特征为 A。

权利要求 2：一种插座，特征与 A 相应。

现有技术中没有公开和暗示具有特征 A 的插头及相应的插座，这种插头和插座不是显而易见的。

说明：权利要求 1 与 2 具有相应的特定技术特征，其要求保护的插头和插座是相互关联且必须同时使用的两种产品，因此有单一性。

【例 4】

权利要求 1：一种用于直流电动机的控制电路，所说的电路具有特征 A。

权利要求 2：一种用于直流电动机的控制电路，所说的电路具有特征 B。

权利要求 3：一种设备，包括一台具有特征 A 的控制电路的直流电机。

权利要求 4：一种设备，包括一台具有特征 B 的控制电路的直流电机。

从现有技术来看，特征 A 和 B 分别是体现发明对现有技术作出贡献的技术特征，而且特征 A 和 B 完全不相关。

说明：特征 A 是权利要求 1 和 3 的特定技术特征，特征 B 是权利要求 2 和 4 的特定技术特征，但 A 与 B 不相关。因此，权利要求 1 与 3 之间或者权利要求 2 与 4 之间有相同的特定技术特征，因而有单一性；而权利要求 1 与 2 或 4 之间，或者权利要求 3 与 2 或 4 之间没有相同或相应的特定技术特征，因而无单一性。

【例 5】

权利要求 1：一种灯丝 A。

权利要求 2：一种用灯丝 A 制成的灯泡 B。

权利要求 3：一种探照灯，装有用灯丝 A 制成的灯泡 B 和旋转装置 C。

与现有技术公开的用于灯泡的灯丝相比，灯丝 A 是新的并具有创造性。

说明：该三项权利要求具有相同的特定技术特征灯丝 A，因此它们之间有单一性。

【例 6】

权利要求 1：一种制造产品 A 的方法 B。

权利要求 2：一种制造产品 A 的方法 C。

权利要求 3：一种制造产品 A 的方法 D。

与现有技术相比，产品 A 是新的并具有创造性。

说明：产品 A 是上述三项方法权利要求的相同的特定技术特征，这三项方法 B、C、D 之间有单一性。当然，产品 A 本身还可以有一项产品权利要求。如果产品 A 是已知的，则其不能作为特定技术特征，这时应重新判断这三项方法的单一性。

【例 7】

权利要求 1：一种树脂组合物，包括树脂 A、填料 B 及阻燃剂 C。

权利要求 2：一种树脂组合物，包括树脂 A、填料 B 及抗静电剂 D。

本领域中树脂 A、填料 B、阻燃剂 C 及抗静电剂 D 分别都是已知的，且 AB 组合不体现发明对现有技术的贡献，而 ABC 的组合形成了一种性能良好的不易燃树脂组合物，ABD 的组合也形成了一种性能良好的防静电树脂组合物，它们分别具有新颖性和创造性。

说明：尽管这两项权利要求都包括相同的特征 A 和 B，但是，A、B 及 AB 组合都不体现发明对现有技术的贡献，权利要求 1 的特定技术特征是 ABC 组合，权利要求 2 的特定技术特征是 ABD 组合，两者不相同也不相应，因此，权利要求 2 与权利要求 1 没有单一性。

### （二）不同类独立权利要求的单一性

【例 8】

权利要求 1：一种化合物 X。

权利要求 2：一种制备化合物 X 的方法。

权利要求 3：化合物 X 作为杀虫剂的应用。

（1）第一种情况：化合物 X 具有新颖性和创造性

说明：化合物 X 是这三项权利要求相同的技术特征。由于它是体现发明对现有技术作出贡献的技术特征，即特定技术特征，因此，权利要求 1 ～ 3 存在相同的特定技术特征，权利要求 1、2 和 3 有单一性。

（2）第二种情况：通过检索发现化合物 X 与现有技术相比不具有新颖性或创造性

说明：权利要求 1 不具有新颖性或创造性，不能被授予专利权。权利要求 2 和 3 之间的相同技术特征仍为化合物 X，但是，由于化合物 X 对现有技术没有作出贡献，故不是相同的特定技术特征，而且，权利要求 2 和 3 之间也没有相应的特定技术特征。因此，权利要求 2 和 3 之间不存在相同或相应的特定技术特征，缺乏单一性。

【例 9】

权利要求 1：一种高强度、耐腐蚀的不锈钢带，主要成分为（按%重量计）Ni=2.0 ～ 5.0，Cr=15 ～ 19，Mo=1 ～ 2 及平衡量的 Fe，带的厚度为 0.5 ～ 2.0mm，其伸长率为 0.2%时屈服强度超过 $50kg/mm^2$。

权利要求 2：一种生产高强度、耐腐蚀不锈钢带的方法，该带的主要成分为（按%重量计）Ni=2.0 ～ 5.0，Cr=15 ～ 19，Mo=1 ～ 2 及平衡量的 Fe，该方法包括以下次序的工艺步骤。

（1）热轧至 2.0 ～ 5.0mm 的厚度。

（2）退火该经热轧后的带子，退火温度为 800 ～ 1 000℃。

（3）冷轧该带子至 0.5 ～ 2.0mm 厚度。

（4）退火：温度为 1 120 ～ 1 200℃，时间为 2 ～ 5min。

与现有技术相比，伸长率为 0.2%时屈服强度超过 $50kg/mm^2$ 的不锈钢带具有新颖性和创造性。

说明：权利要求 1 与 2 之间有单一性。该产品权利要求 1 的特定技术特征是伸长率为 0.2%时屈服强度超过 $50kg/mm^2$。

方法权利要求 2 中的工艺步骤正是为生产出具有这样的屈服强度的不锈

钢带而采用的加工方法，虽然在权利要求 2 的措词中没有体现出这一点，但是从说明书中可以清楚地看出，因此，这些工艺步骤就是与产品权利要求 1 所限定的强度特征相应的特定技术特征。

本例的权利要求 2 也可以写成引用权利要求 1 的形式，而不影响它们之间的单一性，如权利要求 2：一种生产权利要求 1 的不锈钢带的方法，包括以下工艺步骤［步骤（1）～（4）同前所述，此处省略］。

【例 10】

权利要求 1：一种含有防尘物质 X 的涂料。

权利要求 2：应用权利要求 1 所述的涂料涂布制品的方法，包括以下步骤:（1）用压缩空气将涂料喷成雾状;（2）将雾状的涂料通过一个电极装置 A 使之带电后再喷涂到制品上。

权利要求 3：一种喷涂设备，包括一个电极装置 A。

与现有技术相比，含有物质 X 的涂料是新的并具有创造性，电极装置 A 也是新的并具有创造性。但是，用压缩空气使涂料雾化以及使雾化涂料带电后再直接喷涂到制品上的方法是已知的。

说明：权利要求 1 与 2 有单一性，其中含 X 的涂料是它们相同的特定技术特征；权利要求 2 与 3 也有单一性，其中电极装置 A 是它们相同的特定技术特征。但权利要求 1 与 3 缺乏单一性，因为它们之间缺乏相同或者相应的特定技术特征。

【例 11】

权利要求 1：一种处理纺织材料的方法，其特征在于用涂料 A 在工艺条件 B 下喷涂该纺织材料。

权利要求 2：根据权利要求 1 的方法喷涂得到的一种纺织材料。

权利要求 3：权利要求 1 方法中用的一种喷涂机，其特征在于有一喷嘴 C 能使涂料均匀分布在纺织材料上。

现有技术中公开了用涂料处理纺织品的方法，但是，没有公开权利要求 1 的用一种特殊的涂料 A 在特定的工艺条件 B 下（例如温度、辐照度等）喷涂的方法，而且，权利要求 2 的纺织材料具有预想不到的特性。喷嘴 C 是新的并具有创造性。

说明：权利要求 1 的特定技术特征是由于选用了特殊的涂料而必须相应地采用的特定的工艺条件；而在采用该特殊涂料和特定工艺条件处理之后得到了权利要求 2 所述的纺织材料，因此，权利要求 1 与权利要求 2 具有相应的特定技术特征，有单一性。权利要求 3 的喷涂机与权利要求 1 或 2 无相应的特定技术特征，因此权利要求3与权利要求1或2均无单一性。

【例12】

权利要求1：一种制造方法，包括步骤A和B。

权利要求2：为实施步骤A而专门设计的设备。

权利要求3：为实施步骤B而专门设计的设备。

没有检索到任何与权利要求1方法相关的现有技术文献。

说明：步骤A和B分别为两个体现发明对现有技术作出贡献的特定技术特征，权利要求1与2或者权利要求1与3之间有单一性。权利要求2与3之间由于不存在相同的或相应的特定技术特征，因而没有单一性。

【例13】

权利要求1：一种燃烧器，其特征在于混合燃烧室有正切方向的燃料进料口。

权利要求2：一种制造燃烧器的方法，其特征在于其中包括使混合燃烧室形成具有正切方向燃料进料口的步骤。

权利要求3：一种制造燃烧器的方法，其特征在于浇铸工序。

权利要求4：一种制造燃烧器的设备，其特征在于该设备有一个装置X，该装置使燃料进料口按正切方向设置在混合燃烧室上。

权利要求5：一种制造燃烧器的设备，其特征在于有一个自动控制装置D。

权利要求6：一种用权利要求1的燃烧器制造炭黑的方法，其特征在于其中包括使燃料从正切方向进入燃烧室的步骤。

现有技术公开了具有非切向的燃料进料口和混合室的燃烧器，从现有技术来看，带有正切方向的燃料进料口的燃烧器既不是已知的，也不是显而易见的。

说明：权利要求1、2、4与6有单一性，它们的特定技术特征都涉及正切方向的进料口。而权利要求3或5与权利要求1、2、4或6之间不存在相同或相应的特定技术特征，所以权利要求3或5与权利要求1、2、4或6之间无单一性。此外，权利要求3与5之间也无单一性。

### （三）从属权利要求的单一性

凡符合规定的从属权利要求，与其所引用的独立权利要求之间不存在缺乏单一性的问题，即使该从属权利要求还包含着另外的发明。

例如，一项独立权利要求是一种生产铸铁的新方法。在一个具体的实施例中，提出了在某一温度范围内按所说的方法生产铸铁。在此情况下，对该温度范围可撰写一项从属权利要求，即使在独立权利要求中没有提到温度，也不应当对该从属权利要求提出缺乏单一性的意见。

又如，权利要求 1 是制造产品 A 的方法，其特征是使用 B 为原料；权利要求 2 是按照权利要求 1 制造产品 A 的方法，其特征是所述的原料 B 是由 C 制备的。由于权利要求 2 包含了权利要求 1 的全部特征，所以，无论由 C 制造 B 的方法本身是否是一项发明，均不能认为权利要求 1 与 2 之间缺乏单一性。

再如，权利要求 1 是一种汽轮机的叶片，其特征在于该叶片有某种特定的形状；权利要求 2 是按照权利要求 1 所述的汽轮机叶片，其特征是该叶片是由合金 A 制造的。在该例中，即使合金 A 是新的，它本身可构成一项独立的发明，且它在汽轮机叶片中的应用是有创造性的，也不应当对权利要求 2 与权利要求 1 之间的单一性提出意见。

应当注意，在某些情况下，形式上的从属权利要求，实际上是独立权利要求，有可能存在缺乏单一性的问题。例如，权利要求 1 是一种接触器，具有特征 A、B 和 C；权利要求 2 是一种权利要求 1 的接触器，而其中特征 C 由特征 D 代替。由于权利要求 2 并没有包括权利要求 1 的全部特征，因此不是从属权利要求，而是独立权利要求。应当按照同类的独立权利要求的单一性审查原则来判断它们的单一性。

在一项独立权利要求因缺乏新颖性、创造性等原因不能被授予专利权的情况下，其从属权利要求之间有可能存在缺乏单一性的问题。

【例 14】

权利要求 1：一种显示器，具有特征 A 和 B。

权利要求 2：权利要求 1 所述的显示器，具有另一特征 C。

权利要求 3：权利要求 1 所述的显示器，具有另一特征 D。

第一种情况：与现有技术公开的显示器相比，权利要求 1 所述的具有特征 A 和 B 的显示器具有新颖性和创造性。

说明：权利要求 2 和 3 是进一步限定权利要求 1 保护范围的从属权利要求，因此，权利要求 1、2 和 3 具有单一性。

第二种情况：从两份现有技术文献的结合来看，权利要求 1 所述的显示器不具有创造性。而特征 C 和 D 分别是对现有技术作出贡献的技术特征，并且两者完全不相关。

说明：由于权利要求 1 不具有创造性而不能被授予专利权，剩下的权利要求 2 和 3 实际上应视为独立权利要求来确定其是否具有单一性。而权利要求 2 中的特定技术特征 C 与权利要求 3 中的特定技术特征 D 不相同也不相应，因此，权利要求 2 和 3 无单一性。

## 第二节　分案申请的审核

### 一、分案的几种情况

一件申请有下列不符合单一性情况的，审查员应当要求申请人对申请文件进行修改（包括分案处理），使其符合单一性要求。

#### （一）原权利要求书中包含不符合单一性规定的两项以上发明

原始提交的权利要求书中包含不属于一个总的发明构思的两项以上发明的，应当要求申请人将该权利要求书限制至其中一项发明（一般情况是权利要求 1 所对应的发明）或者属于一个总的发明构思的两项以上的发明，对于其余的发明，申请人可以提交分案申请。

#### （二）在修改的申请文件中所增加或替换的独立权利要求与原权利要求书中的发明之间不具有单一性

在审查过程中，申请人在修改权利要求时，将原来仅在说明书中描述的发明作为独立权利要求增加到原权利要求书中，或者在答复审查意见通知书时修改权利要求，将原来仅在说明书中描述的发明作为独立权利要求替换原独立权利要求，而该发明与原权利要求书中的发明之间缺乏单一性。在此情况下，审查员一般应当要求申请人将后增加或替换的发明从权利要求书中删除。申请人可以对该删除的发明提交分案申请。

#### （三）独立权利要求之一缺乏新颖性或创造性，其余的权利要求之间缺乏单一性

某一独立权利要求（通常是权利要求 1）缺乏新颖性或创造性，导致与其并列的其余独立权利要求之间，甚至其从属权利要求之间失去相同或者相应的特定技术特征，即缺乏单一性，因此需要修改，对于因修改而删除的主题，申请人可以提交分案申请。例如，一件包括产品、制造方法及用途的申请，经检索和审查发现，产品是已知的，其余的该产品制造方法独立权利要

求与该产品用途独立权利要求之间显然不可能有相同或者相应的特定技术特征，因此它们需要修改。

上述情况的分案，可以是申请人主动要求分案，也可以是申请人按照审查员要求而分案。应当指出，由于提出分案申请是申请人自愿的行为，所以审查员只需要求申请人将不符合单一性要求的两项以上发明改为一项发明，或者改为属于一个总的发明构思的两项以上发明，至于修改后对其余的发明是否提出分案申请，完全由申请人自己决定。

另外，针对一件申请，可以提出一件或者一件以上的分案申请，针对一件分案申请还可以以原申请为依据再提出一件或者一件以上的分案申请。

## 二、分案申请的审查

在一件申请需要分案的情况下，对分案的审查包括对分案申请的审查以及对分案以后的原申请的审查，应当依据专利法实施细则第四十二条和第四十三条进行。

（1）根据《专利法实施细则》第四十三条第一款的规定，分案申请的内容不得超出原申请记载的范围。否则，审查员应当要求申请人进行修改。如果申请人不修改或者进一步修改的内容超出原申请说明书和权利要求书记载的范围，则审查员可以根据《专利法实施细则》第五十三条第（三）项的规定，以分案申请不符合《专利法实施细则》第四十三条第一款规定或修改不符合专利法第三十三条规定为理由驳回该分案申请。

（2）根据《专利法实施细则》第四十二条第二款的规定，一件申请不符合《专利法》第三十一条第一款和《专利法实施细则》第三十四条规定的，应当通知申请人在指定期限内对其申请进行修改。也就是说，在该期限内将原申请改为一项发明或者属于一个总的发明构思的几项发明。同时应当提醒申请人注意：无正当理由期满未答复的，则该申请被视为撤回；无充分理由不将原申请改为具有单一性的申请的，审查员可以以申请不符合《专利法》第三十一条第一款的规定为理由驳回该申请。同样，对于原申请的分案申请不符合单一性规定的，也应当按照上述方式处理。

（3）除了依据《专利法实施细则》第四十二条和第四十三条进行审查之外，其他的审查与对一般申请的审查相同。

# 第三节　检　索

## 一、检索的基本理论

每一件发明专利申请在被授予专利权前都应当进行检索。

检索是发明专利申请实质审查程序中的一个关键步骤，其目的在于找出与申请的主题密切相关或者相关的现有技术中的对比文件，或者找出抵触申请文件和防止重复授权的文件，以确定申请的主题是否具备《专利法》第二十二条第二款和第三款规定的新颖性和创造性，或者是否符合《专利法》第九条第一款的规定。

检索的结果应当记载在检索报告中。审查用到的检索资源如下。

### （一）专利文献资源

发明专利申请实质审查程序中应当检索专利文献，其包括：中文专利文献和外文专利文献。

审查员主要使用计算机检索系统对专利文献数据库进行检索，专利文献数据库主要包括：专利文摘数据库、专利全文数据库、专利分类数据库等。

### （二）非专利文献资源

审查员除在专利文献中进行检索外，还应当检索非专利文献。在计算机检索系统和互联网中可获取的非专利文献主要包括：国内外科技图书、期刊、学位论文、标准 / 协议、索引工具及手册等。

## 二、检索的主题

### （一）检索依据的申请文本

检索依据的申请文本，通常是申请人在申请日提交的原权利要求书和说明书（有附图的，包括附图）。申请人按照《专利法实施细则》第四十四条应审查员的要求对权利要求书和 / 或说明书进行了修改，或者按照《专利法实施细则》第五十一条第一款规定对权利要求书和 / 或说明书提出了主动修改的，检索依据的申请文本应当是申请人最后提交的，并且符合《专利法》第三十三条规定的权利要求书和 / 或说明书。

### （二）对独立权利要求的检索

检索主要针对申请的权利要求书进行，并考虑说明书及其附图的内容。审查员首先应当以独立权利要求所限定的技术方案作为检索的主题。这时，应当把重点放在独立权利要求的发明构思上，而不应当只限于独立权利要求的字面意义，但也不必扩展到考虑说明书及其附图的内容后得出的每个细节。

### （三）对从属权利要求的检索

对独立权利要求限定的技术方案进行检索，找到了使该技术方案丧失新颖性或者创造性的对比文件的，为了评价从属权利要求进一步限定的技术方案是否具备《专利法》第二十二条第二款和第三款规定的新颖性和创造性，审查员还需要以从属权利要求进一步限定的技术方案作为检索的主题，继续检索。但是，对于其限定部分的附加技术特征属于公知常识范围的从属权利要求则可不作进一步的检索。

当检索的结果显示独立权利要求限定的技术方案具有新颖性和创造性时，一般不需要再对其从属权利要求限定的技术方案作进一步的检索。

### （四）对要素组合的权利要求的检索

权利要求是要素 A、B 和 C 的组合的，审查员在检索这种权利要求时，应当首先对 A+B+C 的技术方案进行检索，如果未查找到可评述其新颖性、创造性的对比文件，则应当对 A+B、B+C、A+C 的分组组合以及 A、B 和 C 单个要素进行检索。

### （五）对不同类型权利要求的检索

申请中包含了几种不同类型（产品、方法、设备或者用途）权利要求的，审查员应当对所有不同类型的权利要求进行检索。在某些情况下，即使申请只包含一种类型的权利要求，也可能需要对相关的其他类型的主题进行检索。例如，对一项化学方法权利要求进行检索时，除了对该方法权利要求本身进行检索外，为了评价其创造性，对用该方法制造的最终产品，除它们是明显已知的以外，也应当进行检索。

### （六）对说明书及其附图的检索

除了对由权利要求限定的技术方案，即申请请求保护的主题（以下简称申请的主题）进行检索之外，审查员有时还应当针对说明书及其附图中公开的对该申请的主题作进一步限定的其他实质性内容进行检索。因为申请人在修改权利要求时，有可能把它们补充到权利要求中。例如，一件有关电路的申请，其权利要求限定的技术方案仅仅是电路的功能和工作方式。但是，在说明书及其附图中，详细公开了一个重要的晶体管电路，对于这件申请，审查员不但应当对权利要求所限定的电路的功能和工作方式进行检索，而且还应当将该晶体管电路作为检索的主题。这样，即使申请人以后通过修改将该晶体管电路写入权利要求书，审查员也不必再进行补充检索。但是，对于在说明书中记载的那些与权利要求限定的技术方案之间不具有单一性的发明内容不必进行检索，因为通过修改将这些不具有单一性的发明内容作为申请请求保护的主题写入权利要求书是不允许的。

## 三、检索的时间界限

### （一）检索现有技术中相关文献的时间界限

审查员应当检索发明专利申请在中国提出申请之日以前公开的所有相同或相近技术领域的专利文献和非专利文献。这样做的好处是，审查员可以省去核实优先权是否成立的工作，除非出现了需要核实优先权的情况，例如检索到在该申请的优先权期间申请或公开的、影响其新颖性或创造性的对比文件。

### （二）检索抵触申请的时间界限

为了确定是否存在影响发明专利申请主体新颖性的抵触申请，审查员至少还需要检索：

（1）所有由任何单位或个人在该申请的申请日之前向专利行政部门提交的，并且在该申请的申请日后十八个月内已经公布或公告的相同或相近技术领域的专利申请或专利文件。

（2）所有由任何单位或个人在该申请的申请日之前向国际申请受理局提交的，并且在该申请的申请日后十八个月内作出国际公布的相同或相近技术领域的指定中国的国际申请，以便检索出与该申请相同的、可能会按照专利合作条约（PCT）的规定进入中国国家阶段而成为该申请的抵触申请的国际申请。

## 四、检索前的准备

说明书中引证了下面的文件的，审查员在必要时应当找出并阅读这些文件。

（1）作为申请主题的基础的文件。

（2）与发明所要解决的技术问题相关的背景技术文件。

（3）有助于正确理解申请的主题的文件。

如果上述文件在专利行政部门内不能得到，而它们对于正确理解和评价申请的主题又是必要的，没有这类文件，审查员不能进行有效的检索，那么审查员应当暂缓进行检索，通知申请人在规定的期限内提供这类文件的副本，待收到副本后再进行检索。

### （一）阅读有关文件

如果说明书中所引证的文件明显与申请的主题没有直接关系，那么审查员可以不予考虑。

如果申请人提交了外国的检索报告，审查员应当阅读检索报告中引证的文件，尤其要阅读其中对申请的主题的新颖性、创造性有影响的文件。

### （二）核对申请的国际专利分类号

为了更有效地进行检索，审查员应当先确定申请的国际专利分类号（简称分类号）。为此，审查员应当在正确理解申请的主题的基础上，运用分类知识核对分类部门或国际检索单位所给出的分类号。

### （三）确定检索的技术领域

通常，审查员在申请的主题所属的技术领域中进行检索，必要时应当把检索扩展到功能类似或应用类似的技术领域。所属技术领域是根据权利要求书中限定的内容来确定的，特别是根据明确指出的那些特定的功能和用途以及相应的具体实施例来确定的。审查员确定的表示发明信息的分类号，就是申请的主题所属的技术领域。功能类似或应用类似的技术领域是根据申请文件中揭示出的申请的主题所必须具备的本质功能或者用途来确定，而不是只根据申请的主题的名称，或者申请文件中明确指出的特定功能或者特定应用来确定。

审查员确定的表示发明信息的分类号，就是申请的主题所属的技术领域。

功能类似的技术领域是根据申请文件中揭示出的申请的主题所必须具备的本质功能或者用途来确定，而不是只根据申请的主题的名称，或者申请文件中明确指出的特定功能来确定。例如，茶叶搅拌机和混凝土搅拌机属于功能类似的技术，因为搅拌是两者都必须具备的本质功能。同理，切砖机和切饼干机也是功能类似的技术。再如，一件申请的独立权利要求限定了具有某种结构特征的电缆夹子。如果在电缆夹子所属的技术领域中检索不到相关的文件，应当把检索扩展到有关管夹和其他类似的夹子的技术领域，因为这些夹子具有与电缆夹子类似的本质功能，因此很可能具有申请的独立权利要求中限定的结构特征。也就是说，进行扩展检索时，对于可能包含有与申请的主题的全部特征或者某些特征相关的内容的文献都应当检索。

**1. 利用机检数据库**

审查员可以用关键词、发明名称、发明人等检索入口在机检数据库中通过计算机检索来确定检索的技术领域。其中利用关键词检索入口来确定检索的技术领域是最主要的方式。

在正确理解申请的主题的基础上，确定一个或者几个“关键词”，然后根据确定的“关键词”在机检数据库中进行检索和统计分析，例如，对检索得到的文献的分类号进行统计分析，尽可能准确、全面地确定检索的技术领域。采用同样的方法，也可以确定针对前面所述的其他的检索主题应当检索的技术领域。

**2. 利用国际专利分类表**

在利用机检数据库得不到确切的检索技术领域的情况下，审查员可以按照下面的步骤查阅国际专利分类表，确定检索的技术领域。

（1）查阅国际专利分类表每个部开始部分的“部的内容”栏，按类名选择可能的分部和大类。

（2）阅读所选定分部和大类下面的类名，从中选择最适合于覆盖检索的主题内容的小类。

在进行以上两步时，审查员应当注意分部类名和或大类、小类类名中的附注或者参见。这种附注或者参见可能影响小类的内容，指出小类之间的可能的差别，并可能指示所期望的检索的主题所在的位置。如果选择的小类在高级版分类表的电子层信息中有分类定义，则应当注意其详细内容，因为分类定义对小类的范围给出了最准确的指示。另外，审查员还应当注意，当存在与检索主题的功能类似的功能性分类位置时，可能还存在与检索主题的功能相关的一个或多个应用性分类位置。

在找不到检索主题的专门位置时，可以考虑将类名或者组名为“其他××”“未列入××组的××”的这一类剩余分类位置的分类号作为检索的技术领域。

（3）参看小类开始部分的“小类索引”，阅读大组完整的类名及附注和参见，选择最适合于覆盖检索的主题的大组。

（4）阅读所选择的大组下面全部带一个圆点的小组，确定一个最适合于覆盖检索的主题的小组。如果该小组有附注和参见部分，则应当根据它们考虑其他分类位置，以便找到一个或者多个更适合于检索的主题的分类位置。

（5）选择带一个以上圆点的，但仍旧覆盖检索的主题的小组。

通过以上 5 个步骤可以选定最适合于覆盖检索的主题的小组。这个小组及其下的不明显排除检索的主题的全部小组就是检索的技术领域。如果选定的小组有优先注释，那么由优先注释确定的小组及其下的不明显排除检索的主题的全部小组也是检索的技术领域。此外，选定的小组上面的高一级小组直至大组都是检索的技术领域，因为在那里具有包含了检索的主题且范围更宽的主题的文献资料。如果选定的小组处于按“最后位置规则”分类的小类中，那么除了对选定小组及其下不明显排除检索的主题的小组进行检索外，还应当对与选定小组具有相同点数，且相关的在后的小组及其下不明显排除检索的主题的小组进行检索，此外，还应当对该选定小组的高一级相关的各小组直至大组进行检索。例如，C08G8/00 中的三点组 8/20，是按“最后位置规则”选定的小组，其下有四点组 8/22。在 8/20 后，具有与 8/20 相同点数且相关的小组，还有三点组 8/24。在三点组以上，有相关的二点组 8/08 及一点组 8/04。

因此，审查员应当首先检索 8/20 小组，然后依次检索 8/22、8/24、8/08、8/04 小组，直至 8/00 大组。

（6）用上述方法考虑同一小类中可能的其他大组或小组，以及通过步骤 2 选择的其他小类。

### （四）分析权利要求、确定检索要素

审查员在阅读申请文件、充分理解了发明内容并初步确定了分类号和检索的技术领域后，应该进一步分析权利要求，确定检索要素。

**1. 整体分析权利要求**

阅读权利要求书，找出全部独立权利要求，初步分析独立权利要求，以确定独立权利要求所请求保护的技术方案是否属于本章第十节所述的不必检

索的情况。

对于能够检索的权利要求，确定请求保护范围最宽的独立权利要求并分析该独立权利要求。一般首先针对保护范围最宽的独立权利要求进行检索。

**2. 确定检索要素**

首先分析请求保护范围最宽的独立权利要求的技术方案，确定反映该技术方案的基本检索要素。基本检索要素是体现技术方案的基本构思的可检索的要素。一般地，确定基本检索要素时需要考虑技术领域、技术问题、技术手段、技术效果等方面。

在确定了基本检索要素之后，应该结合检索的技术领域的特点，确定这些基本检索要素中每个要素在计算机检索系统中的表达形式。

在确定反映技术方案的检索要素时，不仅要考虑技术方案中明确的技术特征，必要时还应当考虑技术方案中的某些技术特征的等同特征。等同特征是指与所记载的技术特征相比，以基本相同的手段，实现基本相同的功能，达到基本相同的效果，并且所属技术领域的技术人员能够联想到的特征。在确定等同特征时，应当考虑说明书中描述的各种变型实施例、说明书中不明显排除的内容等因素。

## 五、对发明专利申请的检索

### （一）检索的要点

审查员在检索时，要把注意力集中到新颖性上，同时也要注意与创造性有关的现有技术，把那些相互结合后可能使申请的主题不具备创造性的两份或者多份对比文件检索出来。此外，审查员也要注意那些由于其他原因可能是重要的文件。例如，有助于理解申请的主题的文件；或者最适于说明申请的主题，并可能成为审查员要求申请人改写独立权利要求前序部分及说明书的有关部分的最接近的现有技术文件。

在检索时，审查员应当注意现有技术中专利文献的全部内容，尤其是专利文献的说明书（及其附图）的内容，而不应仅将注意力放在权利要求书上，应当将要检索的申请的权利要求书的内容与有关的现有技术中专利文献所公开的内容进行对比。

### （二）检索过程

审查员通常根据申请的特点，按照初步检索、常规检索和扩展检索的顺序进行检索，浏览检索结果并对新颖性和创造性进行判断，直到符合中止检索的条件。

**1. 初步检索**

审查员应利用申请人、发明人、优先权等信息检索申请的同族申请、母案/分案申请、申请人或发明人提交的与申请的主题所属相同或相近技术领域的其他申请，还可以利用语义检索，以期快速找到可以对申请的主题的新颖性、创造性有影响的对比文件。

**2. 常规检索**

常规检索是在申请的主题的所属技术领域进行的检索。

所属技术领域是申请的主题所在的主要技术领域，在这些领域中检索，找到密切相关的对比文件的可能性最大。因此，审查员首先应当在这些领域的专利文献中进行检索。

对申请的其他应检索的主题，应当在其所属和相关的技术领域采用类似的方法进行检索。

如果通过本节中的检索，发现确定的技术领域不正确，审查员应当重新确定技术领域，并在该技术领域中进行检索。

**3. 扩展检索**

扩展检索是在功能类似或应用类似的技术领域进行的检索。

例如，一件申请的独立权利要求限定了一种使用硅基液压油的液压印刷机。发明使用硅基液压油，以解决运动部件的腐蚀问题。如果在液压印刷机所属的技术领域中检索不到对比文件，应当到功能类似的技术领域，如存在运动部件腐蚀问题的一般液压系统所属的领域，或者到应用类似的技术领域，如液压系统的特定应用技术领域，进行扩展检索。

### （三）检索策略

制定检索策略通常包括选择检索系统或数据库、表达基本检索要素、构建检索式和调整检索策略。

在检索过程中，审查员可以随时根据相关文献进行针对引用文献、被引用文献、发明人、申请人的追踪检索，以便找到进一步相关的文献。

**1. 选择检索系统或数据库**

在选择检索系统/数据库时，审查员一般需要考虑如下因素。

（1）申请的主题所属的技术领域。

（2）预期要检索文件的国别和年代。

（3）检索时拟采用的检索字段和检索系统 / 数据库能够提供的功能。

（4）申请人、发明人的特点。

**2. 表达基本检索要素**

基本检索要素的表达形式主要包括：分类号、关键词等。一般地，对于体现申请的主题的基本检索要素应当优先用分类号进行表达。

在用分类号表达时，通常需要根据申请主题的特点和分类体系的特点，选择使用合适的分类体系。当选择了某一分类体系后，首先使用最准确、最下位的分类号进行检索，但如果同时存在多个非常相关的分类号，也可以一并进行检索。

在用关键词表达时，通常首先使用最基本、最准确的关键词，再逐步从形式上、意义上、角度上 3 个层次完善关键词的表达。形式上应充分考虑关键词表达的各种形式，如英文的不同词性、单复数词形、常见错误拼写形式等；意义上应充分考虑关键词的各种同义词、近义词、反义词、上下位概念等；角度上应充分考虑说明书中记载的所要解决的技术问题、技术效果等。

**3. 构建检索式**

审查员可以将同一个基本检索要素的不同表达方式构造成块，结合申请的主题的特点和检索情况，运用逻辑运算符对块进行组合构建检索式。块的组合方式包括全要素组合检索、部分要素组合检索和单要素检索。

**4. 调整检索策略**

审查员一般需要根据检索结果以及对新颖性和创造性评价的预期方向调整检索策略。

（1）调整基本检索要素的选择。审查员需要根据掌握的现有技术和对发明的进一步理解，改变、增加或减少基本检索要素。

（2）调整检索系统 / 数据库。当审查员在某一检索系统 / 数据库中没有获得对比文件时，需要根据可以使用的检索字段和功能，以及预期对比文件的特点重新选择检索系统 / 数据库。

（3）调整基本检索要素的表达。审查员需要根据检索结果随时调整基本检索要素的表达，例如，调整分类号的表达时，通常首先使用最准确的下位组，再逐步调整到上位组，直至大组，甚至小类，也可以根据检索结果，或者利用分类表内部或之间的关联性发现新的适合的分类号；调整关键词的表达时，通常首先使用最基本、最准确的关键词，再逐步在形式、意义和角度 3 个层次调整表达。

### （四）抵触申请的检索

通常，发明专利申请在其申请日起满十八个月公布，此后进入实质审查程序。对这种情况，审查员在发出第一次审查意见通知书之前所作的检索，应当包括抵触申请的检索。

发明专利申请提前公布后进入实质审查程序的，审查员在发出第一次审查意见通知书之前，可以初步检索抵触申请。如果对该申请作出审查结论的日期在从该申请的申请日起十八个月之内，审查员可视抵触申请进入检索用专利文献中的情况不断进行抵触申请的补充检索；如果对该申请作出审查结论的日期，在该申请的申请日起满十八个月当天或者之后，审查员应当在满十八个月当天或者之后，在作出审查结论前，进一步进行抵触申请检索。

在对申请发出授予专利权的通知前，抵触申请的检索应当完成到尽可能完善的程度，即应当做到已经全面查阅了当时的检索用专利文献中在本申请的申请日之前提出并在其后公布的专利申请文件和公告的专利文件。

## 六、中止检索

### （一）检索的限度

从理论上说，任何完善的检索都应当是既全面又彻底的检索。但是从成本的合理性角度考虑，检索要有一定的限度。审查员要随时根据已经检索出的对比文件的数量和质量决定是否应当中止检索。考虑的原则是用于检索的时间、精力和成本与预期可能获得的结果要相称。在这一原则下，审查员在没有获得对比文件而决定中止检索时，应当至少在最低限度数据库内进行了检索。最低限度数据库一般情况下应当包括中国专利文摘类数据库、中国专利全文类数据库、外文专利文摘类数据库、英文专利全文类数据库以及中国期刊全文数据库。对于一些特定领域的申请，还应当包括该领域专用数据库（例如，化学结构数据库）。必要时可根据领域特点，调整英文全文数据库的范围，或增加其他非专利文献数据库，如标准/协议等。

### （二）中止检索的情况

在检索过程中，出现下列情况之一时，审查员可以中止检索。

（1）审查员已经找到一份与申请的全部主题密切相关的对比文件，并且认为它清楚地公开了申请的全部主题的全部技术特征，或者由它所公开的内容使所属技术领域的技术人员能够得出权利要求书中的全部技术方案，即审查员认为该对比文件单独影响申请的全部主题的新颖性或创造性，构成检索报告中所规定的X类文件或E类文件。

（2）审查员已经找到两份或者多份与申请的全部主题密切相关的对比文件，并且认为，申请所属技术领域的技术人员能够容易地把它们结合起来，得出权利要求书中的全部技术方案，即审查员认为这些对比文件结合起来影响申请的全部主题的创造性，构成检索报告中所规定的Y类文件。

（3）审查员根据其知识和工作经验，认为不可能找到密切相关的对比文件，或者认为预期的结果与需要花费的时间、精力和成本相比十分不相称，不值得继续检索。

（4）审查员从公众提供的材料中，或者从申请人提交的外国为其申请进行检索的资料或者审查结果的资料中，发现了上述1或2所述的密切相关的对比文件（通常为检索报告中所规定的X类文件或Y类文件）。

## 七、特殊情况的检索

### （一）申请的主题跨领域时的检索

如果申请的主题跨越不同的技术领域，审查员除了在其负责审查的技术领域进行检索外，还应当视情况与负责其他技术领域的审查员商量，决定如何进行进一步检索。

### （二）申请缺乏单一性时的检索

#### 1. 对明显缺乏单一性的申请的检索

审查员在分析研究权利要求书和说明书（及其附图）后，就能判断申请的主题之间缺乏单一性的，可以采取下列方式之一处理申请。

（1）待申请人修改申请并消除缺乏单一性的缺陷后再进行检索。

（2）如果缺乏单一性的两项或者多项独立权利要求的技术方案都属于该审查员负责审查的技术领域，且它们涉及的检索领域非常接近或者在很大程度上重叠，则审查员可以在不增加太多工作量的情况下同时完成对它们检索。这样，在撰写审查意见通知书正文时，既可以指出缺乏单一性的缺陷，又可以对这些独立权利要求作出评价，减少一次审查意见通知书，从而加速审查进程。如果通过检索发现申请中的一项或者几项独立权利要求不具备新颖性或者创造性，那么申请人在收到审查意见通知书之后，就可以删除这样的权利要求，而且不会再对它或者它们提出分案申请，从而避免了一些不必要的工作。此外，通过这样的检索还有可能找到进一步证明申请的主题缺乏单一性的对比文件。

**2. 对不明显缺乏单一性的申请的检索**

不明显缺乏单一性的申请，是指只有经过检索，才能确定其申请的主题之间缺乏单一性的那些申请。对于这些申请，审查员应当按照下列方式进行检索。

（1）对第一独立权利要求进行检索，若发现它不具备新颖性或者创造性，则按照单一性审查原则，根据已有检索结果判断其余各独立权利要求之间是否缺乏单一性，对缺乏单一性的独立权利要求可以不再进行检索。

（2）如果一件申请中的两项或者多项相互并列的独立权利要求，在发明构思上非常接近，而且其中没有一项独立权利要求需要在其他的技术领域中进行检索，则可以对申请的全部主题进行检索，因为这不会增加太多工作量。

（3）对独立权利要求进行检索，若发现它不具备新颖性或创造性，从而导致其相互并列的从属权利要求之间缺乏单一性，则可参照“对明显缺乏单一性的申请的检索”以及本小节（1）和（2）中所述的方式处理。

## 八、不必检索的情况

一件申请的全部主题属于下列情形之一的，审查员对该申请不必进行检索。

（1）属于《专利法》第五条或者第二十五条规定的不授予专利权的情形。

（2）不符合《专利法》第二条第二款的规定。

（3）不具备实用性。

（4）说明书和权利要求书未对该申请的主题作出清楚、完整的说明，以至于所属技术领域的技术人员不能实现。

需要注意的是，对于申请的全部主题是否属于上述情形，必要时审查员仍需通过恰当方式了解相关背景技术，以站位于本领域的技术人员作出判断。

## 九、补充检索

在申请的实质审查过程中，有下列情形之一的，为了获得更适合的对比文件，审查员应当对申请进行补充检索。

（1）申请人修改了权利要求，原先的检索没有覆盖修改后权利要求请求保护的范围。

（2）申请人澄清了某些内容，使得原先的检索不完整、不准确。

（3）第一次审查意见通知书以前的检索不完整或者不准确。

（4）审查意见的改变使得已经作出的检索不完整或者不准确而需要增加或者改变其检索领域的。

在复审后的继续审查过程中，如果出现上述情形，也应当进行补充检索。

此外，对于可能构成抵触申请的指定中国的国际专利申请文件，在对申请发出授予专利权的通知之前，应当通过补充检索查看其是否进入了中国国家阶段并作出了中文公布。

## 十、检索报告

检索报告用于记载检索的结果，特别是记载构成相关现有技术的文件，以及与检索过程有关的检索记录信息。检索报告采用专利行政部门规定的表格。审查员应当在检索报告中清楚地记载检索到最接近的现有技术的主要检索式，包括检索的数据库以及在该数据库中执行的检索表达式（包括基本检索要素表达形式和逻辑运算符），准确列出由检索获得的对比文件以及对比文件与申请主题的相关程度，并且应当按照检索报告表格的要求完整地填写其他各项。

在检索报告中，审查员采用下列符号来表示对比文件与权利要求的关系。

X：单独影响权利要求的新颖性或创造性的文件。

Y：与检索报告中其他 Y 类文件组合后影响权利要求的创造性的文件。

A：背景技术文件，即反映权利要求的部分技术特征或者有关的现有技术的文件。

R：任何单位或个人在申请日向专利行政部门提交的、属于同样的发明创造的专利或专利申请文件。

P：中间文件，其公开日在申请的申请日与所要求的优先权日之间的文件，或者会导致需要核实该申请优先权的文件。

E：单独影响权利要求新颖性的抵触申请文件。

在上述类型的文件中，符号 X、Y 和 A 表示对比文件与申请的权利要求在内容上的相关程度；符号 R 和 E 同时表示对比文件与申请在时间上的关系和在内容上的相关程度；而符号 P 表示对比文件与申请在时间上的关系，其后应附带标明文件内容相关程度的符号 X、Y、E 或 A，它属于在未核实优先权的情况下所作的标记。

一项权利要求中包括几个并列的技术方案，而一份对比文件与这些技术方案的相关程度各不相同的，审查员在检索报告中应当用表示其中最高相关程度的符号来标注该对比文件。

除上述类型的文献外，审查意见通知书中引用的其他文献也应当填写在检索报告中，但不填写文献类型和/或所涉及的权利要求。

## 第四节　实质审查程序

《专利法》第三十五条第一款规定："发明专利申请自申请日起三年内，国务院专利行政部门可以根据申请人随时提出的请求，对其申请进行实质审查；申请人无正当理由逾期不请求实质审查的，该申请即被视为撤回。"

《专利法》第三十五条第二款规定："国务院专利行政部门认为必要的时候，可以自行对发明专利申请进行实质审查。"

《专利法》第三十九条规定："发明专利申请经实质审查没有发现驳回理由的，由国务院专利行政部门作出授予发明专利权的决定，发给发明专利证书，同时予以登记和公告。发明专利权自公告之日起生效。"

《专利法》第四十条规定："实用新型和外观设计专利申请经初步审查没有发现驳回理由的，由国务院专利行政部门作出授予实用新型专利权或者外观设计专利权的决定，发给相应的专利证书，同时予以登记和公告。实用新型专利权和外观设计专利权自公告之日起生效。"

为了方便叙述，本节所说的实质审查以中国发明专利申请的实质审查为例，其他实质审查可参考适用本节的相关规定。

### 一、实质审查程序概要

在发明专利申请的实质审查程序中可能发生的行为如下。

（1）对发明专利申请进行实质审查后，审查员认为该申请不符合《专利法》及其实施细则的有关规定的，应当通知申请人，要求其在指定的期限内陈述意见或者对其申请进行修改；审查员发出通知书（审查意见通知书、分案通知书或提交资料通知书等）和申请人的答复可能反复多次，直到申请被授予专利权、被驳回、被撤回或者被视为撤回。

（2）对经实质审查没有发现驳回理由，或者经申请人陈述意见或修改后消除了原有缺陷的专利申请，审查员应当发出授予发明专利权的通知书。

（3）专利申请经申请人陈述意见或者修改后，仍然存在通知书中指出过的属于《专利法实施细则》第五十三条所列情形的缺陷的，审查员应当予以驳回。

（4）申请人无正当理由对审查意见通知书、分案通知书或者提交资料通知书等逾期不答复的，审查员应当发出申请被视为撤回通知书。

此外，专利法上特别规定，审查员根据实际需要，还可以在实质审查程序中采用会晤、电话讨论和现场调查等辅助手段。

## 二、实质审查程序中的基本原则

### （一）请求原则

除专利法及其实施细则另有规定外，实质审查程序只有在申请人提出实质审查请求的前提下才能启动。审查员只能根据申请人依法正式呈请审查（包括提出申请时、依法提出修改时或者答复审查意见通知书时）的申请文件进行审查。

### （二）听证原则

在实质审查过程中，审查员在作出驳回决定之前，应当给申请人提供至少一次针对驳回所依据的事实、理由和证据陈述意见和/或修改申请文件的机会，即审查员作出驳回决定时，驳回所依据的事实、理由和证据应当在之前的审查意见通知书中已经告知过申请人。

### （三）程序节约原则

在对发明专利申请进行实质审查时，审查员应当尽可能地缩短审查过程。换言之，审查员要设法尽早地结案。因此，除非确认申请根本没有被授权的前景，审查员应当在第一次审查意见通知书中，将申请中不符合《专利法》及其实施细则规定的所有问题通知申请人，要求其在指定期限内对所有问题给予答复，尽量地减少与申请人通信的次数，以节约程序。

但是，审查员应当注意，不得以节约程序为理由而违反请求原则和听证原则。

## 三、申请文件的核查与实审准备

### （一）申请文件的核查与实审准备

审查员在接到申请案后，不管近期是否进行审查，都应当首先核对申请的国际专利分类号。

审查员认为申请不属于自己负责审查的分类范围的，应当根据专利分类协调的规定及时处理，以免延误审查。

审查员认为分类号不确切，但仍属于自己负责审查的范围的，应当自行改正分类号。

### （二）查对申请文档

审查员对属于自己负责审查的分类范围的申请案，或者调配给自己的申请案，不管近期是否进行审查，都应当及时查对申请文档。对于应由其他部门处理的手续文件以及与实质审查无关的其他文件，审查员应当及时转交相应的部门，以免延误。

**1. 查对启动程序的依据**

审查员应当查对申请文档中是否有实质审查请求书，其提交的时间是否在自申请日起三年之内，是否有发明专利申请公布及进入实质审查程序通知书；专利行政部门决定自行对发明专利申请进行实质审查的，是否有经局长签署的通知书和已经通知申请人的记录。

**2. 查对申请文件**

审查员应当查对实质审查所需要的文件（包括原始申请文件及公布的申请文件，如果申请人对申请文件进行了主动修改或在初审期间应专利行政部门的要求作过修改，还应当包括经修改的申请文件）是否齐全。

**3. 查对涉及优先权的资料**

申请人要求外国优先权的，审查员应当查对申请文档中是否有要求优先权声明以及经受理在先申请的国家或者政府间组织的主管部门出具的在先申请文件的副本；申请人要求本国优先权的，审查员应当查对申请文档中是否有要求优先权声明以及在中国第一次提出的专利申请文件的副本。

**4. 查对其他有关文件**

发明已在外国提出过专利申请的，审查员应当查对申请文档中是否有申请人提交的该国为审查其申请进行检索的资料或者审查结果的资料。

**5. 申请文档存在缺陷时的处理**

审查员如果发现申请文档中缺少上述 1 ～ 3 任何一项所述的依据、文件或资料，或者某些文件不符合专利法及其实施细则的规定，应当将申请案返回流程管理部门并且说明理由。审查员如果发现申请文档中缺少上述 4 所述的资料，而且确信申请人已获得这样的资料，可以填写提交资料通知书，要求申请人在指定的两个月期限内提交有关资料；申请人无正当理由逾期不提交的，该申请被视为撤回。

此外，在实质审查前，审查员最好能初阅申请文件，查看是否需要申请人提交有关的参考资料，如果需要，可填写提交资料通知书，通知申请人在指定的两个月期限内提交。提前做好此项工作，有利于加快完成审查程序。

### （三）建立个人审查档案

审查员查对申请文档之后，应当着手建立个人审查档案，记载本人审查的案件的重要数据，并在此后的审查过程中补充有关信息，以便随时掌握各申请案的审查过程及其基本情况。

## 四、进行实质审查

### （一）审查的文本

审查员首次审查所针对的文本通常是申请人按照《专利法》及其实施细则规定提交的原始申请文件或者应专利行政部门初步审查部门要求补正后的文件。

申请人在提出实质审查请求时，或者在收到专利行政部门发出的发明专利申请进入实质审查阶段通知书之日起的三个月内，对发明专利申请进行了主动修改的，无论修改的内容是否超出原说明书和权利要求书记载的范围，均应当以申请人提交的经过该主动修改的申请文件作为审查文本。

申请人在上述规定期间内多次对申请文件进行了主动修改的，应当以最后一次提交的申请文件为审查文本。申请人在上述规定以外的时间对申请文件进行的主动修改，一般不予接受，其提交的经修改的申请文件，不应作为审查文本。审查员应当在审查意见通知书中告知此修改文本不作为审查文本的理由，并以之前的能够接受的文本作为审查文本。如果申请人进行的修改不符合《专利法实施细则》第五十一条第一款的规定，但审查员在阅读该经修改的文件后认为其消除了原申请文件存在的应当消除的缺陷，又符合《专利法》第三十三条的规定，且在该修改文本的基础上进行审查将有利于节约审查程序，则可以接受该经修改的申请文件作为审查文本。

### （二）阅读申请文件并理解发明

审查员在开始实质审查后，首先要仔细阅读申请文件，并充分了解背景技术整体状况，力求准确地理解发明。重点在于了解发明所要解决的技术问题，理解解决所述技术问题的技术方案和该技术方案所能带来的技术效果，并且明确该技术方案的全部必要技术特征，特别是其中区别于背景技术的特征，进而明确发明相对于背景技术所作出的改进。审查员在阅读和理解发明时，可以作必要的记录，便于进一步审查。

### （三）不必检索即可发出审查意见通知书的情况

专利申请的全部主题明显属于不需要检索的情形的，审查员不必检索即可发出第一次审查意见通知书。

应当指出的是，如果申请中只有部分主题属于上述情形，而其他主题不属于上述情形，则应当对不属于上述情形的其他主题进行检索后再发出第一次审查意见通知书。

### （四）对缺乏单一性申请的处理

专利申请缺乏单一性的缺陷有时是明显的，有时要通过检索与审查后才能确定。缺乏单一性的缺陷既可能存在于相互并列的独立权利要求之间，也可能因所引用的独立权利要求不具备新颖性或创造性而存在于相互并列的从属权利要求之间，还可能存在于一项权利要求的多个并列技术方案之间。

对于缺乏单一性的申请，审查员可以采用下述之一的方法进行处理。

**1. 先通知申请人修改**

审查员在阅读申请文件时，立即能判断出申请的主题之间明显缺乏单一性的，可以暂缓进行检索，先向申请人发出分案通知书，通知申请人在指定的两个月期限内对其申请进行修改。

**2. 检索后再通知申请人修改**

检索后才能确定申请的主题之间缺乏单一性的，审查员可以视情况决定是暂缓进一步检索和审查，还是继续进一步检索和审查。

如果经检索和审查后认为第一独立权利要求或者其从属权利要求具有被授权的前景，而其他独立权利要求与该有授权前景的权利要求之间缺乏单一性，则审查员可以暂缓对其他独立权利要求的检索和审查，并且在第一次审查意见通知书中只针对第一独立权利要求或者其从属权利要求提出审查意见，同时要求申请人删除或者修改缺乏单一性的其他权利要求，以克服申请缺乏单一性的缺陷。

如果经检索和审查后确认第一独立权利要求和其从属权利要求没有授权前景，而其他的独立权利要求之间缺乏单一性，审查员可以暂缓对其他独立权利要求的检索和审查，在第一次审查意见通知书中指出第一独立权利要求和其从属权利要求没有授权前景的同时，指出该专利申请缺乏单一性的缺陷；也可以继续检索和审查其他独立权利要求，尤其是当检索领域非常接近或者在很大程度上重叠时，并在第一次审查意见通知书中，同时指出单一性缺陷和其他缺陷。

### （五）检索

每一件发明专利申请在被授予专利权之前都应当进行检索。如何确定检索的技术领域及如何进行检索，参见本章第三节的内容。

### （六）优先权的核实

#### 1. 需要核实优先权的情况

审查员应当在检索后确定是否需要核实优先权。当检索得到的所有对比文件的公开日都早于申请人所要求的优先权日时，不必核实优先权。出现下列情形之一时，需要核实优先权。

（1）对比文件公开了与申请的主题相同或密切相关的内容，而且对比文件的公开日在申请日和所要求的优先权日之间，即该对比文件构成 PX 或 PY 类文件。

（2）任何单位或者个人在专利行政部门的申请所公开的内容与申请的全部主题相同，或者与部分主题相同，前者的申请日在后者的申请日和所要求的优先权日之间，而前者的公布或公告日在后者的申请日或申请日之后，即任何单位或者个人在专利行政部门的申请构成 PE 类文件。

（3）任何单位或者个人在专利行政部门的申请所公开的内容与申请的全部主题相同，或者与部分主题相同，前者所要求的优先权日在后者的申请日和所要求的优先权日之间，而前者的公布或公告日在后者的申请日或申请日之后，即任何单位或者个人在专利行政部门的申请构成 PE 类文件。

对于第 3 种情形，应当首先核实所审查的申请的优先权；当所审查的申请不能享有优先权时，还应当核实作为对比文件的任何单位或个人在专利行政部门的申请的优先权。

#### 2. 优先权核实的一般原则

一般来说，核实优先权是指核查申请人要求的优先权是否能依照《专利法》第二十九条的规定成立。为此，审查员应当在初步审查部门审查的基础上核实。

（1）作为要求优先权的基础的在先申请是否涉及与要求优先权的在后申请相同的主题。

（2）该在先申请是否记载了同一主题的首次申请。

（3）在后申请的申请日是否在先申请的申请日起十二个月内。

进行上述第（1）项核实，即判断在后申请中各项权利要求所述的技术方案是否清楚地记载在上述在先申请的文件（说明书和权利要求书，不包括摘要）中。为此，审查员应当把在先申请作为一个整体进行分析研究，只要在先申请文件清楚地记载了在后申请权利要求所述的技术方案，就应当认定该在先申请与在后申请涉及相同的主题。审查员不得以在先申请的权利要求书中没有包含该技术方案为理由，而拒绝给予优先权。

所谓清楚地记载，并不要求在叙述方式上完全一致，只要阐明了申请的权利要求所述的技术方案即可。但是，如果在先申请对上述技术方案中某一或者某些技术特征只作了笼统或者含糊的阐述，甚至仅仅只有暗示，而要求优先权的申请增加了对这一或者这些技术特征的详细叙述，以至于所属技术领域的技术人员认为该技术方案不能从在先申请中直接和毫无疑义地得出，则该在先申请不能作为在后申请要求优先权的基础。

在某些情况下，应当对上述第（2）项进行核实。例如，一件申请A以申请人的另一件在先申请B为基础要求优先权，在对申请A进行检索时，审查员找到了该申请人的又一件在申请A的申请日和优先权日之间公布的专利申请文件或公告的专利文件C，文件C中已公开了申请A的主题，且文件C的申请日早于申请A的优先权日，即早于申请B的申请日，因此可以确定在先申请B并不是该申请人提出的记载了申请A相同主题的首次申请，因此申请A不能要求以在先申请B的申请日为优先权日。

（1）部分优先权的核实

由于对在先申请中的发明作进一步的改进或者完善，申请人在其在后申请中，可能会增加在先申请中没有的技术方案。

在这种情况下，审查员在核实优先权时，不能以在后申请增加内容为理由断定优先权要求不成立，而应当对在后申请中被在先申请清楚记载过的相同主题给予优先权，即给予部分优先权。具体地说，在后申请中，其技术方案已在先申请中清楚记载的权利要求可以享有优先权；而其技术方案未在先申请中记载的权利要求则不能享有优先权，应当视为是在后申请的申请日提出的。就整个申请而言，这种情况称为部分优先权，即该申请的部分主题享有优先权，也就是说部分权利要求所限定的技术方案享有优先权。

（2）多项优先权的核实

如果一件具有单一性的专利申请要求了多项优先权，审查员在核实优先权时，应当检查该申请的权利要求书中所反映的各种技术方案，是否分别在作为优先权基础的多件外国或者本国的专利申请中已有清楚的记载。此外，审查员还要核实所有的在先申请的申请日是否都在后申请的优先权期限之内。满足上述两个条件的，在后申请的多项优先权成立，并且其记载上述各种技术方案的各项权利要求具有不同的优先权日。如果某些权利要求不满足上述条件，但其他权利要求满足上述条件，则不满足上述条件的那些权利要求的优先权不能成立，而满足上述条件的其他权利要求的优先权成立。

如果作为优先权基础的多件外国或者本国的专利申请，分别记载了不同的技术特征，而在后申请的权利要求是这些特征的组合，则多项优先权不能成立。

**3. 优先权核实后的处理程序**

经核实，申请的优先权不成立的，审查员应当在审查意见通知书中说明优先权不成立的理由，并以新确定的优先权日（在没有其他优先权时，以申请日）为基础，进行后续审查。

在该申请被授予专利权时，审查员应当在著录项目变更通知单中对其优先权作出变更。

### （七）全面审查

为节约程序，审查员通常应当在发出第一次审查意见通知书之前对专利申请进行全面审查，即审查申请是否符合专利法及其实施细则有关实质方面和形式方面的所有规定。

审查的重点是说明书和全部权利要求是否存在《专利法实施细则》第五十三条所列的情形。在一般情况下，首先审查申请的主题是否属于《专利法》第五条、第二十五条规定的不授予专利权的情形；是否符合《专利法》第二条第二款的规定；是否具有《专利法》第二十二条第四款所规定的实用性；说明书是否按照《专利法》第二十六条第三款的要求充分公开了请求保护的主题。然后审查权利要求所限定的技术方案是否具备《专利法》第二十二条第二款和第三款规定的新颖性和创造性；权利要求书是否按照《专利法》第二十六条第四款的规定，以说明书为依据，清楚、简要地限定要求专利保护的范围；独立权利要求是否表述了一个解决技术问题的完整的技术方案。在进行上述审查的过程中，还应当审查权利要求书是否存在缺乏单一性的缺陷；申请的修改是否符合《专利法》第三十三条及《专利法实施细则》第五十一条的规定；分案申请是否符合《专利法实施细则》第四十三条第一款的规定；对于依赖遗传资源完成的发明创造，还需审查申请文件是否符合《专利法》第二十六条第五款的规定。

如果审查员有理由认为申请所涉及的发明是在中国完成，且向外国申请专利之前未报经专利行政部门进行保密审查，应当审查申请是否符合《专利法》第二十条的规定。

申请不存在《专利法实施细则》第五十三条所列情形，或者虽然存在《专利法实施细则》第五十三条所列情形的实质性缺陷但经修改后仍有授权前景的，为节约程序，审查员应当一并审查其是否符合《专利法》及其实施细则的其他所有规定。

审查员在检索之后已经确切地理解了请求保护的主题及其对现有技术作出的贡献的，这一阶段的主要工作是根据检索结果对上述审查重点作出肯定或者否定的判断。

**1. 审查权利要求书**

根据《专利法》第二十六条第四款的规定，权利要求书应当以说明书为依据，清楚、简要地限定要求专利保护的范围。根据《专利法》第五十九条第一款的规定，专利权的保护范围以其权利要求的内容为准。因此，实质审查应当围绕权利要求书，特别是独立权利要求进行。

在一般情况下，在确定申请的主题不属于《专利法》第五条、第二十五条规定的不授予专利权的情形，符合《专利法》第二条第二款的规定，具有《专利法》第二十二条第四款所规定的实用性，且说明书充分公开了请求保护的主题后，应当对权利要求书进行下述审查。

（1）审查独立权利要求是否具备新颖性和创造性。如果经审查认为独立权利要求不具备新颖性或创造性，则应当进一步审查从属权利要求是否具备新颖性和创造性。如果经审查认为全部独立权利要求和从属权利要求均不具备新颖性或创造性，则对权利要求书不必再继续进行审查。如果经审查认为独立权利要求具备新颖性和创造性，或者虽然独立权利要求不具备新颖性或创造性，但是从属权利要求具备新颖性和创造性，则该申请有被授予专利权的前景，审查员应当遵循程序节约的原则，对权利要求书进行下述第（2）项至第（7）项的审查。

（2）审查权利要求书中的全部权利要求是否得到说明书（及其附图）的支持，以及是否清楚、简要地限定要求专利保护的范围。

（3）审查独立权利要求是否表述了一个针对发明所要解决的技术问题的完整技术方案。判断独立权利要求的技术方案是否完整的关键，在于查看独立权利要求是否记载了解决上述技术问题的全部必要技术特征。

（4）审查从属权利要求是否符合《专利法实施细则》第二十条第三款及第二十二条的规定。

（5）审查一项发明是否只有一个独立权利要求，并且该独立权利要求写在同一发明的从属权利要求之前。

（6）审查权利要求书中的技术术语（科技术语）是否符合《专利法实施细则》第三条第一款的规定，是否与说明书中使用的技术术语一致。

（7）如果检索出任何单位或个人在同一申请日向专利行政部门提交的属于同样的发明创造的对比文件，应当注意避免对相同权利要求的重复授权。如果两件或两件以上的发明专利申请涉及同样的发明创造，则应当由同一审查员进行审查，原则上由最先提出转案要求的审查员审查。

需要说明的是，对于某些申请，由于存在例如权利要求不清楚等问题，而导致审查员无法先审查该申请权利要求的新颖性和创造性，则应当先就这些问题进行审查。同时审查员也可以根据对说明书的理解，就说明书中的技术方案给出有关新颖性或创造性的审查意见，供申请人参考。

**2. 审查说明书和摘要**

说明书（及其附图）应当清楚、完整地公开发明，使所属技术领域的技术人员能够实现。同时，说明书作为权利要求书的依据，在确定专利权的保护范围时，用于解释权利要求的内容。

对于说明书（及其附图），审查员应当审查下列内容。

（1）说明书（及其附图）是否清楚、完整地公开了发明，使所属技术领域的技术人员能够实现；说明书中记载的技术方案能否解决发明的技术问题并取得预期的有益效果。

（2）各权利要求的技术方案所表述的请求保护的范围能否在说明书中找到根据，且说明书中发明内容部分所述的技术方案与权利要求所限定的相应技术方案的表述是否一致。

（3）说明书是否包含《专利法实施细则》第十七条规定的相关内容，是否按照规定的方式和顺序撰写，并且用词规范、语句清楚。

如果发明的性质使采用其他方式或者顺序撰写说明书能节约篇幅并有利于他人准确地理解发明，则根据《专利法实施细则》第十七条第二款的规定，这种撰写也是允许的。

专利申请包含一个或多个核苷酸或氨基酸序列的，应当审查说明书是否包括符合规定的序列表。

对于有附图的申请，应当审查附图是否符合《专利法实施细则》第十八条的规定。

在不需要附图的申请中，其说明书可以不包括《专利法实施细则》第十七条第一款第（四）项的内容。

另外，审查员还应当审查说明书中所用的科技术语是否规范；外国人名、地名和科技术语尚无标准中文译文的，是否注明了原文等。

**3. 审查其他申请文件**

对于依赖遗传资源完成的发明创造，审查员还应当审查申请人是否提交了专利行政部门制定的遗传资源来源披露登记表，该遗传资源来源披露登记表中是否说明了该遗传资源的直接来源和原始来源；对于未说明原始来源的，是否说明了理由。

### （八）不全面审查的情况

申请文件存在严重不符合《专利法》及其实施细则规定的缺陷的，即存在《专利法实施细则》第五十三条所列情形的缺陷，并且该申请不可能被授予专利权的，审查员可以对该申请不作全面审查，在审查意见通知书中仅指出对审查结论起主导作用的实质缺陷即可，此时指出其次要的缺陷和/或形式方面的缺陷是没有实际意义的。

### （九）对公众意见的处理

任何人对不符合《专利法》规定的发明专利申请向专利行政部门提出的意见，应当存入该申请文档中供审查员在实质审查时考虑。

如果公众的意见是在审查员发出授予专利权的通知之后收到的，就不必考虑。专利行政部门对公众意见的处理情况，不必通知提出意见的公众。

### （十）第一次审查意见通知书

审查员对申请进行实质审查后，通常以审查意见通知书的形式，将审查的意见和倾向性结论通知申请人。

在审查意见通知书正文中，审查员必须根据《专利法》及其实施细则具体阐述审查的意见。审查的意见应当明确、具体，使申请人能够清楚地了解其申请存在的问题。

在任何情况下，审查的意见都应当说明理由，明确结论，并引用《专利法》或《专利法实施细则》的相关条款，但不应当写入带有个人感情色彩的词语。为了使申请人尽快地作出符合要求的修改，必要时审查员可以提出修改的建议供申请人修改时参考。如果申请人接受审查员的建议，应当正式提交经过修改的文件，审查员在通知书中提出的修改建议不能作为进一步审查的文本。

为了加快审查程序，应当尽可能减少审查意见通知书的次数。因此，除该申请因存在严重实质性缺陷而无授权前景或者审查员因申请缺乏单一性而暂缓继续审查之外，第一次审查意见通知书应当写明审查员对申请的实质方面和形式方面的全部意见。此外，在审查文本不符合《专利法》第三十三条规定的情况下，审查员也可以针对审查文本之外的其他文本提出审查意见，供申请人参考。

在审查意见通知书中，审查员应当指定答复期限。该期限由审查员考虑与申请有关的因素后确定。这些因素包括：审查意见的数量和性质；申请可能进行修改的工作量和复杂程度等。答复第一次审查意见通知书的期限为四个月。

**（十一）继续审查**

在申请人答复第一次审查意见通知书之后，审查员应当对申请继续进行审查，考虑申请人陈述的意见和/或对申请文件作出的修改。审查员应当在审查程序的各阶段，使用相同的审查标准。

在继续审查前，审查员应当核实答复文件中的申请号、申请人、专利代理机构及代理人、发明名称等事项，以避免差错。

如果审查员在撰写第一次审查意见通知书之前，已对申请进行了全面审查，则在继续审查阶段应当把注意力集中在申请人对通知书正文中提出的各审查意见的反应上，特别应当注意申请人针对全部或者部分审查意见进行争辩时所陈述的理由和提交的证据。如果申请人同时提交了经修改的说明书和/或权利要求书，审查员首先应当按照《专利法》第三十三条和《专利法实施细则》第五十一条第三款的规定，分别审查修改是否超出原说明书和权利要求书记载的范围以及修改是否按照审查意见通知书要求进行；如果修改符合上述规定，再进一步审查经过修改的申请是否克服了审查意见通知书中所指出的缺陷，是否出现了新的不符合《专利法》及其实施细则有关规定的缺陷，尤其是审查新修改的独立权利要求是否符合《专利法》第二十二条的规定，从而确定该经修改的申请是否可以被授予专利权。

**1. 对申请继续审查后的处理**

审查员继续审查申请后，视不同情况，可对申请作如下不同的处理。

（1）申请人根据审查员的意见，对申请作了修改，消除了可能导致被驳回的缺陷，使修改后的申请有可能被授予专利权的，如果申请仍存在某些缺陷，则审查员应当再次通知申请人消除这些缺陷，必要时，还可以通过与申请人会晤、电话讨论及其他方式加速审查。但是，除审查员对明显错误进行依职权修改的情况外，不论采用什么方式提出修改意见，都必须以申请人正式提交的书面修改文件为依据。

（2）申请经申请人陈述意见或者进行修改后，仍然存在原审查意见通知书中指出过的、属于《专利法实施细则》第五十三条规定情形的缺陷的，在符合听证原则的前提下，审查员可以作出驳回申请的决定。

（3）申请经过修改或者申请人陈述意见后已经符合《专利法》及其实施细则的规定的，审查员应当发出授予发明专利权通知书。

**2. 补充检索**

在继续审查（包括复审后的审查）中，必要时，审查员应当进行补充检索。例如，在阅读申请人的答复之后，审查员意识到，原先对发明的理解不够准确，从而影响了检索的全面性；或者由于申请人对申请文件进行了修改，需要进一步的检索；或者由于在首次检索时检索到了有可能构成抵触申请的指定中国的国际申请文件，而需要通过补充检索确定其是否进入了中国国家阶段，并作出了中文公布。

**3. 再次审查意见通知书**

出现下列情况之一时，审查员应当再次发出审查意见通知书。

（1）审查员发现与申请的主题更加相关的对比文件，需要对权利要求进行重新评价。

（2）在前一阶段的审查中，审查员未对某项或某几项权利要求提出审查意见，经继续审查后，发现其中有不符合《专利法》及其实施细则规定的情况。

（3）经申请人陈述意见和/或进行修改之后，审查员认为有必要提出新的审查意见。

（4）修改后的申请有可能被授予专利权，但仍存在不符合《专利法》及其实施细则规定的缺陷，这些缺陷可能是修改后出现的新缺陷、审查员新发现的缺陷以及已经通知过申请人但仍未完全消除的缺陷。

（5）审查员拟驳回申请，但在此前的审查意见通知书中未向申请人明确指出驳回所依据的事实、理由或证据。

第一次审查意见通知书的撰写方式及要求同样适合于再次审查意见通知书。

申请人在答复审查意见通知书时提交了修改文本的，审查员应当针对修改文本提出审查意见，指出新修改的权利要求书和说明书中存在的问题。

申请人在答复时仅陈述意见而未对申请文件作修改的，审查员通常可以在再次审查意见通知书正文中，坚持先前阐述过的意见；但是如果申请人提出了充分的理由，或者出现上述的某些情形时，审查员应当考虑新的审查意见。

审查员在再次审查意见通知书中，应当对申请人提交的意见陈述书中的争辩意见进行必要的评述。

为了加快审查程序，再次审查意见通知书应当将对申请审查的结论明确告知申请人。再次审查意见通知书指定的答复期限为两个月。

### （十二）会晤

在实质审查过程中，审查员可以约请申请人会晤，以加快审查程序。申请人也可以要求会晤，此时，只要通过会晤能达到有益的目的，有利于澄清问题、消除分歧、促进理解，审查员就应当同意申请人提出的会晤要求。在某些情况下，审查员可以拒绝会晤要求，例如，通过书面方式、电话讨论等，双方意见已经表达充分、相关事实认定清楚的。

**1. 会晤的启动**

不管是审查员约请的，还是申请人要求的会晤，都应当预先约定。可采用会晤通知书或通过电话来约定，会晤通知书的副本和约定会晤的电话记录应当存放在申请案卷中。在会晤通知书或约定会晤的电话记录中，应当写明经审查员确认的会晤内容、时间和地点。如果审查员或者申请人准备在会晤中提出新的文件，应当事先提交给对方。

会晤日期确定后一般不得变动；必须变动时，应当提前通知对方。申请人无正当理由不参加会晤的，审查员可以不再安排会晤，而通过书面方式继续审查。

**2. 会晤地点和参加人**

会晤应当在专利行政部门指定的地点进行，审查员不得在其他地点同申请人就有关申请的问题进行会晤。

会晤由负责审查该申请的审查员主持。必要时，可以邀请有经验的其他审查员协助。实习审查员主持的会晤，应当有负责指导的审查员参加。

申请人委托了专利代理机构的，会晤必须有代理人参加。

参加会晤的代理人应当出示代理人执业证。申请人更换代理人的，应当办理著录项目变更手续，并在著录项目变更手续合格后由变更后的代理人参加会晤。在委托代理机构的情况下，申请人可以与代理人一起参加会晤。

申请人没有委托专利代理机构的，申请人应当参加会晤；申请人是单位的，由该单位指定的人员参加，该参加会晤的人员应当出示证明其身份的证件和单位出具的介绍信。

上述规定也适用于共同申请人。除非另有声明或者委托了代理机构，共有专利申请的单位或者个人都应当参加会晤。

必要时，发明人受申请人的指定或委托，可以同代理人一起参加会晤，或者在申请人未委托代理机构的情况下受申请人的委托代表申请人参加会晤。

参加会晤的申请人或代理人等的总数，一般不得超过两名；两个以上单位或者个人共有一项专利申请，又未委托代理机构的，可以按共同申请的单位或个人的数目确定参加会晤的人数。

**3. 会晤记录**

会晤结束后，审查员应当填写会晤记录。会晤记录采用专利行政部门统一制定的标准表格，一式两份，经审查员和参加会晤的申请人（或者代理人）签字或盖章后，一份交申请人，另一份留在申请案卷中。

通常，在会晤记录中应当写明讨论的问题、结论或者同意修改的内容。如果会晤时讨论的问题很多，例如涉及有关新颖性、创造性、修改是否引入了新的内容等诸方面的问题，审查员应当详尽记录讨论的情况并取得一致的意见。

会晤记录不能代替申请人的正式书面答复或者修改。即使在会晤中，双方就如何修改申请达成了一致的意见，申请人也必须重新提交正式的修改文件，审查员不能代为修改。

如果在会晤中，对申请文件的修改没有取得一致意见，审查工作将通过书面方式继续进行。

会晤后，需要申请人重新提交修改文件或者作出书面意见陈述的，如果对原定答复期限的监视还继续存在，则该答复期限可以不因会晤而改变，或者视情况延长一个月；如果对原定答复期限的监视已不再存在，则审查员应当在会晤记录中另行指定提交修改文件或意见陈述书的期限。此提交的修改文件或意见陈述书视为对审查意见通知书的答复，申请人未按期答复的，该申请将被视为撤回。

如果会晤时，申请人提交了新的文件，而会晤前审查员没有收到这些文件，审查员可以决定中止会晤。

### （十三）电话讨论及其他方式

在实质审查过程中，审查员与申请人可以就发明和现有技术的理解、申请文件中存在的问题等进行电话讨论，也可以通过视频会议、电子邮件等其他方式与申请人进行讨论。必要时，审查员应当记录讨论的内容，并将其存入申请案卷。

对于讨论中审查员同意的修改内容，除审查员可依职权修改的内容以外，对审查员同意的修改内容均需要申请人正式提交经过该修改的书面文件，审查员应当根据该书面修改文件作出审查结论。

### （十四）取证和现场调查

一般说来，在实质审查程序中审查员不必要求申请人提供证据，因为审查员的主要职责是向申请人指出申请不符合《专利法》及其实施细则规定的问题。如果申请人不同意审查员的意见，那么，由申请人决定是否提供证据来支持其主张。如果申请人决定提供证据，审查员应当给予申请人一个适当的机会，使其能提供任何可能有关的证据，除非审查员确信提供证据也达不到有益的目的。

申请人提供的证据可以是书面文件或者实物模型。例如，申请人提供有关发明的技术优点方面的资料，以证明其申请具有创造性；又如，申请人提供实物模型进行演示，以证明其申请具有实用性等。

如果某些申请中的问题，需要审查员到现场调查方能得到解决，则应当由申请人提出要求，经负责审查该申请的实质审查部的部长批准后，审查员方可去现场调查。调查所需的费用由专利行政部门承担。

## 五、答复

对专利行政部门发出的审查意见通知书，申请人应当在通知书指定的期限内作出答复。

申请人的答复可以仅仅是意见陈述书，也可以进一步包括经修改的申请文件（替换页和/或补正书）。申请人在其答复中对审查意见通知书中的审查

大了请求保护的范围，因而不予接受。

（3）主动将仅在说明书中记载的与原来要求保护的主题缺乏单一性的技术内容作为修改后权利要求的主题。例如，一件有关自行车新式把手的发明专利申请，申请人在说明书中不仅描述了新式把手，而且还描述了其他部件，例如，自行车的车座等。经实质审查，权利要求限定的新式把手不具备创造性。在这种情况下，申请人作出主动修改，将权利要求限定为自行车车座。由于修改后的主题与原来要求保护的主题之间缺乏单一性，这种修改不予接受。

（4）主动增加新的独立权利要求，该独立权利要求限定的技术方案在原权利要求书中未出现过。

（5）主动增加新的从属权利要求，该从属权利要求限定的技术方案在原权利要求书中未出现过。

如果申请人答复审查意见通知书时提交的修改文本不是针对通知书指出的缺陷作出的，而是属于上述不予接受的情况，则审查员应当发出审查意见通知书，说明不接受该修改文本的理由，要求申请人在指定期限内提交符合《专利法实施细则》第五十一条第三款规定的修改文本。同时应当指出，到指定期限届满日为止，申请人所提交的修改文本如果仍然不符合《专利法实施细则》第五十一条第三款规定或者出现其他不符合《专利法实施细则》第五十一条第三款规定的内容，审查员将针对修改前的文本继续审查，如作出授权或驳回决定。

如果审查员对当前修改文本中符合要求的部分文本有新的审查意见，可以在本次通知书中一并指出。

## （二）允许的修改

### 1. 对权利要求书的修改

对权利要求书的修改主要包括：通过增加或变更独立权利要求的技术特征，或者通过变更独立权利要求的主题类型或主题名称以及其相应的技术特征，来改变该独立权利要求请求保护的范围；增加或者删除一项或多项权利要求；修改独立权利要求，使其相对于最接近的现有技术重新划界；修改从属权利要求的引用部分，改正其引用关系，或者修改从属权利要求的限定部分，以清楚地限定该从属权利要求请求保护的范围。对于上述修改，只要经修改后的权利要求的技术方案已清楚地记载在原说明书和权利要求书中，就应该允许。

允许的对权利要求书的修改，包括下述各种情形。

（1）在独立权利要求中增加技术特征，对独立权利要求作进一步的限定，以克服原独立权利要求无新颖性或创造性、缺少解决技术问题的必要技术特征、未以说明书为依据或者未清楚地限定要求专利保护的范围等缺陷。只要增加了技术特征的独立权利要求所述的技术方案未超出原说明书和权利要求书记载的范围，这样的修改就应当被允许。

（2）变更独立权利要求中的技术特征，以克服原独立权利要求未以说明书为依据、未清楚地限定要求专利保护的范围或者无新颖性或创造性等缺陷。只要变更了技术特征的独立权利要求所述的技术方案未超出原说明书和权利要求书记载的范围，这种修改就应当被允许。

（3）变更独立权利要求的类型、主题名称及相应的技术特征，以克服原独立权利要求类型错误或者缺乏新颖性或创造性等缺陷。只要变更后的独立权利要求所述的技术方案未超出原说明书和权利要求书记载的范围，就可允许这种修改。

（4）删除一项或多项权利要求，以克服原第一独立权利要求和并列的独立权利要求之间缺乏单一性，或者两项权利要求具有相同的保护范围而使权利要求书不简要，或者权利要求未以说明书为依据等缺陷，这样的修改不会超出原权利要求书和说明书记载的范围，因此是允许的。

（5）将独立权利要求相对于最接近的现有技术正确划界。

（6）修改从属权利要求的引用部分，改正引用关系上的错误，使其准确地反映原说明书中所记载的实施方式或实施例。

（7）修改从属权利要求的限定部分，清楚限定该从属权利要求的保护范围，使其准确地反映原说明书中所记载的实施方式或实施例，这样的修改不会超出原说明书和权利要求书记载的范围，因此是允许的。

**2. 对说明书及其摘要的修改**

对于说明书的修改，主要有两种情况，一种是针对说明书中本身存在的不符合专利法及其实施细则规定的缺陷作出的修改，另一种是根据修改后的权利要求书作出的适应性修改。上述两种修改只要不超出原说明书和权利要求书记载的范围，则都是允许的。

允许的说明书及其摘要的修改包括下述各种情形。

（1）修改发明名称，使其准确、简要地反映要求保护的主题的名称。如果独立权利要求的类型包括产品、方法和用途，则这些请求保护的主题都应当在发明名称中反映出来。发明名称应当尽可能简短，一般不得超过 25

个字，特殊情况下，例如，化学领域的某些专利申请，可以允许最多到40个字。

（2）修改发明所属技术领域。该技术领域是指该发明在国际专利分类表中的分类位置所反映的技术领域。为便于公众和审查员清楚地理解发明和其相应的现有技术，应当允许修改发明所属技术领域，使其与国际专利分类表中最低分类位置涉及的领域相关。

（3）修改背景技术部分，使其与要求保护的主题相适应。独立权利要求按照《专利法实施细则》第二十一条的规定撰写的，说明书背景技术部分应当记载与该独立权利要求前序部分所述的现有技术相关的内容，并引证反映这些背景技术的文件。如果审查员通过检索发现了比申请人在原说明书中引用的现有技术更接近所要求保护的主题的对比文件，则应当允许申请人修改说明书，将该文件的内容补入这部分，并引证该文件，同时删除描述不相关的现有技术的内容。应当指出，这种修改实际上使说明书增加了原申请的权利要求书和说明书未曾记载的内容，但由于修改仅涉及背景技术而不涉及发明本身，且增加的内容是申请日前已经公知的现有技术，因此是允许的。

（4）修改发明内容部分中与该发明所解决的技术问题有关的内容，使其与要求保护的主题相适应，即反映该发明的技术方案相对于最接近的现有技术所解决的技术问题。当然，修改后的内容不应超出原说明书和权利要求书记载的范围。

（5）修改发明内容部分中与该发明技术方案有关的内容，使其与独立权利要求请求保护的主题相适应。如果独立权利要求进行了符合《专利法》及其实施细则规定的修改，则允许该部分作相应的修改；如果独立权利要求未作修改，则允许在不改变原技术方案的基础上，对该部分进行理顺文字、改正不规范用词、统一技术术语等修改。

（6）修改发明内容部分中与该发明的有益效果有关的内容。只有在某（些）技术特征在原始申请文件中已清楚地记载，而其有益效果没有被清楚地提及，但所属技术领域的技术人员可以直接地、毫无疑义地从原始申请文件中推断出这种效果的情况下，才允许对发明的有益效果作合适的修改。

（7）修改附图说明。申请文件中有附图，但缺少附图说明的，允许补充所缺的附图说明；附图说明不清楚的，允许根据上下文作出合适的修改。

（8）修改最佳实施方式或者实施例。这种修改中允许增加的内容一般限于补入原实施方式，或者实施例中具体内容的出处，以及已记载的反映发明的有益效果数据的标准测量方法（包括所使用的标准设备、器具）。如果由检索结果得知原申请要求保护的部分主题已成为现有技术的一部分，则申请人应当将反映这部分主题的内容删除，或者明确写明其为现有技术。

（9）修改附图。删除附图中不必要的词语和注释，可将其补入说明书文字部分之中；修改附图中的标记使之与说明书文字部分相一致；在文字说明清楚的情况下，为使局部结构清楚起见，允许增加局部放大图；修改附图的阿拉伯数字编号，使每幅图使用一个编号。

（10）修改摘要。通过修改使摘要写明发明的名称和所属技术领域，清楚地反映所要解决的技术问题、解决该问题的技术方案的要点以及主要用途；删除商业性宣传用语；更换摘要附图，使其最能反映发明技术方案的主要技术特征。

（11）修改由所属技术领域的技术人员能够识别出的明显错误，即语法错误、文字错误和打印错误。对这些错误的修改必须是所属技术领域的技术人员能从说明书的整体及上下文看出的唯一的正确答案。

**3. 不允许的修改**

作为一个原则，凡是对说明书（及其附图）和权利要求书作出不符合《专利法》第三十三条规定的修改，均是不允许的。

具体地说，如果申请的内容通过增加、改变和/或删除其中的一部分，致使所属技术领域的技术人员看到的信息与原申请记载的信息不同，而且又不能从原申请记载的信息中直接地、毫无疑义地确定，那么，这种修改就是不允许的。

这里所说的申请内容，是指原说明书（及其附图）和权利要求书记载的内容，不包括任何优先权文件的内容。

（1）不允许的增加

不能允许的增加内容的修改，包括下述几种。

1）将某些不能从原说明书（包括附图）和/或权利要求书中直接明确认定的技术特征写入权利要求和/或说明书。

2）为使公开的发明清楚或者使权利要求完整而补入不能从原说明书（包括附图）和/或权利要求书中直接地、毫无疑义地确定的信息。

3）增加的内容是通过测量附图得出的尺寸参数技术特征。

4）引入原申请文件中未提及的附加组分，导致出现原申请没有的特殊效果。

5）补入了所属技术领域的技术人员不能直接从原始申请中导出的有益效果。

6）补入实验数据以说明发明的有益效果，和/或补入实施方式和实施例以说明在权利要求请求保护的范围内发明能够实施。

7）增补原说明书中未提及的附图，一般是不允许的；如果增补背景技术的附图，或者将原附图中的公知技术附图更换为最接近现有技术的附图，则应当允许。

（2）不允许的改变

不能允许的改变内容的修改，包括下述几种。

1）改变权利要求中的技术特征，超出了原权利要求书和说明书记载的范围。

【例1】

原权利要求限定了一种在一边开口的唱片套。附图中也只给出了一幅三边胶接在一起、一边开口的套子视图。如果申请人后来把权利要求修改成“至少在一边开口的套子”，而原说明书中又没有任何地方提到过“一个以上的边可以开口”，那么，这种改变超出了原权利要求书和说明书记载的范围。

【例2】

原权利要求涉及制造橡胶的成分，不能将其改成制造弹性材料的成分，除非原说明书已经清楚地指明。

【例3】

原权利要求请求保护一种自行车闸，后来申请人把权利要求修改成一种车辆的闸，而从原权利要求书和说明书不能直接得到修改后的技术方案。这种修改也超出了原权利要求书和说明书记载的范围。

【例4】

用不能从原申请文件中直接得出的“功能性术语+装置”的方式，来代替具有具体结构特征的零件或者部件。这种修改超出了原权利要求书和说明书记载的范围。

2）由不明确的内容改成明确具体的内容而引入原申请文件中没有的新的内容。

【例5】

一件有关合成高分子化合物的发明专利申请，原申请文件中只记载在“较高的温度”下进行聚合反应。当申请人看到审查员引证的一份对比文件中记载了在40℃下进行同样的聚合反应后，将原说明书中“较高的温度”改成“高于40℃的温度”。虽然“高于40℃的温度”的提法包括在“较高的温度”范围内，但是，所属技术领域的技术人员，并不能从原申请文件中理解到“较高的温度”是指“高于40℃的温度”。因此，这种修改引入了新内容。

3）将原申请文件中的几个分离的特征，改变成一种新的组合，而原申请文件没有明确提及这些分离的特征彼此间的关联。

4）改变说明书中的某些特征，使得改变后反映的技术内容不同于原申请文件记载的内容，超出了原说明书和权利要求书记载的范围。

【例6】

一件有关多层层压板的发明专利申请，其原申请文件中描述了几种不同的层状安排的实施方式，其中一种结构是外层为聚乙烯。如果申请人修改说明书，将外层的聚乙烯改变为聚丙烯，那么，这种修改是不允许的。因为修改后的层压板完全不同于原来记载的层压板。

【例7】

原申请文件中记载了“例如螺旋弹簧支持物”的内容，说明书经修改后改变为“弹性支持物”，导致将一个具体的螺旋弹簧支持方式，扩大到一切可能的弹性支持方式，使所反映的技术内容超出了原说明书和权利要求书记载的范围。

【例8】

原申请文件中限定温度条件为10℃或者300℃，后来说明书中修改为10～300℃，如果根据原申请文件记载的内容不能直接地、毫无疑义地得到该温度范围，则该修改超出了原说明书和权利要求书记载的范围。

【例9】

原申请文件中限定组合物的某成分的含量为5%或者45%～60%，后来说明书中修改为5%～60%，如果根据原申请文件记载的内容不能直接地、毫无疑义地得到该含量范围，则该修改超出了原说明书和权利要求书记载的范围。

（3）不允许的删除

不能允许删除某些内容的修改，包括下述几种。

1）从独立权利要求中删除在原申请中明确认定为发明的必要技术特征的那些技术特征，即删除在原说明书中始终作为发明的必要技术特征加以描述的那些技术特征；或者从权利要求中删除一个与说明书记载的技术方案有关的技术术语；或者从权利要求中删除在说明书中明确认定的关于具体应用范围的技术特征。例如，将“有肋条的侧壁”改成“侧壁”。又例如，原权利要求是“用于泵的旋转轴密封……”，修改后的权利要求是“旋转轴密封”。上述修改都是不允许的，因为在原说明书中找不到依据。

2）从说明书中删除某些内容而导致修改后的说明书超出了原说明书和权利要求书记载的范围。例如，一件有关多层层压板的发明专利申请，其说明书中描述了几种不同的层状安排的实施方式，其中一种结构是外层为聚乙烯。如果申请人修改说明书，将外层的聚乙烯这一层去掉，那么，这种修改是不允许的。因为修改后的层压板完全不同于原来记载的层压板。

3）如果在原说明书和权利要求书中没有记载某特征的原数值范围的其他中间数值，而鉴于对比文件公开的内容影响发明的新颖性和创造性，或者鉴于当该特征取原数值范围的某部分时发明不可能实施，申请人采用具体“放弃”的方式，从上述原数值范围中排除该部分，使得要求保护的技术方案中的数值范围从整体上看来明显不包括该部分，由于这样的修改超出了原说明书和权利要求书记载的范围，因此除非申请人能够根据申请原始记载的内容证明该特征取被“放弃”的数值时，本发明不可能实施，或者该特征取经“放弃”后的数值时，本发明具有新颖性和创造性，否则这样的修改不能被允许。例如，要求保护的技术方案中某一数值范围为 X1=600 ～ 10 000，对比文件公开的技术内容与该技术方案的区别仅在于其所述的数值范围为 X2=240 ～ 1 500，因为 X1 与 X2 部分重叠，故该权利要求无新颖性。申请人采用具体“放弃”的方式对 X1 进行修改，排除 X1 中与 X2 相重叠的部分，即 600 ～ 1 500，将要求保护的技术方案中该数值范围修改为 X1 ＞ 1 500 至 X1=10 000。如果申请人不能根据原始记载的内容和现有技术证明本发明在 X1 ＞ 1 500 至 X1=10 000 的数值范围相对于对比文件公开的 X2=240 ～ 1 500 具有创造性，也不能证明 X1 取 600 ～ 1 500 时，本发明不能实施，则这样的修改不能被允许。

## 七、驳回决定和授予专利权的通知

审查员应当在尽可能短的时间内完成申请的实质审查。通常，在发出一次或者两次审查意见通知书后，审查员就可以作出驳回决定或者发出授予专利权的通知书。决定或者通知书一经发出，申请人的任何呈文、答复和修改均不再予以考虑。

### （一）驳回决定

审查员在作出驳回决定之前，应当将其经实质审查认定申请属于《专利法实施细则》第五十三条规定的应予驳回情形的事实、理由和证据通知申请人，并给申请人至少一次陈述意见和 / 或修改申请文件的机会。

驳回决定一般应当在第二次审查意见通知书之后才能作出。但是，如果申请人在第一次审查意见通知书指定的期限内未针对通知书指出的可驳回缺陷提出有说服力的意见陈述和/或证据，也未针对该缺陷对申请文件进行修改或者修改仅是改正了错别字或更换了表述方式而技术方案没有实质上的改变，则审查员可以直接作出驳回决定。

如果申请人对申请文件进行了修改，即使修改后的申请文件仍然存在用已通知过申请人的理由和证据予以驳回的缺陷，但只要驳回所针对的事实改变，就应当给申请人再一次陈述意见和/或修改申请文件的机会。但对于此后再次修改涉及同类缺陷的，如果修改后的申请文件仍然存在足以用已通知过申请人的理由和证据予以驳回的缺陷，则审查员可以直接作出驳回决定，无须再次发出审查意见通知书，以兼顾听证原则与程序节约原则。

**1. 驳回的种类**

《专利法实施细则》第五十三条规定的驳回发明专利申请的情形如下。

（1）专利申请的主题违反法律、社会公德或者妨害公共利益，或者申请的主题是违反法律、行政法规的规定获取或者利用遗传资源，并依赖该遗传资源完成的，或者申请的主题属于《专利法》第二十五条规定的不授予发明专利权的客体。

（2）专利申请不是对产品、方法或者其改进所提出的新的技术方案。

（3）专利申请所涉及的发明在中国完成，且向外国申请专利前未报经专利行政部门进行保密审查的。

（4）专利申请的发明不具备新颖性、创造性或实用性。

（5）专利申请没有充分公开请求保护的主题，或者权利要求未以说明书为依据，或者权利要求未清楚、简要地限定要求专利保护的范围。

（6）专利申请是依赖遗传资源完成的发明创造，申请人在专利申请文件中没有说明该遗传资源的直接来源和原始来源；对于无法说明原始来源的，也没有陈述理由。

（7）专利申请不符合《专利法》关于发明专利申请单一性的规定。

（8）专利申请的发明是依照《专利法》第九条规定不能取得专利权的。

（9）独立权利要求缺少解决技术问题的必要技术特征。

（10）申请的修改或者分案的申请超出原说明书和权利要求书记载的范围。

**2. 驳回决定的组成**

驳回决定应当包括如下两部分。

（1）标准表格。标准表格中各项应当按照要求填写完整；申请人有两个以上的，应当填写所有申请人的姓名或者名称。

（2）驳回决定正文。驳回决定正文包括案由、驳回的理由以及决定3个部分。

**3. 驳回决定正文**

（1）案由

案由部分应当简要陈述申请的审查过程，特别是与驳回决定有关的情况，即历次的审查意见（包括所采用的证据）和申请人的答复概要、申请所存在的导致被驳回的缺陷以及驳回决定所针对的申请文本。

（2）驳回的理由

在驳回理由部分，审查员应当详细论述驳回决定所依据的事实、理由和证据，尤其应当注意下列各项要求。

1）正确选用法律条款。当可以同时根据专利法及其实施细则的不同条款驳回申请时，应当选择其中最为适合、占主导地位的条款作为驳回的主要法律依据，同时简要地指出申请中存在的其他实质性缺陷。

2）以令人信服的事实、理由和证据作为驳回的依据，而且对于这些事实、理由和证据的听证，已经符合驳回申请的条件。

3）对于不符合《专利法》第二十二条规定并且即使经过修改也不可能被授予专利权的申请，应当逐一地对每项权利要求进行分析。

驳回的理由要充分完整、说理透彻、逻辑严密、措词恰当，不能只援引法律条款或者只作出断言。审查员在驳回理由部分还应当对申请人的争辩意见进行简要的评述。

（3）决定

在决定部分，审查员应当写明驳回的理由属于《专利法实施细则》第五十三条的哪一种情形，并根据《专利法》第三十八条的规定引出驳回该申请的结论。

## （二）授予专利权的通知

发明专利申请经实质审查没有发现驳回理由的，专利行政部门应当作出授予专利权的决定。在作出授予专利权的决定之前，应当发出授予发明专利权的通知书。授权的文本，必须是经申请人以书面形式最后确认的文本。

在发出授予专利权的通知书前，允许审查员对准备授权的文本依职权作如下的修改。

（1）说明书方面。修改明显不适当的发明名称和/或发明所属技术领域；

改正错别字、错误的符号、标记等；修改明显不规范的用语；增补说明书各部分所遗漏的标题；删除附图中不必要的文字说明等。

（2）*权利要求书方面*。改正错别字、错误的标点符号、错误的附图标记、附图标记增加括号。但是，可能引起保护范围变化的修改，不属于依职权修改的范围。

（3）*摘要方面*。修改摘要中不适当的内容及明显的错误。审查员所作的上述修改应当通知申请人。

审查员还应当依次做好下述工作：在案卷封面上填写自己确定的该专利的 IPC 分类号并交本审查处的分类裁决负责人核定；将整理好的准备授权的文本放入公报袋，同时在公报袋上填写规定的项目并且盖章；填写授予专利权的通知书（标准表格），一式两份，盖章后，一份装订在案卷中，另一份放入申请案卷封面里夹；整理好一份完整的案卷，并且在封面和封底填写授权时案卷交接记录和授权发文记录；申请人对发明的名称进行了修改的，优先权经核实有变化的，或者经核定的 IPC 分类号相对于原分类号有变化的，还应当填写“著录项目变更通知单”一式两份，一份装订在案卷第一装订条的首页之前，另一份放入案卷封面里夹。

## 八、实质审查程序的终止、中止和恢复

### （一）程序的终止

发明专利申请的实质审查程序，因审查员作出驳回决定且决定生效，或者发出授予专利权的通知书，或者因申请人主动撤回申请，或者因申请被视为撤回而终止。

对于驳回或者授权的申请，审查员应当在其案卷封面上的“实审”一栏内写明“驳回”或者“授权”字样，并且盖章。

对于每件申请，审查员应当建立个人审查档案，便于今后的查询、统计。

### （二）程序的中止

实质审查程序可能因专利申请权归属纠纷的当事人根据《专利法实施细则》第八十六条第一款的规定提出请求而中止或因财产保全而中止。一旦审查员接到程序中止调回案卷的通知，应当在规定的期限内将案卷返还流程管理部门。

### （三）程序的恢复

专利申请因不可抗拒的事由或正当理由耽误《专利法》及其实施细则规定的期限或者专利行政部门指定的期限造成被视为撤回而导致程序终止的，根据《专利法实施细则》第六条第一款和第二款的规定，申请人可以向专利行政部门请求恢复被终止的实质审查程序，权利被恢复的，专利行政部门恢复实质审查程序。

对于因专利申请权归属纠纷当事人的请求而中止的实质审查程序，在专利行政部门收到发生法律效力的调解书或判决书后，凡不涉及权利人变动的，应及时予以恢复；涉及权利人变动的，在办理相应的著录项目变更手续后予以恢复。若自上述请求中止之日起一年内，专利申请权归属纠纷未能结案，请求人又未请求延长中止的，专利行政部门将自行恢复被中止的实质审查程序。

审查员在接到流程管理部门送达的有关恢复审查程序的书面通知和专利申请案卷后，应当重新启动实质审查程序。

### （四）前置审查与复审后的继续审查

根据《专利法实施细则》第六十二条的规定，审查员应当对专利复审委员会转送的复审请求书进行前置审查，并在收到转交的案卷之日起一个月内作出前置审查意见书，该前置审查意见书随案卷转送专利复审委员会，由专利复审委员会作出复审决定。

专利复审委员会作出撤销专利行政部门的驳回决定的复审决定后，审查员应当对专利申请进行继续审查。对继续审查的要求适用本章的规定，但在继续审查过程中，审查员不得以同一事实、理由和证据作出与该复审决定意见相反的驳回决定。

# 第七章
# 复审与无效请求的审查

根据《专利法》第四十一条第一款的规定，国务院专利行政部门设立专利复审委员会。专利复审委员会设主任委员、副主任委员、复审委员、兼职复审委员、复审员和兼职复审员。专利复审委员会主任委员由国务院专利行政部门局长兼任，副主任委员、复审委员和兼职复审委员由局长从局内有经验的技术和法律专家中任命，复审员和兼职复审员由局长从局内有经验的审查员和法律人员中聘任。

根据《专利法》第四十一条的规定，专利复审委员会对复审请求进行受理和审查，并作出决定。复审请求案件包括对初步审查和实质审查程序中驳回专利申请的决定不服而请求复审的案件。

根据《专利法》第四十五条和第四十六条第一款的规定，专利复审委员会对专利权无效宣告请求进行受理和审查，并作出决定。

当事人对专利复审委员会的决定不服，依法向人民法院起诉的，专利复审委员会可出庭应诉。

## 第一节　总　则

### 一、审查原则

复审请求审查程序（简称复审程序）和无效宣告请求审查程序（简称无效宣告程序）中普遍适用的原则包括：合法原则、公正执法原则、请求原则、依职权审查原则、听证原则和公开原则。

#### （一）合法原则

专利复审委员会应当依法行政，复审请求案件（简称复审案件）和无效宣告请求案件（简称无效宣告案件）的审查程序和审查决定应当符合法律、法规、规章等有关规定。

**（二）公正执法原则**

专利复审委员会以客观、公正、准确、及时为原则，坚持以事实为根据，以法律为准绳，独立地履行审查职责，不徇私情，全面、客观、科学地分析判断，作出公正的决定。

**（三）请求原则**

复审程序和无效宣告程序均应当基于当事人的请求启动。

请求人在专利复审委员会作出复审请求或者无效宣告请求审查决定前撤回其请求的，其启动的审查程序终止；但对于无效宣告请求，专利复审委员会认为根据已进行的审查工作能够作出宣告专利权无效或者部分无效的决定的除外。

请求人在审查决定的结论已宣布或者书面决定已经发出之后撤回请求的，不影响审查决定的有效性。

**（四）依职权审查原则**

专利复审委员会可以对所审查的案件依职权进行审查，而不受当事人请求的范围和提出的理由、证据的限制。

**（五）听证原则**

在作出审查决定之前，应当给予审查决定对其不利的当事人针对审查决定所依据的理由、证据和认定的事实陈述意见的机会，即审查决定对其不利的当事人已经通过通知书、转送文件或者口头审理被告知过审查决定所依据的理由、证据和认定的事实，并且具有陈述意见的机会。

在作出审查决定之前，在已经根据人民法院或者地方知识产权管理部门作出的生效的判决或者调解决定变更专利申请人或者专利权人的情况下，应当给予变更后的当事人陈述意见的机会。

**（六）公开原则**

除了根据国家法律、法规等规定需要保密的案件（包括专利申请人不服初审驳回提出复审请求的案件）以外，其他各种案件的口头审理应当公开举行，审查决定应当公开出版发行。

## 二、合议审查与独任审查

专利复审委员会合议审查的案件，应当由 3 ～ 5 人组成的合议组负责审查，其中包括组长 1 人、主审员 1 人、参审员 1 ～ 3 人。

### （一）合议组的组成

专利复审委员会根据专业分工、案源情况以及参加同一专利申请或者专利案件在先程序审查人员的情况，按照规定的程序确定、变更复审和无效宣告案件的合议组成员。

专利复审委员会各申诉处负责人和复审委员具有合议组组长资格；其他人员经主任委员或者副主任委员批准后获得合议组组长资格。

复审委员、复审员、兼职复审委员或者兼职复审员可以担任主审员或者参审员。从审查部依个案聘请的审查员可以担任参审员。

专利复审委员会作出维持专利权有效或者宣告专利权部分无效的审查决定以后，同一请求人针对该审查决定涉及的专利权以不同理由或者证据提出新的无效宣告请求的，作出原审查决定的主审员不再参加该无效宣告案件的审查工作。

对于审查决定被人民法院的判决撤销后重新审查的案件，一般应当重新成立合议组。

### （二）五人合议组

对下列案件，应当组成五人合议组。

（1）在国内或者国外有重大影响的案件。

（2）涉及重要疑难法律问题的案件。

（3）涉及重大经济利益的案件。

需要组成五人合议组的，由主任委员或者副主任委员决定，或者由有关处室负责人或者合议组成员提出后按照规定的程序报主任委员或者副主任委员审批。

由五人组成合议组审查的案件，在组成五人合议组之前没有进行过口头审理的，应当进行口头审理。

### （三）合议组成员的职责分工

组长负责主持复审或者无效宣告程序的全面审查，主持口头审理，主持合议会议及其表决，确定合议组的审查决定是否需要报主任委员或者副主任委员审批。

主审员负责案件的全面审查和案卷的保管，起草审查通知书和审查决定，负责合议组与当事人之间的事务性联系；在无效宣告请求审查结论为宣告专利权部分无效时，准备需要出版的公告文本。

参审员参与审查并协助组长和主审员工作。

### （四）合议组审查意见的形成

合议组依照少数服从多数的原则对复审或者无效宣告案件的审查所涉及的证据是否采信、事实是否认定以及理由是否成立等进行表决，作出审查决定。

### （五）独任审查

对于简单的案件，可以由一人独任审查。

## 三、回避制度与从业禁止

复审或者无效宣告案件合议组成员有《专利法实施细则》第三十七条规定情形之一的，应当自行回避；合议组成员应当自行回避而没有回避的，当事人有权请求其回避。

专利复审委员会主任委员或者副主任委员任职期间，其近亲属不得代理复审或者无效宣告案件；处室负责人任职期间，其近亲属不得代理该处室负责审理的复审或者无效宣告案件。

其中近亲属包括配偶、父母、子女、兄弟姐妹、祖父母、外祖父母、孙子女、外孙子女和其他具有扶养、赡养关系的亲属。

专利复审委员会主任委员或者副主任委员离职后三年内，其他人员离职后两年内，不得代理复审或者无效宣告案件。

当事人请求合议组成员回避的或者认为代理人不符合上述规定的，应当以书面方式提出，并且说明理由，必要时附具有关证据。专利复审委员会对当事人提出的请求，应当以书面方式作出决定，并通知当事人。

## 四、审查决定

### （一）审查决定的审批

合议组应当对审查决定的事实认定、法律适用、结论以及决定文件的形式和文字负全面责任。

合议组作出的审查决定，属下列情形的，须经主任委员或者副主任委员审核批准。

（1）组成五人合议组审查的案件。

（2）合议组的表决意见不一致的案件。

（3）专利复审委员会的审查决定被法院的判决撤销后，重新作出决定的案件。

负责审批合议组决定的主任委员或者副主任委员不同意合议组作出的审查决定时，可以提出意见并指示合议组重新合议；合议组重新合议后，与主任委员或者副主任委员的意见仍不一致的，主任委员或者至少两位副主任委员认为有必要在较大范围内进行研究的，应当召开有 2/3 以上的专利复审委员会主任委员、副主任委员和复审委员参加的会议进行讨论，合议组和负责审批的主任委员或者副主任委员应当按照与会人员 1/2 以上的多数意见处理。

案件的审批者对审查决定的法律适用及结论负审批责任。

### （二）审查决定的构成

审查决定包括下列部分。

**1. 审查决定的著录项目**

复审请求审查决定的著录项目应当包括决定号、决定日、发明创造名称、国际分类号（或者外观设计分类号）、复审请求人、申请号、申请日、发明专利申请的公开日和合议组成员。

无效宣告请求审查决定的著录项目应当包括决定号、决定日、发明创造名称、国际分类号（或者外观设计分类号）、无效宣告请求人、专利权人、专利号、申请日、授权公告日和合议组成员。

**2. 法律依据**

审查决定的法律依据是指审查决定的理由所涉及的法律、法规条款。

**3. 决定要点**

决定要点是决定正文中理由部分的实质性概括和核心论述。它是针对该案争论点或者难点所采用的判断性标准。决定要点应当对所适用的专利法、专利法实施细则有关条款作进一步解释，并尽可能地根据该案的特定情况得出具有指导意义的结论。

决定要点在形式上应当满足下列要求。

（1）以简明、扼要的文字表述。

（2）表述应当合乎逻辑、准确、严密和有根据，并与决定结论相适应。

（3）既不是简单地引用根据专利法或者专利法实施细则有关条款所得出的结论，也不是具体案由及结论的简述；可以从决定正文中摘出符合上述要求的关键语句。

**4. 案由**

案由部分应当按照时间顺序叙述复审或者无效宣告请求的提出、范围、理由、证据、受理，文件的提交、转送，审查过程以及主要争议等情况。这部分内容应当客观、真实，与案件中的相应记载相一致，能够正确地、概括性地反映案件的审查过程和争议的主要问题。

案由部分应当用简明、扼要的语言，对当事人陈述的意见进行归纳和概括，清楚、准确地反映当事人的观点，并且应当写明决定的结论对其不利的当事人的全部理由和证据。

在针对发明或者实用新型专利申请或者专利的复审或者无效宣告请求的审查决定中，应当写明审查决定所涉及的权利要求的内容。

**5. 决定的理由**

决定的理由部分应当阐明审查决定所依据的法律、法规条款的规定，得出审查结论所依据的事实，并且具体说明所述条款对该案件的适用。这部分内容的论述应当详细到足以根据所述规定和事实得出审查结论的程度。对于决定的结论对其不利的当事人的全部理由、证据和主要观点应当进行具体分析，阐明其理由不成立、观点不被采纳的原因。

对于涉及外观设计的审查决定，应当根据需要使用文字对所涉及外观设计的主要内容进行客观地描述。

**6. 结论**

结论部分应当给出具体的审查结论，并且应当对后续程序的启动、时限和受理单位等给出明确、具体的指示。

**7. 附图**

对于涉及外观设计的审查决定，应当根据需要使用外观设计的图片或者照片作为审查决定的附图。

### （三）审查决定的出版

专利复审委员会对其所作的复审和无效宣告请求审查决定的正文，除所针对的专利申请未公开的情况以外，应当全部公开出版。对于应当公开出版的审查决定，当事人对审查决定不服向法院起诉并已被受理的，在人民法院判决生效后，审查决定与判决书一起公开。

## 五、更正与驳回请求

### （一）受理的更正

复审或者无效宣告请求属于应当受理而不予受理的，或者已经受理而属于不予受理的，经主任委员或者副主任委员批准后进行更正，并且通知当事人。

### （二）通知书的更正

专利复审委员会对发出的各种通知书中存在的错误，发现后需要更正的，经主任委员或者副主任委员批准后进行更正，并且通知当事人。

### （三）审查决定的更正

对于复审或者无效宣告请求审查决定中的明显文字错误，发现后需要更正的，经主任委员或者副主任委员批准后进行更正，并以通知书随附替换页的形式通知当事人。

### （四）视为撤回的更正

对于已经按照视为撤回处理的复审请求或者无效宣告请求，一旦发现不应被视为撤回的，经主任委员或者副主任委员批准后进行更正，复审或者无效宣告程序继续进行，并且通知当事人。

### （五）其他处理决定的更正

专利复审委员会作出的其他处理决定需要更正的，经主任委员或者副主任委员批准后进行更正。

### （六）驳回请求

对于已经受理的复审或者无效宣告案件，经审查认定不符合受理条件的，经主任委员或者副主任委员批准后，作出驳回复审请求或者驳回无效宣告请求的决定。

### 六、关于审查决定被法院生效判决撤销后的审查程序

（1）复审请求或者无效宣告请求审查决定被人民法院的生效判决撤销后，专利复审委员会应当重新作出审查决定。

（2）因主要证据不足或者法律适用错误导致审查决定被撤销的，不得以相同的理由和证据作出与原决定相同的决定。

（3）因违反法定程序导致审查决定被撤销的，根据人民法院的判决，在纠正程序错误的基础上，重新作出审查决定。

## 第二节　复审请求的审查

复审程序是因申请人对驳回决定不服而启动的救济程序，同时也是专利审批程序的延续。因此，一方面，专利复审委员会一般仅针对驳回决定所依据的理由和证据进行审查，不承担对专利申请全面审查的义务；另一方面，为了提高专利授权的质量，避免不合理地延长审批程序，专利复审委员会可以依职权对驳回决定未提及的明显实质性缺陷进行审查。

### 一、复审请求的形式审查

专利复审委员会在收到复审请求书后，应当进行形式审查。

#### （一）复审请求客体

对专利行政部门作出的驳回决定不服的，专利申请人可以向专利复审委员会提出复审请求。复审请求不是针对专利行政部门作出的驳回决定的，不予受理。

#### （二）复审请求人资格

被驳回申请的申请人可以向专利复审委员会提出复审请求。复审请求人不是被驳回申请的申请人的，其复审请求不予受理。

被驳回申请的申请人属于共同申请人的，如果复审请求人不是全部申请人，专利复审委员会应当通知复审请求人在指定期限内补正；期满未补正的，其复审请求视为未提出。

### （三）期限

（1）在收到专利行政部门作出的驳回决定之日起三个月内，专利申请人可以向专利复审委员会提出复审请求；提出复审请求的期限不符合上述规定的，复审请求不予受理。

（2）提出复审请求的期限不符合上述规定、但在专利复审委员会作出不予受理的决定后复审请求人提出恢复权利请求的，如果该恢复权利请求符合《专利法实施细则》第六条和第九十九条第一款有关恢复权利的规定，则允许恢复，且复审请求应当予以受理；不符合该有关规定的，不予恢复。

（3）提出复审请求的期限不符合上述规定、但在专利复审委员会作出不予受理的决定前复审请求人提出恢复权利请求的，可对上述两请求合并处理；该恢复权利请求符合《专利法实施细则》第六条和第九十九条第一款有关恢复权利的规定的，复审请求应当予以受理；不符合该有关规定的，复审请求不予受理。

### （四）文件形式

复审请求人应当提交复审请求书，说明理由，必要时还应当附具有关证据。

复审请求书应当符合规定的格式，不符合规定格式的，专利复审委员会应当通知复审请求人在指定期限内补正；期满未补正或者在指定期限内补正但经两次补正后仍存在同样缺陷的，复审请求视为未提出。

### （五）费用

（1）复审请求人在收到驳回决定之日起三个月内提出了复审请求，但在此期限内未缴纳或者未缴足复审费的，其复审请求视为未提出。

（2）在专利复审委员会作出视为未提出决定后复审请求人提出恢复权利请求的，如果恢复权利请求符合《专利法实施细则》第六条和第九十九条第一款有关恢复权利的规定，则允许恢复，且复审请求应当予以受理；不符合上述规定的，不予恢复。

（3）在收到驳回决定之日起三个月后才缴足复审费，且在作出视为未提出决定前提出恢复权利请求的，可对上述两请求合并处理；该恢复权利请求符合《专利法实施细则》第六条和第九十九条第一款有关恢复权利的规定的，复审请求应当予以受理；不符合该有关规定的，复审请求视为未提出。

### （六）委托手续

（1）复审请求人委托专利代理机构请求复审或者解除、辞去委托的，应当按照规定在专利行政部门办理手续。但是，复审请求人在复审程序中委托专利代理机构，且委托书中写明其委托权限仅限于办理复审程序有关事务的，其委托手续或者解除、辞去委托的手续应当参照上述规定在专利复审委员会办理，无须办理著录项目变更手续。

复审请求人在专利复审委员会办理委托手续，但提交的委托书中未写明委托权限仅限于办理复审程序有关事务的，应当在指定期限内补正；期满未补正的，视为未委托。

（2）复审请求人与多个专利代理机构同时存在委托关系的，应当以书面方式指定其中一个专利代理机构作为收件人；未指定的，专利复审委员会将在复审程序中最先委托的专利代理机构视为收件人；最先委托的专利代理机构有多个的，专利复审委员会将署名在先的视为收件人；署名无先后（同日分别委托）的，专利复审委员会应当通知复审请求人在指定期限内指定；未在指定期限内指定的，视为未委托。

（3）对于根据《专利法》第十九条第一款规定应当委托专利代理机构的复审请求人，未按规定委托的，其复审请求不予受理。

### （七）形式审查通知书

（1）复审请求经形式审查不符合《专利法》及其实施细则和审查指南有关规定需要补正的，专利复审委员会应当发出补正通知书，要求复审请求人在收到通知书之日起十五日内补正。

（2）复审请求视为未提出或者不予受理的，专利复审委员会应当发出复审请求视为未提出通知书或者复审请求不予受理通知书，通知复审请求人。

（3）复审请求经形式审查符合《专利法》及其实施细则和审查指南有关规定的，专利复审委员会应当发出复审请求受理通知书，通知复审请求人。

## 二、前置审查

### （一）前置审查的程序

根据《专利法实施细则》第六十二条的规定，专利复审委员会应当将经形式审查合格的复审请求书（包括附具的证明文件和修改后的申请文件）连同案卷一并转交作出驳回决定的原审查部门进行前置审查。

原审查部门应当提出前置审查意见，作出前置审查意见书。除特殊情况外，前置审查应当在收到案卷后一个月内完成。

### （二）前置审查意见的类型

前置审查意见分为下列 3 种类型。

（1）复审请求成立，同意撤销驳回决定。

（2）复审请求人提交的申请文件修改文本克服了申请中存在的缺陷，同意在修改文本的基础上撤销驳回决定。

（3）复审请求人陈述的意见和提交的申请文件修改文本不足以使驳回决定被撤销，因而坚持驳回决定。

### （三）前置审查意见

（1）原审查部门应当说明其前置审查意见属于上述何种类型。坚持驳回决定的，应当对所坚持的各驳回理由及其涉及的各缺陷详细说明意见；所述意见和驳回决定相同的，可以简要说明，不必重复。

（2）复审请求人提交修改文本的，原审查部门应当进行审查：经审查，原审查部门认为修改符合规定的，应当以修改文本为基础进行前置审查；原审查部门认为修改不符合规定的，应当坚持驳回决定，并且在详细说明修改不符合规定的意见的同时，说明驳回决定所针对的申请文件中未克服的各驳回理由所涉及的缺陷。

（3）复审请求人提交新证据或者陈述新理由的，原审查部门应当对该证据或者理由进行审查。

（4）原审查部门在前置审查意见中不得补充驳回理由和证据，但下列情形除外。

1）对驳回决定和前置审查意见中主张的公知常识补充相应的技术词典、技术手册、教科书等所属技术领域中的公知常识性证据。

2）认为审查文本中存在驳回决定未指出，但足以用已告知过申请人的事实、理由和证据予以驳回的缺陷的，应当在前置审查意见中指出该缺陷。

3）认为驳回决定指出的缺陷仍然存在的，如果发现审查文本中还存在其他明显实质性缺陷或者与驳回决定所指出缺陷性质相同的缺陷，可以一并指出。

例如，原审查部门在审查意见通知书中曾指出原权利要求 1 不符合《专利法》第二十二条第三款的规定，但最终以修改不符合《专利法》第三十三条的规定为由作出驳回决定。在复审请求人将申请文件修改为原申请文件的情况下，如果原审查部门认为上述不符合《专利法》第二十二条第三款规定的缺陷依然存在，则属于第2种情形，此时原审查部门应当在前置审查意见中指出该缺陷。

（5）前置审查意见属于本节中二、前置审查下面（二）前置审查意见部分规定的第（1）种或者第（2）种类型的，专利复审委员会不再进行合议审查，应当根据前置审查意见作出复审决定，通知复审请求人，并且由原审查部门继续进行审批程序。原审查部门不得未经专利复审委员会作出复审决定而直接进行审批程序。

## 三、复审请求的合议审查

### （一）理由和证据的审查

在复审程序中，合议组一般仅针对驳回决定所依据的理由和证据进行审查。

除驳回决定所依据的理由和证据外，合议组发现审查文本中存在下列缺陷的，可以对与之相关的理由及其证据进行审查，并且经审查认定后，应当依据该理由及其证据作出维持驳回决定的审查决定。

（1）足以用在驳回决定作出前已告知过申请人的其他理由及其证据予以驳回的缺陷。

（2）驳回决定未指出的明显实质性缺陷或者与驳回决定所指出缺陷性质相同的缺陷。

例如，驳回决定指出权利要求1不具备创造性，经审查认定该权利要求请求保护的明显是永动机时，合议组应当以该权利要求不符合《专利法》第二十二条第四款的规定为由作出维持驳回决定的复审决定。

又如，驳回决定指出权利要求1因存在含义不确定的用语，导致保护范围不清楚，合议组发现权利要求2同样因存在此类用语而导致保护范围不清楚时，应当在复审程序中一并告知复审请求人；复审请求人的答复未使权利要求2的缺陷被克服的，合议组应当以不符合《专利法》第二十六条第四款的规定为由作出维持驳回决定的复审决定。

在合议审查中，合议组可以引入所属技术领域的公知常识，或者补充相应的技术词典、技术手册、教科书等所属技术领域中的公知常识性证据。

### （二）理由和证据的审查

在提出复审请求、答复复审通知书（包括复审请求口头审理通知书）或者参加口头审理时，复审请求人可以对申请文件进行修改。但是，所作修改应当符合《专利法》第三十三条和《专利法实施细则》第六十一条第一款的规定。

根据《专利法实施细则》第六十一条第一款的规定，复审请求人对申请文件的修改应当仅限于消除驳回决定或者合议组指出的缺陷。下列情形通常不符合上述规定。

（1）修改后的权利要求相对于驳回决定针对的权利要求扩大了保护范围。

（2）将与驳回决定针对的权利要求所限定的技术方案缺乏单一性的技术方案作为修改后的权利要求。

（3）改变权利要求的类型或者增加权利要求。

（4）针对驳回决定指出的缺陷未涉及的权利要求或者说明书进行修改。但修改明显文字错误，或者修改与驳回决定所指出缺陷性质相同的缺陷的情形除外。

在复审程序中，复审请求人提交的申请文件不符合《专利法实施细则》第六十一条第一款规定的，合议组一般不予接受，并应当在复审通知书中说明该修改文本不能被接受的理由，同时对之前可接受的文本进行审查。如果修改文本中的部分内容符合《专利法实施细则》第六十一条第一款的规定，合议组可以对该部分内容提出审查意见，并告知复审请求人应当对该文本中不符合《专利法实施细则》第六十一条第一款规定的部分进行修改，并提交符合规定的文本，否则合议组将以之前可接受的文本为基础进行审查。

### （三）审查方式

针对一项复审请求，合议组可以采取书面审理、口头审理或者书面审理与口头审理相结合的方式进行审查。

根据《专利法实施细则》第六十三条第一款的规定，有下列情形之一的，合议组应当发出复审通知书（包括复审请求口头审理通知书）或者进行口头审理。

（1）复审决定将维持驳回决定。

（2）需要复审请求人依照《专利法》及其实施细则和审查指南有关规定修改申请文件，才有可能撤销驳回决定。

（3）需要复审请求人进一步提供证据或者对有关问题予以说明。

（4）需要引入驳回决定未提出的理由或者证据。

针对合议组发出的复审通知书，复审请求人应当在收到该通知书之日起一个月内针对通知书指出的缺陷进行书面答复；期满未进行书面答复的，其复审请求视为撤回。复审请求人提交无具体答复内容的意见陈述书的，视为对复审通知书中的审查意见无反对意见。

针对合议组发出的复审请求口头审理通知书，复审请求人应当参加口头审理或者在收到该通知书之日起一个月内针对通知书指出的缺陷进行书面答复；如果该通知书已指出申请不符合《专利法》及其实施细则和审查指南有关规定的事实、理由和证据，复审请求人未参加口头审理且期满未进行书面答复的，其复审请求视为撤回。

## 四、复审请求审查决定

### （一）复审请求审查决定的类型

复审请求审查决定（简称复审决定）分为下列 3 种类型。

（1）复审请求不成立，维持驳回决定。

（2）复审请求成立，撤销驳回决定。

（3）专利申请文件经复审请求人修改，克服了驳回决定所指出的缺陷，在修改文本的基础上撤销驳回决定。

上述第 2 种类型包括下列情形。

（1）驳回决定适用法律错误的。

（2）驳回理由缺少必要的证据支持的。

（3）审查违反法定程序的，例如，驳回决定以申请人放弃的申请文本或者不要求保护的技术方案为依据；在审查程序中没有给予申请人针对驳回决定所依据的事实、理由和证据陈述意见的机会；驳回决定没有评价申请人提交的与驳回理由有关的证据，以至可能影响公正审理的。

（4）驳回理由不成立的其他情形。

### （二）复审请求审查决定的送达

根据《专利法》第四十一条第一款的规定，专利复审委员会应当将复审决定送达复审请求人。

### （三）复审决定对原审查部门的约束力

复审决定撤销原审查部门作出的决定的，专利复审委员会应当将有关的案卷返回原审查部门，由原审查部门继续审批程序。

原审查部门应当执行专利复审委员会的决定，不得以同样的事实、理由和证据作出与该复审决定意见相反的决定。

### 五、复审程序的终止

复审请求因期满未答复而被视为撤回的，复审程序终止。

在作出复审决定前，复审请求人撤回其复审请求的，复审程序终止。

已受理的复审请求因不符合受理条件而被驳回请求的，复审程序终止。

复审决定作出后复审请求人不服该决定的，可以根据《专利法》第四十一条第二款的规定在收到复审决定之日起三个月内向人民法院起诉；在规定的期限内未起诉或者人民法院的生效判决维持该复审决定的，复审程序终止。

## 第三节　无效宣告请求的审查

### 一、无效宣告请求的审查原则

无效宣告程序是专利公告授权后依当事人请求而启动的、通常为双方当事人参加的程序。

在无效宣告程序中，除总则规定的原则外，专利复审委员会还应当遵循一事不再理原则、当事人处置原则和保密原则。

### （一）一事不再理原则

对已作出审查决定的无效宣告案件涉及的专利权，以同样的理由和证据再次提出无效宣告请求的，不予受理和审理。

如果再次提出的无效宣告请求的理由（简称无效宣告理由）或者证据因时限等原因未被在先的无效宣告请求审查决定所考虑，则该请求不属于上述不予受理和审理的情形。

### （二）当事人处置原则

请求人可以放弃全部或者部分无效宣告请求的范围、理由及证据。对于请求人放弃的无效宣告请求的范围、理由和证据，专利复审委员会通常不再审查。

在无效宣告程序中，当事人有权自行与对方和解。对于请求人和专利权人均向专利复审委员会表示有和解愿望的，专利复审委员会可以给予双方当事人一定的期限进行和解，并暂缓作出审查决定，直至任何一方当事人要求专利复审委员会作出审查决定，或者专利复审委员会指定的期限已届满。

在无效宣告程序中，专利权人针对请求人提出的无效宣告请求主动缩小专利权保护范围且相应的修改文本已被专利复审委员会接受的，视为专利权人承认大于该保护范围的权利要求自始不符合《专利法》及其实施细则的有关规定，并且承认请求人对该权利要求的无效宣告请求，从而免去请求人对宣告该权利要求无效这一主张的举证责任。

在无效宣告程序中，专利权人声明放弃部分权利要求或者多项外观设计中的部分项的，视为专利权人承认该项权利要求或者外观设计自始不符合《专利法》及其实施细则的有关规定，并且承认请求人对该项权利要求或者外观设计的无效宣告请求，从而免去请求人对宣告该项权利要求或者外观设计无效这一主张的举证责任。

### （三）保密原则

在作出审查决定之前，合议组的成员不得私自将自己、其他合议组成员、负责审批的主任委员或者副主任委员对该案件的观点明示或者暗示给任何一方当事人。

为了保证公正执法和保密，合议组成员原则上不得与一方当事人会晤。

## 二、无效宣告请求的形式审查

专利复审委员会在收到无效宣告请求书后，应当进行形式审查。

### （一）无效宣告请求客体

无效宣告请求的客体应当是已经公告授权的专利，包括已经终止或者放弃（自申请日起放弃的除外）的专利。无效宣告请求不是针对已经公告授权的专利的，不予受理。

专利复审委员会作出宣告专利权全部或者部分无效的审查决定后，当事人在未收到该审查决定之日起三个月内向人民法院起诉或者人民法院生效判决维持该审查决定的，针对已被该决定宣告无效的专利权提出的无效宣告请求不予受理。

### （二）无效宣告请求人资格

请求人属于下列情形之一的，其无效宣告请求不予受理。

（1）请求人不具备民事诉讼主体资格的。

（2）以授予专利权的外观设计与他人在申请日以前已经取得的合法权利相冲突为理由请求宣告外观设计专利权无效，但请求人不能证明是在先权利人或者利害关系人的。其中，利害关系人是指有权根据相关法律规定就侵犯在先权利的纠纷向人民法院起诉或者请求相关行政管理部门处理的人。

（3）专利权人针对其专利权提出无效宣告请求且请求宣告专利权全部无效、所提交的证据不是公开出版物或者请求人不是共有专利权的所有专利权人。

（4）多个请求人共同提出一件无效宣告请求的，但属于所有专利权人针对其共有的专利权提出的除外。

### （三）无效宣告请求范围、理由与证据

（1）无效宣告请求书中应当明确无效宣告请求范围，未明确的，专利复审委员会应当通知请求人在指定期限内补正；期满未补正的，无效宣告请求视为未提出。

（2）无效宣告理由仅限于《专利法实施细则》第六十五条第二款规定的理由，并且应当以《专利法》及其实施细则中有关的条、款、项作为独立的理由提出。无效宣告理由不属于《专利法实施细则》第六十五条第二款规定的理由，不予受理。

（3）在专利复审委员会就一项专利权已作出无效宣告请求审查决定后，又以同样的理由和证据提出无效宣告请求的，不予受理，但所述理由或者证据因时限等原因未被所述决定考虑的情形除外。

（4）以授予专利权的外观设计与他人在申请日以前已经取得的合法权利相冲突为理由请求宣告外观设计专利权无效，但是未提交证明权利冲突的证据的，不予受理。

（5）请求人应当具体说明无效宣告理由，提交有证据的，应当结合提交的所有证据具体说明。对于发明或者实用新型专利需要进行技术方案对比的，应当具体描述涉案专利和对比文件中相关的技术方案，并进行比较分析；对于外观设计专利需要进行对比的，应当具体描述涉案专利和对比文件中相关

的图片或者照片表示的产品外观设计，并进行比较分析。例如，请求人针对《专利法》第二十二条第三款的无效宣告理由提交多篇对比文件的，应当指明与请求宣告无效的专利最接近的对比文件以及单独对比还是结合对比的对比方式，具体描述涉案专利和对比文件的技术方案，并进行比较分析。如果是结合对比，存在两种或者两种以上的结合方式，应当首先将最主要的结合方式进行比较分析。未明确最主要的结合方式，则默认第一组对比文件的结合方式为最主要结合方式。对于不同的独立权利要求，可以分别指明最接近的对比文件。

请求人未具体说明无效宣告理由的，或者提交有证据但未结合提交的所有证据具体说明无效宣告理由的，或者未指明每项理由所依据的证据，其无效宣告请求不予受理。

### （四）文件形式与费用

无效宣告请求书及其附件应当一式两份，并符合规定的格式，不符合规定格式的，专利复审委员会应当通知请求人在指定期限内补正；期满未补正或者在指定期限内补正但经两次补正后仍存在同样缺陷的，无效宣告请求视为未提出。

请求人自提出无效宣告请求之日起一个月内未缴纳或者未缴足无效宣告请求费的，其无效宣告请求视为未提出。

### （五）委托手续

（1）请求人或者专利权人在无效宣告程序中委托专利代理机构的，应当提交无效宣告程序授权委托书，且专利权人应当在委托书中写明委托权限仅限于办理无效宣告程序有关事务。

在无效宣告程序中，即使专利权人此前已就其专利委托了在专利权有效期内的全程代理并继续委托该全程代理的机构的，也应当提交无效宣告程序授权委托书。

（2）在无效宣告程序中，请求人委托专利代理机构的，或者专利权人委托专利代理机构且委托书中写明其委托权限仅限于办理无效宣告程序有关事务的，其委托手续或者解除、辞去委托的手续应当在专利复审委员会办理，无须办理著录项目变更手续。

请求人或者专利权人委托专利代理机构而未向专利复审委员会提交委托书或者委托书中未写明委托权限的，专利权人未在委托书中写明其委托权限仅限于办理无效宣告程序有关事务的，专利复审委员会应当通知请求人或者专利权人在指定期限内补正；期满未补正的，视为未委托。

（3）请求人和专利权人委托了相同的专利代理机构的，专利复审委员会应当通知双方当事人在指定期限内变更委托；未在指定期限内变更委托的，后委托的视为未委托，同一日委托的，视为双方均未委托。

（4）对于根据《专利法》第十九条第一款规定应当委托专利代理机构的请求人，未按规定委托的，其无效宣告请求不予受理。

（5）同一当事人与多个专利代理机构同时存在委托关系的，当事人应当以书面方式指定其中一个专利代理机构作为收件人；未指定的，专利复审委员会将在无效宣告程序中最先委托的专利代理机构视为收件人；最先委托的代理机构有多个的，专利复审委员会将署名在先的专利代理机构视为收件人；署名无先后（同日分别委托）的，专利复审委员会应当通知当事人在指定期限内指定；未在指定期限内指定的，视为未委托。

（6）当事人委托公民代理的，参照有关委托专利代理机构的规定办理。公民代理的权限仅限于在口头审理中陈述意见和接收当庭转送的文件。

（7）对于下列事项，代理人需要具有特别授权的委托书。

1）专利权人的代理人代为承认请求人的无效宣告请求。

2）专利权人的代理人代为修改权利要求书。

3）代理人代为和解。

4）请求人的代理人代为撤回无效宣告请求。

### （六）形式审查通知书

（1）无效宣告请求经形式审查不符合《专利法》及其实施细则和审查指南有关规定需要补正的，专利复审委员会应当发出补正通知书，要求请求人在收到通知书之日起十五日内补正。

（2）无效宣告请求视为未提出或者不予受理的，专利复审委员会应当发出无效宣告请求视为未提出通知书或者无效宣告请求不予受理通知书，通知请求人。

（3）无效宣告请求经形式审查符合《专利法》及其实施细则和审查指南有关规定的，专利复审委员会应当向请求人和专利权人发出无效宣告请求受理通知书，并将无效宣告请求书和有关文件副本转送专利权人，要求其在收到该通知书之日起一个月内答复。专利权人就其专利委托了在专利权有效期内的全程代理的，所述无效宣告请求书和有关文件副本转送该全程代理的机构。

（4）受理的无效宣告请求须等待在先作出的专利权无效或部分无效的审查决定生效而暂时无法审查的，专利复审委员会应当发出通知书通知请求人和专利权人；在先审查决定生效或者被人民法院生效判决予以撤销后，专利复审委员会应当及时恢复审查。

（5）受理的无效宣告请求涉及专利侵权案件的，专利复审委员会可以应人民法院、地方知识产权管理部门或者当事人的请求，向处理该专利侵权案件的人民法院或者地方知识产权管理部门发出无效宣告请求案件审查状态通知书。

## 三、无效宣告请求的合议审查

### （一）审查范围

在无效宣告程序中，专利复审委员会通常仅针对当事人提出的无效宣告请求的范围、理由和提交的证据进行审查，不承担全面审查专利有效性的义务。

专利复审委员会作出宣告专利权部分无效的审查决定后，当事人未在收到该审查决定之日起三个月内向人民法院起诉或者人民法院生效判决维持该审查决定的，针对该专利权的其他无效宣告请求的审查以维持有效的专利权为基础。

请求人在提出无效宣告请求时没有具体说明的无效宣告理由以及没有用于具体说明相关无效宣告理由的证据，且在提出无效宣告请求之日起一个月内也未补充具体说明的，专利复审委员会不予考虑。

专利复审委员会在下列情形可以依职权进行审查。

（1）请求人提出的无效宣告理由明显与其提交的证据不相对应的，专利复审委员会可以告知其有关法律规定的含义，允许其变更或者依职权变更为相对应的无效宣告理由。例如，请求人提交的证据为同一专利权人在专利申请日前申请并在专利申请日后公开的中国发明专利文件，而无效宣告理由为不符合《专利法》第九条第一款的，专利复审委员会可以告知请求人《专利法》第九条第一款和第二十二条第二款的含义，允许其将无效宣告理由变更为该专利不符合《专利法》第二十二条第二款，或者依职权将无效宣告理由变更为该专利不符合《专利法》第二十二条第二款。

（2）专利权存在请求人未提及的明显不属于专利保护客体的缺陷，专利复审委员会可以引入相关的无效宣告理由进行审查。

（3）专利权存在请求人未提及的缺陷而导致无法针对请求人提出的无效宣告理由进行审查的，专利复审委员会可以依职权针对专利权的上述缺陷引入相关无效宣告理由并进行审查。

例如，无效宣告理由为独立权利要求 1 不具备创造性，但该权利要求因不清楚而无法确定其保护范围，从而不存在审查创造性的基础的情形下，专利复审委员会可以引入涉及《专利法》第二十六条第四款的无效宣告理由并进行审查。

（4）请求人请求宣告权利要求之间存在引用关系的某些权利要求无效，而未以同样的理由请求宣告其他权利要求无效，不引入该无效宣告理由将会得出不合理的审查结论的，专利复审委员会可以依职权引入该无效宣告理由对其他权利要求进行审查。例如，请求人以权利要求 1 不具备新颖性、从属权利要求 2 不具备创造性为由请求宣告专利权无效，如果专利复审委员会认定权利要求 1 具有新颖性，而从属权利要求 2 不具备创造性，则可以依职权对权利要求 1 的创造性进行审查。

（5）请求人以权利要求之间存在引用关系的某些权利要求存在缺陷为由请求宣告其无效，而未指出其他权利要求也存在相同性质的缺陷，专利复审委员会可以引入与该缺陷相对应的无效宣告理由对其他权利要求进行审查。例如，请求人以权利要求 1 增加了技术特征而导致其不符合《专利法》第三十三条的规定为由请求宣告权利要求 1 无效，而未指出从属权利要求 2 也存在同样的缺陷，专利复审委员会可以引入《专利法》第三十三条的无效宣告理由对从属权利要求 2 进行审查。

（6）请求人以不符合《专利法》第三十三条或者《专利法实施细则》第四十三条第一款的规定为由请求宣告专利权无效，且对修改超出原申请文件记载范围的事实进行了具体的分析和说明，但未提交原申请文件的，专利复审委员会可以引入该专利的原申请文件作为证据。

（7）专利复审委员会可以依职权认定技术手段是否为公知常识，并可以引入技术词典、技术手册、教科书等所属技术领域中的公知常识性证据。

### （二）无效宣告理由的增加

（1）请求人在提出无效宣告请求之日起一个月内增加无效宣告理由的，应当在该期限内对所增加的无效宣告理由具体说明；否则，专利复审委员会不予考虑。

（2）请求人在提出无效宣告请求之日起一个月后增加无效宣告理由的，专利复审委员会一般不予考虑，但下列情形除外。

1）针对专利权人以删除以外的方式修改的权利要求，在专利复审委员会指定期限内针对修改内容增加无效宣告理由，并在该期限内对所增加的无效宣告理由具体说明的。

2）对明显与提交的证据不相对应的无效宣告理由进行变更的。

### （三）举证期限

**1. 请求人举证**

（1）请求人在提出无效宣告请求之日起一个月内补充证据的，应当在该期限内结合该证据具体说明相关的无效宣告理由，否则，专利复审委员会不予考虑。

（2）请求人在提出无效宣告请求之日起一个月后补充证据的，专利复审委员会一般不予考虑，但下列情形除外。

1）针对专利权人提交的反证，请求人在专利复审委员会指定的期限内补充证据，并在该期限内结合该证据具体说明相关无效宣告理由的。

2）在口头审理辩论终结前提交技术词典、技术手册和教科书等所属技术领域中的公知常识性证据或者用于完善证据法定形式的公证文书、原件等证据，并在该期限内结合该证据具体说明相关无效宣告理由的。

3）请求人提交的证据是外文的，提交其中文译文的期限适用该证据的举证期限。

**2. 专利权人举证**

专利权人应当在专利复审委员会指定的答复期限内提交证据，但对于技术词典、技术手册和教科书等所属技术领域中的公知常识性证据或者用于完善证据法定形式的公证文书、原件等证据，可以在口头审理辩论终结前补充。

专利权人提交或者补充证据的，应当在上述期限内对提交或者补充的证据具体说明。

专利权人提交的证据是外文的，提交其中文译文的期限适用该证据的举证期限。

专利权人提交或者补充证据不符合上述期限规定或者未在上述期限内对所提交或者补充的证据具体说明的，专利复审委员会不予考虑。

**3. 延期举证**

对于有证据表明因无法克服的困难在上述 1 和 2 中所述期限内不能提交

的证据，当事人可以在所述期限内书面请求延期提交。不允许延期提交明显不公平的，专利复审委员会应当允许延期提交。

### （四）审查方式

**1. 文件的转送**

专利复审委员会根据案件审查需要将有关文件转送有关当事人。需要指定答复期限的，指定答复期限为一个月。当事人期满未答复的，视为当事人已得知转送文件中所涉及的事实、理由和证据，并且未提出反对意见。

当事人提交的意见陈述书及其附件应当一式两份。

**2. 口头审理**

专利复审委员会根据当事人的请求或者案情需要可以决定对无效宣告请求进行口头审理。

**3. 无效宣告请求审查通知书**

在无效宣告程序中，有下列情形之一的，专利复审委员会可以向双方当事人发出无效宣告请求审查通知书。

（1）当事人主张的事实或者提交的证据不清楚或者有疑问的。

（2）专利权人对其权利要求书主动提出修改，但修改不符合专利法及其实施细则和审查指南有关规定的。

（3）需要依职权引入当事人未提及的理由或者证据的。

（4）需要发出无效宣告请求审查通知书的其他情形。

审查通知书的内容所针对的有关当事人应当在收到该通知书之日起一个月内答复。期满未答复的，视为当事人已得知通知书中所涉及的事实、理由和证据，并且未提出反对意见。

**4. 审查方式的选择**

在无效宣告程序中，针对不同的情形，采用下列方式进行审查。

（1）专利复审委员会已将无效宣告请求文件转送专利权人，并且指定答复期限届满后，无论专利权人是否答复，专利权人未要求进行口头审理，专利复审委员会认为请求人提交的证据充分，其请求宣告专利权全部无效的理由成立的，可以直接作出宣告专利权全部无效的审查决定；在这种情况下，请求人请求宣告无效的范围是宣告专利权部分无效的，专利复审委员会也可以针对该范围直接作出宣告专利权部分无效的决定。

专利权人提交答复意见的，将答复意见随直接作出的审查决定一并送达请求人。

（2）专利复审委员会已将无效宣告请求文件转送专利权人，并且指定答复期限届满后，无论专利权人是否答复，专利复审委员会认为请求人请求宣告无效的范围部分成立，可能会作出宣告专利权部分无效的决定的，专利复审委员会应当发出口头审理通知书，通过口头审理结案。专利权人提交答复意见的，将答复意见随口头审理通知书一并送达请求人。

（3）专利复审委员会已将无效宣告请求文件转送专利权人，在指定答复期限内专利权人已经答复，专利复审委员会认为专利权人提交的意见陈述理由充分，将会作出维持专利权的决定的，专利复审委员会应当根据案情，选择发出转送文件通知书或者无效宣告请求审查通知书进行书面审查，或者发出口头审理通知书随附转送文件通知书，通过口头审理结案。

（4）专利复审委员会已将无效宣告请求文件转送专利权人，在指定答复期限内专利权人没有答复，专利复审委员会认为请求人提交的证据不充分，其请求宣告专利权无效的理由不成立，将会作出维持专利权的决定的，专利复审委员会应当根据案情，选择发出无效宣告请求审查通知书进行书面审查，或者发出口头审理通知书，通过口头审理结案。

在发出口头审理通知书后，由于当事人原因未按期举行口头审理的，专利复审委员会可以直接作出审查决定。

### （五）案件的合并审理

为了提高审查效率和减少当事人负担，专利复审委员会可以对案件合并审理。合并审理的情形通常包括。

（1）针对一项专利权的多个无效宣告案件，尽可能合并口头审理。

（2）针对不同专利权的无效宣告案件，部分或者全部当事人相同且案件事实相互关联的，专利复审委员会可以依据当事人书面请求或者自行决定合并口头审理。

合并审理的各无效宣告案件的证据不得相互组合使用。

### （六）无效宣告程序中专利文件的修改

#### 1. 修改原则

发明或者实用新型专利文件的修改仅限于权利要求书，其原则如下。

（1）不得改变原权利要求的主题名称。

（2）与授权的权利要求相比，不得扩大原专利的保护范围。

（3）不得超出原说明书和权利要求书记载的范围。

（4）一般不得增加未包含在授权的权利要求书中的技术特征。

外观设计专利的专利权人不得修改其专利文件。

**2. 修改方式**

在满足上述修改原则的前提下，修改权利要求书的具体方式一般限于权利要求的删除、技术方案的删除、权利要求的进一步限定、明显错误的修正。

权利要求的删除是指从权利要求书中去掉某项或者某些项权利要求，例如独立权利要求或者从属权利要求。

技术方案的删除是指从同一权利要求中并列的两种以上技术方案中删除一种或者一种以上技术方案。

权利要求的进一步限定是指在权利要求中补入其他权利要求中记载的一个或者多个技术特征，以缩小保护范围。

**3. 修改方式的限制**

在专利复审委员会作出审查决定之前，专利权人可以删除权利要求或者权利要求中包括的技术方案。

仅在下列 3 种情形的答复期限内，专利权人可以以删除以外的方式修改权利要求书。

（1）针对无效宣告请求书。

（2）针对请求人增加的无效宣告理由或者补充的证据。

（3）针对专利复审委员会引入的请求人未提及的无效宣告理由或者证据。

## 四、无效宣告请求的类型

无效宣告请求审查决定分为下列 3 种类型。

（1）宣告专利权全部无效。

（2）宣告专利权部分无效。

（3）维持专利权有效。

宣告专利权无效包括宣告专利权全部无效和部分无效两种情形。根据《专利法》第四十七条的规定，宣告无效的专利权视为自始即不存在。

在无效宣告程序中，如果请求人针对一件发明或者实用新型专利的部分权利要求的无效宣告理由成立，针对其余权利要求（包括以合并方式修改后的权利要求）的无效宣告理由不成立，则无效宣告请求审查决定应当宣告上述无效宣告理由成立的部分权利要求无效，并且维持其余的权利要求有效。对于包含有若干个具有独立使用价值的产品的外观设计专利，如果请求人针对其中一部分产品的外观设计专利的无效宣告理由成立，针对其余产品的外观设计专利的无效宣告理由不成立，则无效宣告请求审查决定应当宣告无效宣告理由成立的该部分产品外观设计专利无效，并且维持其余产品的外观设计专利有效。例如，对于包含有同一产品两项以上的相似外观设计的一件外观设计专利，如果请求人针对其中部分项外观设计的无效宣告理由成立，针对其余外观设计的无效宣告理由不成立，则无效宣告请求审查决定应当宣告无效宣告理由成立的该部分项外观设计无效，并且维持其余外观设计有效。上述审查决定均属于宣告专利权部分无效的审查决定。

一项专利被宣告部分无效后，被宣告无效的部分应视为自始即不存在。但是被维持的部分（包括修改后的权利要求）也同时应视为自始即存在。

## 五、无效宣告请求审查决定的送达、登记和公告

### （一）决定的送达

根据《专利法》第四十六条第一款的规定，专利复审委员会应当将无效宣告请求审查决定送达双方当事人。

对于涉及侵权案件的无效宣告请求，在无效宣告请求审理开始之前曾通知有关人民法院或者地方知识产权管理部门的，专利复审委员会作出决定后，应当将审查决定和无效宣告审查结案通知书送达有关人民法院或者地方知识产权管理部门。

### （二）决定的登记和公告

根据《专利法》第四十六条第一款的规定，专利复审委员会作出宣告专利权无效（包括全部无效和部分无效）的审查决定后，当事人未在收到该审查决定之日起三个月内向人民法院起诉或者人民法院生效判决维持该审查决定的，由专利行政部门予以登记和公告。

## 六、无效宣告程序的终止

请求人在专利复审委员会对无效宣告请求作出审查决定之前，撤回其无效宣告请求的，无效宣告程序终止，但专利复审委员会认为根据已进行的审查工作能够作出宣告专利权无效或者部分无效的决定的除外。

请求人未在指定的期限内答复口头审理通知书，并且不参加口头审理，其无效宣告请求被视为撤回的，无效宣告程序终止，但专利复审委员会认为根据已进行的审查工作能够作出宣告专利权无效或者部分无效的决定的除外。

已受理的无效宣告请求因不符合受理条件而被驳回请求的，无效宣告程序终止。

在专利复审委员会对无效宣告请求作出审查决定之后，当事人未在收到该审查决定之日起三个月内向人民法院起诉，或者人民法院生效判决维持该审查决定的，无效宣告程序终止。

在专利复审委员会作出宣告专利权全部无效的审查决定后，当事人未在收到该审查决定之日起三个月内向人民法院起诉，或者人民法院生效判决维持该审查决定的，针对该专利权的所有其他无效宣告程序终止。

## 第四节　复审和无效宣告程序中有关口头审理的规定

### 一、口头审理的确定

口头审理是根据《专利法实施细则》第六十三条、第七十条的规定而设置的行政听证程序，其目的在于查清事实，给当事人当庭陈述意见的机会。

在无效宣告程序中，有关当事人可以向专利复审委员会提出进行口头审理的请求，并且说明理由。请求应当以书面方式提出。

无效宣告程序的当事人可以依据下列理由请求进行口头审理。

（1）当事人一方要求同对方当面质证和辩论。

（2）需要当面向合议组说明事实。

（3）需要实物演示。

（4）需要请出具过证言的证人出庭作证。

对于尚未进行口头审理的无效宣告案件，专利复审委员会在审查决定作出前收到当事人依据上述理由以书面方式提出口头审理请求的，合议组应当同意进行口头审理。

在复审程序中，复审请求人可以向专利复审委员会提出进行口头审理的请求，并且说明理由。请求应当以书面方式提出。

复审请求人可以依据下列理由请求进行口头审理。

（1）需要当面向合议组说明事实或者陈述理由。

（2）需要实物演示。

复审请求人提出口头审理请求的，合议组根据案件的具体情况决定是否进行口头审理。

在无效宣告程序或者复审程序中，合议组可以根据案情需要自行决定进行口头审理。针对同一案件已经进行过口头审理的，必要时可以再次进行口头审理。经主任委员或者副主任委员批准，专利复审委员会可以进行巡回口头审理，就地审理办案，并承担所需费用。

## 二、口头审理的通知

在无效宣告程序中，确定需要进行口头审理的，合议组应当向当事人发出口头审理通知书，通知进行口头审理的日期和地点等事项。口头审理的日期和地点一经确定一般不再改动，遇特殊情况需要改动的，须经双方当事人同意或者经主任委员或者副主任委员批准。当事人应当在收到口头审理通知之日起七日内向专利复审委员会提交口头审理通知书回执。无效宣告请求人期满未提交回执，并且不参加口头审理的，其无效宣告请求视为撤回，无效宣告请求审查程序终止。但专利复审委员会认为根据已进行的审查工作能够作出宣告专利权无效或者部分无效的决定的除外。专利权人不参加口头审理的，可以缺席审理。

在复审程序中，确定需要进行口头审理的，合议组应当向复审请求人发出口头审理通知书，通知进行口头审理的日期、地点以及口头审理拟调查的事项。合议组认为专利申请不符合《专利法》及其实施细则有关规定的，可以随口头审理通知书将专利申请不符合《专利法》及其实施细则有关规定的具体事实、理由和证据告知复审请求人。

合议组应当在口头审理通知书中告知复审请求人，可以选择参加口头审理进行口头答辩，或者在指定的期限内进行书面意见陈述。复审请求人应当在收到口头审理通知书之日起七日内向专利复审委员会提交口头审理通知书回执，并在回执中明确表示是否参加口头审理；逾期未提交回执的，视为不参加口头审理。

口头审理通知书中已经告知该专利申请不符合专利法及其实施细则和审查指南有关规定的具体事实、理由和证据的，如果复审请求人既未出席口头审理，也未在指定的期限内进行书面意见陈述，其复审请求视为撤回。

无效宣告程序或者复审程序的口头审理通知书回执中应当有当事人的签名或者盖章。表示参加口头审理的，应当写明参加口头审理人员的姓名。要求委派出具过证言的证人就其证言出庭作证的，应当在口头审理通知书回执中声明，并且写明该证人的姓名、工作单位（或者职业）和要证明的事实。

参加口头审理的每方当事人及其代理人的数量不得超过四人。回执中写明的参加口头审理人员不足四人的，可以在口头审理开始前指定其他人参加口头审理。一方有多人参加口头审理的，应当指定其中之一作为第一发言人进行主要发言。

当事人不能在指定日期参加口头审理的，可以委托其专利代理人或者其他人代表出庭。

当事人依照《专利法》第十九条规定委托专利代理机构代理的，该机构应当指派专利代理人参加口头审理。

## 三、口头审理前的准备

在口头审理开始前，合议组应当完成下列工作。

（1）将无效宣告程序中当事人提交的有关文件转送对方。

（2）阅读和研究案卷，了解案情，掌握争议的焦点和需要调查、辩论的主要问题。

（3）举行口头审理前的合议组会议，研究确定合议组成员在口头审理中的分工，调查的顺序和内容，应当重点查清的问题，以及口头审理中可能出现的各种情况及处置方案。

（4）准备必要的文件。

（5）口头审理两天前应当公告进行该口头审理的有关信息（口头审理不公开进行的除外）。

（6）口头审理其他事务性工作的准备。

## 四、口头审理的进行

口头审理按照通知书指定的日期进行。

口头审理应当公开进行，但根据国家法律、法规等规定需要保密的除外。

### 1. 口头审理第一阶段

在口头审理开始前，合议组应当核对参加口头审理人员的身份证件，并确认其是否有参加口头审理的资格。

口头审理由合议组组长主持。合议组组长宣布口头审理开始后，介绍合议组成员；由当事人介绍出席口头审理的人员，有双方当事人出庭的，还应当询问双方当事人对于对方出席人员资格有无异议；合议组组长宣读当事人的权利和义务；询问当事人是否请求审案人员回避，是否请证人作证和请求演示物证。

在有双方当事人参加的口头审理中，还应当询问当事人是否有和解的愿望。双方当事人均有和解愿望并欲当庭协商的，暂停口头审理；双方和解条件差别较小的，可以中止口头审理；双方和解条件差别较大，难以短时间内达成和解协议的，或者任何一方当事人没有和解愿望的，口头审理继续进行。

**2. 口头审理第二阶段**

在进行口头审理调查之前，必要时，由合议组成员简要介绍案情。然后，开始进行口头审理调查。

在无效宣告程序的口头审理中，首先，由无效宣告请求人陈述无效宣告请求的范围及其理由，并简要陈述有关事实和证据，再由专利权人进行答辩。其次，由合议组就案件的无效宣告请求的范围、理由和各方当事人提交的证据进行核对，确定口头审理的审理范围。当事人当庭增加理由或者补充证据的，合议组应当根据有关规定判断所述理由或者证据是否予以考虑。决定予以考虑的，合议组应当给予首次得知所述理由或者收到所述证据的对方当事人选择当庭口头答辩或者以后进行书面答辩的权利。再次，由无效宣告请求人就无效宣告理由以及所依据的事实和证据进行举证，最后，由专利权人进行质证，需要时专利权人可以提出反证，由对方当事人进行质证。案件存在多个无效宣告理由、待证事实或者证据的，可以要求当事人按照无效宣告理由和待证事实逐个举证和质证。

在复审程序的口头审理中，在合议组告知复审请求人口头审理调查的事项后，由复审请求人进行陈述。复审请求人当庭提交修改文本的，合议组应当审查该修改文本是否符合专利法及其实施细则和审查指南的有关规定。

在口头审理调查过程中，为了全面、客观地查清案件事实，合议组成员可以就有关事实和证据向当事人或者证人提问，也可以要求当事人或者证人作出解释。提问应当公正、客观、具体、明确。

**3. 口头审理第三阶段**

在无效宣告程序的口头审理调查后，进行口头审理辩论。

在双方当事人对案件证据和事实无争议的情况下，可以在双方当事人对证据和事实予以确认的基础上，直接进行口头审理辩论。由当事人就证据所表明的事实、争议的问题和适用的法律、法规各自陈述其意见，并进行辩论。在口头审理辩论时，合议组成员可以提问，但不得发表自己的倾向性意见，也不得与任何一方当事人辩论。在口头审理辩论过程中，当事人又提出事先已提交过、但未经调查的事实或者证据的，合议组组长可以宣布中止辩论，恢复口头审理调查。调查结束后，继续进行口头审理辩论。

在双方当事人的辩论意见表达完毕后，合议组组长宣布辩论终结，由双方当事人作最后意见陈述。在进行最后意见陈述时，无效宣告请求人可以坚持原无效宣告请求，也可以请求撤回无效宣告请求，还可以放弃无效宣告请求的部分理由及相应证据，或者缩小无效宣告请求的范围；专利权人可以坚持要求驳回无效宣告请求人的无效宣告请求，也可以声明缩小专利保护范围或者放弃部分权利要求。此后，再次以前述方式处理和解事宜。

在复审程序的口头审理调查后，合议组可以就有关问题发表倾向性意见，必要时将其认为专利申请不符合《专利法》及其实施细则和审查指南有关规定的具体事实、理由和证据告知复审请求人，并听取复审请求人的意见。

**4. 口头审理第四阶段**

在口头审理过程中，合议组可以根据案情需要休庭合议。

合议组组长宣布暂时休庭，合议组进行合议。随后，重新开始口头审理，合议组组长宣布口头审理结论。口头审理结论可以是审查决定的结论，也可以是其他结论，例如，案件事实已经查清，可以作出审查决定等结论。至此，口头审理结束。

## 五、口头审理的中止

有下列情形之一的，合议组组长可以宣布中止口头审理，并在必要时确定继续进行口头审理的日期。

（1）当事人请求审案人员回避的。

（2）因和解需要协商的。

（3）需要对发明创造进一步演示的。

（4）合议组认为必要的其他情形。

## 六、口头审理的终止

对于事实已经调查清楚、可以作出审查决定并且不属于需要经过主任委员或者副主任委员审核批准的案件，合议组可以当场宣布审查决定的结论。

对于经口头审理拟当场宣布审查决定结论的案件，需要经主任委员或者副主任委员审核批准的，应当在批准后宣布审查决定的结论。

合议组不当场宣布审查决定结论的，由合议组组长作简要说明。

在上述 3 种情况下，均由合议组组长宣布口头审理终止。

此后，在一定期限内，将决定的全文以书面形式送达当事人。

## 七、当事人的缺席与中途退庭

有当事人未出席口头审理的，只要一方当事人的出庭符合规定，合议组按照规定的程序进行口头审理。

在无效宣告程序或者复审程序的口头审理过程中，未经合议组许可，当事人不得中途退庭。当事人未经合议组许可而中途退庭的，或者因妨碍口头审理进行而被合议组责令退庭的，合议组可以缺席审理。但是，应当就该当事人已经陈述的内容及其中途退庭或者被责令退庭的事实进行记录，并由当事人或者合议组签字确认。

## 八、证人出庭作证

出具过证言并在口头审理通知书回执中写明的证人可以就其证言出庭作证。当事人在口头审理中提出证人出庭作证请求的，合议组可根据案件的具体情况决定是否准许。

证人出庭作证时，应当出示证明其身份的证件。合议组应当告知其诚实作证的法律义务和作伪证的法律责任。出庭作证的证人不得旁听案件的审理。询问证人时，其他证人不得在场，但需要证人对质的除外。

合议组可以对证人进行提问。在双方当事人参加的口头审理中，双方当事人可以对证人进行交叉提问。证人应当对合议组提出的问题作出明确回答，对于当事人提出的与案件无关的问题可以不回答。

## 九、记录

在口头审理中，由书记员或者合议组组长指定的合议组成员进行记录。担任记录的人员应当将重要的审理事项记入口头审理笔录。除笔录外，合议组还可以使用录音、录像设备进行记录。

在重要的审理事项记录完毕后或者在口头审理终止时，合议组应当将笔录交当事人阅读。对笔录的差错，当事人有权请求记录人更正。笔录核实无误后，应当由当事人签字并存入案卷。当事人拒绝签字的，由合议组组长在口头审理笔录中注明。

上述重要的审理事项如下。

（1）在无效宣告程序的口头审理中，当事人声明放弃的权利要求、无效宣告请求的范围、理由或者证据。

（2）在无效宣告程序的口头审理中，双方当事人均认定的重要事实。

（3）在复审程序的口头审理中，合议组当庭告知复审请求人其专利申请不符合专利法及其实施细则和审查指南有关规定的具体事实、理由和证据以及复审请求人陈述的主要内容。

（4）其他需要记录的重要事项。

### 十、旁听

在口头审理中允许旁听，旁听者无发言权；未经批准，不得拍照、录音和录像，也不得向参加口头审理的当事人传递有关信息。

必要时，专利复审委员会可以要求旁听者办理旁听手续。

### 十一、当事人权利与义务

合议组组长应当在口头审理开始阶段告知当事人在口头审理中的权利和义务。

**1. 当事人的权利**

当事人有权请求审案人员回避；无效宣告程序中的当事人有权与对方当事人和解；有权在口头审理中请出具过证言的证人就其证言出庭作证和请求演示物证；有权进行辩论。无效宣告请求人有权请求撤回无效宣告请求，放弃无效宣告请求的部分理由及相应证据，以及缩小无效宣告请求的范围。专利权人有权放弃部分权利要求及其提交的有关证据。复审请求人有权撤回复审请求；有权提交修改文件。

**2. 当事人的义务**

当事人应当遵守口头审理规则，维护口头审理的秩序；发言时应当征得合议组组长同意，任何一方当事人不得打断另一方当事人的发言；辩论中应当摆事实、讲道理；发言和辩论仅限于合议组指定的与审理案件有关的范围；当事人对自己提出的主张有举证责任，反驳对方主张的，应当说明理由；口头审理期间，未经合议组许可不得中途退庭。

## 第五节　无效宣告程序中有关证据问题的规定

### 一、当事人举证

#### （一）举证责任的分配

当事人对自己提出的无效宣告请求所依据的事实或者反驳对方无效宣告请求所依据的事实有责任提供证据加以证明。

在依据前述规定无法确定举证责任承担时，专利复审委员会可以根据公平原则和诚实信用原则，综合当事人的举证能力以及待证事实发生的盖然性等因素确定举证责任的承担。

没有证据或者证据不足以证明当事人的事实主张的，由负有举证责任的当事人承担不利后果。

### （二）证据的提交

**1. 外文证据的提交**

当事人提交外文证据的，应当提交中文译文，未在举证期限内提交中文译文的，该外文证据视为未提交。

当事人应当以书面方式提交中文译文，未以书面方式提交中文译文的，该中文译文视为未提交。

当事人可以仅提交外文证据的部分中文译文。该外文证据中没有提交中文译文的部分，不作为证据使用。但当事人应专利复审委员会的要求补充提交该外文证据其他部分的中文译文的除外。

对方当事人对中文译文内容有异议的，应当在指定的期限内对有异议的部分提交中文译文。没有提交中文译文的，视为无异议。

对中文译文出现异议时，双方当事人就异议部分达成一致意见的，以双方最终认可的中文译文为准。双方当事人未能就异议部分达成一致意见的，必要时，专利复审委员会可以委托翻译。双方当事人就委托翻译达成协议的，专利复审委员会可以委托双方当事人认可的翻译单位进行全文、所使用部分或者有异议部分的翻译。双方当事人就委托翻译达不成协议的，专利复审委员会可以自行委托专业翻译单位进行翻译。委托翻译所需翻译费用由双方当事人各承担 50%；拒绝支付翻译费用的，视为其承认对方当事人提交的中文译文正确。

**2. 域外证据及香港、澳门、台湾地区形成的证据的证明手续**

域外证据是指在中华人民共和国领域外形成的证据，该证据应当经所在国公证机关予以证明，并经中华人民共和国驻该国使领馆予以认证，或者履行中华人民共和国与该所在国订立的有关条约中规定的证明手续。

当事人向专利复审委员会提供的证据是在香港、澳门、台湾地区形成的，应当履行相关的证明手续。

但是在以下 3 种情况下，对上述两类证据，当事人可以在无效宣告程序中不办理相关的证明手续。

（1）该证据是能够从除香港、澳门、台湾地区外的国内公共渠道获得的，如从专利行政部门获得的国外专利文件，或者从公共图书馆获得的国外文献资料。

（2）有其他证据足以证明该证据真实性的。

（3）对方当事人认可该证据的真实性的。

**3. 物证的提交**

当事人应当在举证期限内向专利复审委员会提交物证。当事人提交物证的，应当在举证期限内提交足以反映该物证客观情况的照片和文字说明，具体说明依据该物证所要证明的事实。

当事人确有正当理由不能在举证期限内提交物证的，应当在举证期限内书面请求延期提交，但仍应当在上述期限内提交足以反映该物证客观情况的照片和文字说明，具体说明依据该物证所要证明的事实。当事人最迟在口头审理辩论终结前提交该物证。

对于经公证机关公证封存的物证，当事人在举证期限内可以仅提交公证文书而不提交该物证，但最迟在口头审理辩论终结前提交该物证。

## 二、专利复审委员会对证据的调查收集

专利复审委员会一般不主动调查收集审查案件需要的证据。对当事人及其代理人确因客观原因不能自行收集的证据，应当事人在举证期限内提出的申请，专利复审委员会认为确有必要时，可以调查收集。

专利复审委员会可以实地调查收集有关证据，也可以委托地方知识产权管理部门或者其他有关职能部门调查收集有关证据。

应当事人的申请对证据进行调查收集的，所需费用由提出申请的当事人或者专利复审委员会承担。专利复审委员会自行决定调查收集证据的，所需费用由专利复审委员会承担。

## 三、证据的质证和审核认定

### （一）证据的质证

证据应当由当事人质证，未经质证的证据，不能作为认定案件事实的依据。

质证时，当事人应当围绕证据的关联性、合法性、真实性，针对证据证明力有无以及证明力大小，进行质疑、说明和辩驳。

### （二）证据的审核

合议组对于当事人提交的证据应当逐一进行审查和对全部证据综合进行审查。

合议组应当明确证据与案件事实之间的证明关系，排除不具有关联性的证据。

合议组应当根据案件的具体情况，从以下方面审查证据的合法性。

（1）证据是否符合法定形式。

（2）证据的取得是否符合法律、法规的规定。

（3）是否有影响证据效力的其他违法情形。

合议组应当根据案件的具体情况，从以下方面审查证据的真实性。

（1）证据是否为原件、原物，复印件、复制品与原件、原物是否相符。

（2）提供证据的人与当事人是否有利害关系。

（3）发现证据时的客观环境。

（4）证据形成的原因和方式。

（5）证据的内容。

（6）影响证据真实性的其他因素。

### （三）证据的认定

对于一方当事人提出的证据，另一方当事人认可或者提出的相反证据不足以反驳的，专利复审委员会可以确认其证明力。

对于一方当事人提出的证据，另一方当事人有异议并提出反驳证据，对方当事人对反驳证据认可的，可以确认反驳证据的证明力。

双方当事人对同一事实分别举出相反的证据，但都没有足够的依据否定对方证据的，专利复审委员会应当结合案件情况，判断一方提供证据的证明力是否明显大于另一方提供证据的证明力，并对证明力较大的证据予以确认。

因证据的证明力无法判断导致争议事实难以认定的，专利复审委员会应当依据举证责任分配的规则作出判定。

**1. 证人证言**

证人应当陈述其亲历的具体事实。证人根据其经历所作的判断、推测或者评论，不能作为认定案件事实的依据。

专利复审委员会认定证人证言，可以通过对证人与案件的利害关系以及证人的智力状况、品德、知识、经验、法律意识和专业技能等的综合分析作出判断。

证人应当出席口头审理作证，接受质询。未能出席口头审理作证的证人所出具的书面证言不能单独作为认定案件事实的依据，但证人确有困难不能出席口头审理作证的除外。证人确有困难不能出席口头审理作证的，专利复审委员会根据前款的规定对其书面证言进行认定。

**2. 认可和承认**

在无效宣告程序中，一方当事人明确认可的另外一方当事人提交的证据，专利复审委员会应当予以确认。但其与事实明显不符，或者有损国家利益、社会公共利益，或者当事人反悔并有相反证据足以推翻的除外。

在无效宣告程序中，对一方当事人陈述的案件事实，另外一方当事人明确表示承认的，专利复审委员会应当予以确认。

但其与事实明显不符，或者有损国家利益、社会公共利益，或者当事人反悔并有相反证据足以推翻的除外；另一方当事人既未承认也未否认，经合议组充分说明并询问后，其仍不明确表示肯定或者否定的，视为对该项事实的承认。

当事人委托代理人参加无效宣告程序的，代理人的承认视为当事人的承认。但是，未经特别授权的代理人对事实的承认直接导致承认对方无效宣告请求的除外；当事人在场但对其代理人的承认不作否认表示的，视为当事人的承认。

进行口头审理的案件当事人在口头审理辩论终结前，没有进行口头审理的案件当事人在无效宣告决定作出前撤回承认并经对方当事人同意，或者有充分证据证明其承认行为是在受胁迫或者重大误解情况下作出且与事实不符的，专利复审委员会不予确认该承认的法律效力。

在无效宣告程序中，当事人为达成调解协议或者和解的目的作出妥协所涉及的对案件事实的认可，不得在其后的无效宣告程序中作为对其不利的证据。

**3. 公知常识**

主张某技术手段是本领域公知常识的当事人，对其主张承担举证责任。该当事人未能举证证明或者未能充分说明该技术手段是本领域公知常识，并且对方当事人不予认可的，合议组对该技术手段是本领域公知常识的主张不予支持。

当事人可以通过教科书或者技术词典、技术手册等工具书记载的技术内容来证明某项技术手段是本领域的公知常识。

**4. 公证文书**

一方当事人将公证文书作为证据提交时，有效公证文书所证明的事实，应当作为认定事实的依据，但有相反证据足以推翻公证证明的除外。

如果公证文书在形式上存在严重缺陷，例如缺少公证人员签章，则该公证文书不能作为认定案件事实的依据。

如果公证文书的结论明显缺乏依据或者公证文书的内容存在自相矛盾之处，则相应部分的内容不能作为认定案件事实的依据。例如，公证文书仅根据证人的陈述而得出证人陈述内容具有真实性的结论，则该公证文书的结论不能作为认定案件事实的依据。

## 四、其他

**1. 互联网证据的公开时间**

公众能够浏览互联网信息的最早时间为该互联网信息的公开时间，一般以互联网信息的发布时间为准。

**2. 申请日后记载的使用公开或者口头公开**

申请日后（含申请日）形成的记载有使用公开或者口头公开内容的书证，或者其他形式的证据可以用来证明专利在申请日前使用公开或者口头公开。

在判断上述证据的证明力时，形成于专利公开前（含公开日）的证据的证明力一般大于形成于专利公开后的证据的证明力。

**3. 技术内容和问题的咨询、鉴定**

专利复审委员会可以根据需要邀请有关单位或者专家对案件中涉及的技术内容和问题提供咨询性意见，必要时可以委托有关单位进行鉴定，所需的费用根据案件的具体情况由专利复审委员会或者当事人承担。

**4. 当事人提交的样品等不作为证据的物品的处理**

在无效宣告程序中，当事人在提交样品等不作为证据的物品时，有权以书面方式请求在其案件审结后取走该物品。

对于当事人提出的取走物品的请求，合议组应当根据案件审查以及后续程序的需要决定何时允许取走。允许当事人取走物品时，专利复审委员会应当通知提交该物品的当事人，当事人应当在收到该通知之日起三个月内取走该物品。期满未取走的，或者在提交物品时未提出取走请求的，专利复审委员会有权处置该物品。

# 第三篇 专利实施与保护制度

# 第八章
# 专利权的实施

《专利法》第一条规定："为了保护专利权人的合法权益，鼓励发明创造，推动发明创造的应用，提高创新能力，促进科学技术进步和经济社会发展，制定本法。"专利权作为一种无形财产权，除了适用一般民事权利保护的规则外，《专利法》第七章还规定了专利权保护的特殊规则，以在更好地保障专利权人的正当权益的同时，兼顾公众的利益和社会效应，从而对全社会的经济发展、科技进步与民生福祉起到积极的促进作用。

## 第一节　专利权的生效与期限

### 一、专利权的生效

#### （一）专利权的生效条件

《专利法》第三十九条规定："发明专利申请经实质审查没有发现驳回理由的，由国务院专利行政部门作出授予发明专利权的决定，发给发明专利证书，同时予以登记和公告。发明专利权自公告之日起生效。"

《专利法》第四十条规定："实用新型和外观设计专利申请经初步审查没有发现驳回理由的，由国务院专利行政部门作出授予实用新型专利权或者外观设计专利权的决定，发给相应的专利证书，同时予以登记和公告。实用新型专利权和外观设计专利权自公告之日起生效。"

专利权获得的程序性条件是国务院专利行政部门对其进行初步审查（实用新型和外观设计）或者实质审查（发明）没有发现驳回理由，而非通常所说的"符合相关条件"，其原因在于：对于发明专利而言，审查员不可能熟悉和检索到全部的现有技术，因此无法保证所有的发明专利都符合新颖性、创造性等全部要求；对于实用新型和外观设计专利，则只进行初步审查，而不对创造性、与现有设计的区别进行实质性审查。因此，当专利权被授予后，还可能根据后续程序被宣告无效，这也是法律对于实际专利权人的一种特殊保护方式。

此外，《专利法实施细则》第五十四条还规定："国务院专利行政部门发出授予专利权的通知后，申请人应当自收到通知之日起两个月内办理登记手续。申请人按期办理登记手续的，国务院专利行政部门应当授予专利权，颁发专利证书，并予以公告。期满未办理登记手续的，视为放弃取得专利权的权利。"可见，经审查没有发现驳回理由的专利申请，申请人还应在指定时间内办理登记，方能取得专利权。

### （二）专利权的生效时间

专利权是一种对世权，根据《专利法》第三十九条与第四十条的规定，3 种专利权均自公告之日起生效。《专利法实施细则》第五十四条明确规定："申请人按期办理登记手续的，国务院专利行政部门应当授予专利权，颁发专利证书，并予以公告。"也就是说，专利权登记、专利证书颁发以及专利公告是同时进行的。其中，专利证书是证明申请人被授予专利权的法定文件，授权登记是国务院专利行政部门在专利登记簿上对专利权的记载，专利公告则是向公众告知该专利权的授予。按照我国专利实践，这三者为同一天，而之所以强调"公告之日"为生效日，是因为公告具有公示效力。

在实践中，为了让专利证书的日期、授权登记的日期和公告日期统一，还需要做一些技术上的处理。因为专利公报是按周定期出版的，故国务院专利行政部门在颁发专利证书和作授权登记时，会特别确保前两者上记载的日期与未来该专利的公告日期为同一天。

## 二、专利权的期限

为了保护专利权人的合法权益，鼓励发明创造，推动发明创造的应用，提高创新能力，法律需要给予专利权人一定期限的保护，使其能够收回其投资成本，并获得合理的利润或回报；但同时，专利的保护期也不宜过长，否则会因为专利壁垒阻滞科学技术进步和经济社会发展。因此，专利权的期限需要兼顾二者的利益平衡。

我国《专利法》第四十二条第一款规定："发明专利权的期限为二十年，实用新型专利权的期限为十年，外观设计专利权的期限为十五年，均自申请日起计算。"

《专利法》第四十二条第二款规定："自发明专利申请日起满四年，且自实质审查请求之日起满三年后授予发明专利权的，国务院专利行政部门应专利权人的请求，就发明专利在授权过程中的不合理延迟给予专利权期限补偿，但由申请人引起的不合理延迟除外。"

《专利法》第四十二条第三款规定："为补偿新药上市审评审批占用的时间，对在中国获得上市许可的新药相关发明专利，国务院专利行政部门应专利权人的请求给予专利权期限补偿。补偿期限不超过五年，新药批准上市后总有效专利权期限不超过十四年。"

## 三、发明专利申请的临时保护

《专利法》第三十四条规定："国务院专利行政部门收到发明专利申请后，经初步审查认为符合本法要求的，自申请日起满十八个月，即行公布。国务院专利行政部门可以根据申请人的请求早日公布其申请。"

由于发明专利申请审查周期较长，故在授权前提前公布其申请有利于公众及时了解专利申请中的技术，避免重复研发，节约开发资源。但是，不可避免有些人通过公布的申请文件了解其发明内容后，会不经申请人的许可而实施该发明。由于此时发明专利权还未生效，申请人无法获得该发明的专利保护。因此，在授权前提前公布会对申请人造成不利影响，若法律不对此作出特别规定与保护，将大大打击申请人提前公布其申请的积极性，进而还可能导致申请人不愿意申请发明专利，从而给科学技术进步和经济社会发展造成负面影响。

为了进一步保护申请人的正当利益，避免上述不利情形，我国《专利法》第十三条规定："发明专利申请公布后，申请人可以要求实施其发明的单位或者个人支付适当的费用。"这也称作发明专利申请的临时保护。

需要注意的是，发明专利申请公布后直至专利权授予之日前，这一阶段仍然处于专利的申请阶段，申请人还没有获得专利权，也无法确定该申请是否最终能够获得专利权。因此，这一阶段的申请人，无法禁止他人实施其发明，也不能收取"专利许可费"，而只能要求"适当的费用"。《专利法》第七十四条第二款规定："发明专利申请公布后至专利权授予前使用该发明未支付适当使用费的，专利权人要求支付使用费的诉讼时效为三年，自专利权人知道或者应当知道他人使用其发明之日起计算，但是，专利权人于专利权授予之日前即已知道或者应当知道的，自专利权授予之日起计算。"

此外需要特别说明的是，对于实用新型和外观设计专利申请，法律上没有临时保护制度，因为在正常情况下，实用新型和外观设计的专利申请在公告之前，公众均无法获知其内容，申请人不会因为其专利申请受到不利影响。

## 第二节　专利权人的权利和义务

### 一、专利权人的权利

#### （一）禁止他人未经许可实施其专利

《专利法》第十一条第一款规定："发明和实用新型专利权被授予后，除本法另有规定的以外，任何单位或者个人未经专利权人许可，都不得实施其专利，即不得为生产经营目的制造、使用、许诺销售、销售、进口其专利产品，或者使用其专利方法以及使用、许诺销售、销售、进口依照该专利方法直接获得的产品。"

《专利法》第十一条第二款规定："外观设计专利权被授予后，任何单位或者个人未经专利权人许可，都不得实施其专利，即不得为生产经营目的制造、许诺销售、销售、进口其外观设计专利产品。"

#### （二）转让专利权

《专利法》第十条第三款规定："转让专利申请权或者专利权的，当事人应当订立书面合同，并向国务院专利行政部门登记，由国务院专利行政部门予以公告。专利申请权或者专利权的转让自登记之日起生效。"

《专利法》第十条第二款规定："中国单位或者个人向外国人、外国企业或者外国其他组织转让专利申请权或者专利权的，应当依照有关法律、行政法规的规定办理手续。"

#### （三）许可他人实施专利

《专利法》第十二条规定："任何单位或者个人实施他人专利的，应当与专利权人订立实施许可合同，向专利权人支付专利使用费。被许可人无权允许合同规定以外的任何单位或者个人实施该专利。"

《专利法》第十四条规定："专利申请权或者专利权的共有人对权利的行使有约定的，从其约定。没有约定的，共有人可以单独实施或者以普通许可方式许可他人实施该专利；许可他人实施该专利的，收取的使用费应当在共有人之间分配。除前款规定的情形外，行使共有的专利申请权或者专利权应当取得全体共有人的同意。”

《专利法实施细则》第十四条第二款规定：“专利权人与他人订立的专利实施许可合同，应当自合同生效之日起三个月内向国务院专利行政部门备案。”

### （四）放弃专利权

为维持专利权有效，专利权人必须在专利有效期内按照法律规定缴纳年费。如果一项专利已经丧失经济效益，专利权人可以在专利期限届满前放弃其专利权。《专利法》第四十四条规定：“有下列情形之一的，专利权在期限届满前终止：（一）没有按照规定缴纳年费的；（二）专利权人以书面声明放弃其专利权的。专利权在期限届满前终止的，由国务院专利行政部门登记和公告。”

### （五）标明专利标识

《专利法》第十六条第二款规定：“专利权人有权在其专利产品或者该产品的包装上标明专利标识。”

《专利法实施细则》第八十三条第一款规定：“专利权人依照专利法第十六条的规定，在其专利产品或者该产品的包装上标明专利标识的，应当按照国务院专利行政部门规定的方式予以标明。”

### （六）质押专利权

《民法典》第四百四十条规定：“债务人或者第三人有权处分的下列权利可以出质：……（五）可以转让的注册商标专用权、专利权、著作权等知识产权中的财产权……”同时，《民法典》第四百四十四条第一款规定：“以注册商标专用权、专利权、著作权等知识产权中的财产权出质的，质权自办理出质登记时设立。”

## 二、专利权人的义务

《专利法》第四十三条规定：“专利权人应当自被授予专利权的当年开始缴纳年费。”

## 第三节　专利权实施的强制许可

专利权是一种对世权，具有独占性和排他性，专利权人有权禁止他人未经许可实施其专利。同理，若不加以约束，专利权也很容易被滥用，从而损害社会的整体福祉与公共利益。因此，为了约束专利权人，《巴黎公约》第五条很早就规定："本联盟各国都有权采取立法措施规定授予强制许可，以防止由于行使专利所赋予的专有权而可能产生的滥用，例如不实施。"《TRIPS 协议》第三十一条也规定，在满足某些条件的情况下，成员国的法律可以允许未经权利持有人授予即可对一专利的客体作其他使用，包括政府或经政府授权的第三方的使用。我国《专利法》第五十四条至第六十三条，也作出了有关专利实施的强制许可的规定。

需要说明的是，《专利法》规定的强制许可制度只适用于发明专利和实用新型专利，不适用于外观设计专利，这是由于专利类型本身的属性决定的。

### 一、强制许可的类型

#### （一）因专利权人未实施或未充分实施专利而给予的强制许可

《专利法》第五十三条第（一）项规定："有下列情形之一的，国务院专利行政部门根据具备实施条件的单位或者个人的申请，可以给予实施发明专利或者实用新型专利的强制许可：（一）专利权人自专利权被授予之日起满三年，且自提出专利申请之日起满四年，无正当理由未实施或者未充分实施其专利的。"

同时，《专利法》第五十九条规定："依照本法第五十三条第（一）项、第五十六条规定申请强制许可的单位或者个人应当提供证据，证明其以合理的条件请求专利权人许可其实施专利，但未能在合理的时间内获得许可。"

综合上述两条可以得到以下结论。

**1. 申请的资格**

强制许可的申请人应当是具备实施条件的单位或者个人，即在资金和技术等方面具备实施发明或者实用新型的能力，并且需要向国务院专利行政部门提供必要的证明材料。

**2. 申请的条件**

申请人在申请强制许可前，应当先与专利权人进行必要充分的谈判，只有在相当长时间的合理时间内都未能取得专利权人的许可，并提供充分的证据后，才能申请该专利的强制许可。

**3. 申请的期限**

申请人提出强制许可请求的时间，应当在专利权被授予之日起满三年，且自提出专利申请之日起满四年之后，这两个期限必须同时满足。

**4. 申请的原因**

必须是专利权人没有正当理由而未实施或者未充分实施其专利，如果专利权人能够证明其未实施专利是具有正当理由的，如客观条件不具备等，则不能给予请求人实施该专利的强制许可。

需要说明的是，根据《专利法》的规定，上述所谓“未实施”，是指专利权人或者其被许可人没有实施《专利法》第十一条规定的任何行为；所谓“为充分实施”，根据《专利法实施细则》第七十三条的规定，是指“专利权人及其被许可人实施其专利的方式或者规模不能满足国内对专利产品或者专利方法的需求”。

### （二）为消除或减少垄断行为对竞争产生的不利影响而给予的强制许可

TRIP协议第八条第二款规定：“只要符合本协定的规定，必要时可以采取适当措施来防止知识产权持有人滥用知识产权或采取不正当的限制贸易或严重影响国际技术转让的做法。”同时，该协议第四十条第二款规定：“本协议的规定，不应阻止成员在其国内立法中具体说明在特定场合可能构成对知识产权的滥用，从而在有关市场对竞争有消极影响的许可证贸易活动或条件。如上文所规定，成员可在与本协议的其他规定一致的前提下，顾及该成员的有关法律及条例，采取适当措施防止或控制这类活动。这类活动包括诸如独占性返授条件、禁止对有关知识产权的有效性提出异议的条件或强迫性的一揽子许可证。”

我国《反垄断法》第五十五条规定：“经营者依照有关知识产权的法律、行政法规规定行使知识产权的行为，不适用本法；但是，经营者滥用知识产权，排除、限制竞争的行为，适用本法。”与此同时，我国《专利法》第五十三条第（一）项规定：“有下列情形之一的，国务院专利行政部门根据具备实施条件的单位或者个人的申请，可以给予实施发明专利或者实用新型专利的强制许可：（二）专利权人行使专利权的行为被依法认定为垄断行为，为消除或者减少该行为对竞争产生的不利影响的。”同时，《专利法》第五十八条还特别说明:“除依照本法第五十三条第（二）项、第五十五条规定给予的强制许可外，强制许可的实施应当主要为了供应国内市场。”也就是说，以反垄断为由实施的强制许可，不受“其实施主要为供应国内市场”的限制。

**（三）为公共利益目的而给予的强制许可**

《专利法》第五十四条规定:“在国家出现紧急状态或者非常情况时，或者为了公共利益的目的，国务院专利行政部门可以给予实施发明专利或者实用新型专利的强制许可。”

**（四）为公共健康目的而给予的出口专利药品的强制许可**

《专利法》第五十五条规定:“为了公共健康目的，对取得专利权的药品，国务院专利行政部门可以给予制造并将其出口到符合中华人民共和国参加的有关国际条约规定的国家或者地区的强制许可。”

“我国参加的有关国际条约”，现阶段是指 TRIP 协议及其议定书;“符合我国参加的有关国际条约规定的国家或者地区”，是指依照有关国际条约通知世界贸易组织表明希望作为进口方的该组织的发达成员或者发展中成员以及非世界贸易组织成员的最不发达国家或者地区;“取得专利权的药品”，是指医药领域用于治疗传染病的任何专利产品或者通过专利方法制造的产品，包括制造前述产品所需的有效成分和使用前述产品所需的诊断试剂。

**（五）为从属专利目的的强制许可**

《专利法》第五十六条规定:“一项取得专利权的发明或者实用新型比前已经取得专利权的发明或者实用新型具有显著经济意义的重大技术进步，其实施又有赖于前一发明或者实用新型的实施的，国务院专利行政部门根据后一专利权人的申请，可以给予实施前一发明或者实用新型的强制许可。在依照前款规定给予实施强制许可的情形下，国务院专利行政部门根据前一专利权人的申请，也可以给予实施后一发明或者实用新型的强制许可。”

需要注意的是，为从属专利目的的强制许可，请求人应当提供“合理期限内未能以合理条件获得许可”的证据，同时应当受“主要为供应国内市场”的限制。

## 二、强制许可的申请和审批程序

### （一）申请强制许可的主体

专利权人自专利权被授予之日起满三年，且自提出专利申请之日起满四年，无正当理由未实施或者未充分实施其专利的，具备实施条件的单位或者个人可以根据专利法第五十三条第一项的规定，请求给予强制许可。

专利权人行使专利权的行为被依法认定为垄断行为的，为消除或者减少该行为对竞争产生的不利影响，具备实施条件的单位或者个人可以根据专利法第五十三条第二项的规定，请求给予强制许可。

在国家出现紧急状态或者非常情况时，或者为了公共利益的目的，国务院有关主管部门可以根据专利法第五十四条的规定，建议国务院专利行政部门给予其指定的具备实施条件的单位强制许可。

为了公共健康目的，具备实施条件的单位可以根据《专利法》第五十五条的规定，请求给予制造取得专利权的药品并将其出口到下列国家或者地区的强制许可。

（1）最不发达国家或者地区。

（2）依照有关国际条约通知世界贸易组织表明希望作为进口方的该组织的发达成员或者发展中成员。

国务院专利行政部门《涉及公共健康问题的专利实施强制许可办法》第五条规定："治疗某种传染病的药品在我国被授予专利权，我国不具有生产该药品的能力或者生产能力不足的，国务院有关主管部门可以请求国务院专利行政部门授予强制许可，允许被许可人进口世界贸易组织成员利用总理事会决议确定的制度为我国解决公共健康问题而制造的该种药品。"

一项取得专利权的发明或者实用新型比前已经取得专利权的发明或者实用新型具有显著经济意义的重大技术进步，其实施又有赖于前一发明或者实用新型的实施的，该专利权人可以根据《专利法》第五十六条的规定请求给予实施前一专利的强制许可。国务院专利行政部门给予实施前一专利的强制许可的，前一专利权人也可以请求给予实施后一专利的强制许可。

在中国没有经常居所或者营业所的外国人、外国企业或者外国其他组织办理强制许可事务的，应当委托依法设立的专利代理机构办理。当事人委托专利代理机构办理强制许可事务的，应当提交委托书，写明委托权限。一方当事人有两个以上且未委托专利代理机构的，除另有声明外，以提交的书面文件中指明的第一当事人为该方代表人。

### （二）申请强制许可的条件

因专利权人未实施或者未充分实施专利而申请强制许可，或者申请从属专利的强制许可的，申请强制许可的单位或者个人应当提供证据，证明其以合理的条件请求专利权人许可其实施专利，但未能在合理的时间内获得许可。

为消除或减少垄断行为对竞争产生的不利影响而请求给予强制许可的，请求人应当提交已经生效的司法机关或者反垄断执法机构依法将专利权人行使专利权的行为认定为垄断行为的判决或者决定。

《专利法实施细则》第七十四条规定："请求给予强制许可的，应当向国务院专利行政部门提交强制许可请求书，说明理由并附具有关证明文件……国务院专利行政部门依照《专利法》第五十五条的规定作出给予强制许可的决定，应当同时符合中国缔结或者参加的有关国际条约关于为了解决公共健康问题而给予强制许可的规定，但中国作出保留的除外。"

强制许可请求书，应写明下列各项。

（1）请求人的姓名或者名称、地址、邮政编码、联系人及电话。

（2）请求人的国籍或者注册的国家或者地区。

（3）请求给予强制许可的发明专利或者实用新型专利的名称、专利号、申请日、授权公告日，以及专利权人的姓名或者名称。

（4）请求给予强制许可的理由和事实、期限。

（5）请求人委托专利代理机构的，受托机构的名称、机构代码以及该机构指定的代理人的姓名、执业证号码、联系电话。

（6）请求人的签字或者盖章；委托专利代理机构的，还应当有该机构的盖章。

（7）附加文件清单。

（8）其他需要注明的事项。

请求书及其附加文件应当一式两份。强制许可请求涉及两个或者两个以上的专利权人的，请求人应当按专利权人的数量提交请求书及其附加文件副本。

国务院有关主管部门根据《专利法》第五十四条建议给予强制许可的，应当指明下列各项。

（1）国家出现紧急状态或者非常情况，或者为了公共利益目的需要给予强制许可。

（2）建议给予强制许可的发明专利或者实用新型专利的名称、专利号、申请日、授权公告日，以及专利权人的姓名或者名称。

（3）建议给予强制许可的期限。

（4）指定的具备实施条件的单位名称、地址、邮政编码、联系人及电话。

（5）其他需要注明的事项。

根据《专利法》第五十五条的规定请求给予强制许可的，请求人应当提供进口方及其所需药品和给予强制许可的有关信息。

### （三）申请强制许可的时间

申请人提出强制许可请求的时间，应当在专利权人自专利权被授予之日起满三年，且自提出专利申请之日起满四年之后，这两个期限必须同时满足。

### （四）强制许可申请的受理

强制许可请求有下列情形之一的，不予受理并通知请求人。

（1）请求给予强制许可的发明专利或者实用新型专利的专利号不明确或者难以确定。

（2）请求文件未使用中文。

（3）明显不具备请求强制许可的理由。

（4）请求给予强制许可的专利权已经终止或者被宣告无效。

请求文件不符合相关法律规定的，请求人应当自收到通知之日起 15 日内进行补正。期满未补正的，该请求视为未提出。

国务院专利行政部门受理强制许可请求的，应当将强制许可请求书的副本送交专利权人，专利权人应当在国务院专利行政部门指定的期限内陈述意见；期满未答复的，不影响国务院专利行政部门作出决定。

### （五）强制许可申请的审批

国务院专利行政部门应当对请求人陈述的理由、提供的信息和提交的有关证明文件以及专利权人陈述的意见进行审查；需要实地核查的，应当指派两名以上工作人员实地核查。

请求人或者专利权人要求听证的，由国务院专利行政部门组织听证。国务院专利行政部门应当在举行听证 7 日前通知请求人、专利权人和其他利害关系人。除涉及国家秘密、商业秘密或者个人隐私外，听证公开进行。在举行听证时，请求人、专利权人和其他利害关系人可以进行申辩和质证。举行听证时应当制作听证笔录，交听证参加人员确认无误后签字或者盖章。根据《专利法》第五十四条或者第五十五条的规定建议或者请求给予强制许可的，不适用听证程序。

请求人在国务院专利行政部门作出决定前撤回其请求的，强制许可请求的审查程序终止。在国务院专利行政部门作出决定前，请求人与专利权人订立了专利实施许可合同的，应当及时通知国务院专利行政部门，并撤回其强制许可请求。

国务院专利行政部门在作出驳回强制许可请求的决定或者给予强制许可的决定前，应当通知请求人和专利权人拟作出的决定及其理由。

国务院专利行政部门作出的给予实施强制许可的决定，应当及时通知专利权人，并予以登记和公告。

专利权人对国务院专利行政部门关于实施强制许可的决定不服的，可以自收到通知之日起三个月内向人民法院起诉。

### （六）强制许可的范围和期限

根据《专利法》的规定，除因专利权人滥用专利权构成垄断给予强制许可，或者为了公共健康目的给予出口专利药品强制许可外，强制许可的实施应当主要为了供应国内市场。

强制许可涉及的发明创造为半导体技术的，其实施限于公共利益的目的或防止垄断。

国务院专利行政部门给予实施强制许可的决定时，应当根据强制许可的理由规定实施的范围和时间。强制许可的理由消除并不再发生时，国务院专利行政部门应当根据专利权人的请求，经审查后作出终止实施强制许可的决定。

给予强制许可的决定应当写明下列各项。

（1）取得强制许可的单位或者个人的名称或者姓名、地址。

（2）被给予强制许可的发明专利或者实用新型专利的名称、专利号、申请日及授权公告日。

（3）给予强制许可的范围和期限。

（4）决定的理由、事实和法律依据。

（5）国务院专利行政部门的印章及负责人签字。

（6）决定的日期。

（7）其他有关事项。

给予强制许可的决定应当自作出之日起五日内通知请求人和专利权人。

国务院专利行政部门根据《专利法》第五十五条作出给予强制许可的决定的，还应当在该决定中明确下列要求。

（1）依据强制许可制造的药品数量不得超过进口方所需的数量，并且必须全部出口到该进口方。

（2）依据强制许可制造的药品应当采用特定的标签或者标记明确注明该药品是依据强制许可而制造的；在可行并且不会对药品价格产生显著影响的情况下，应当对药品本身采用特殊的颜色或者形状，或者对药品采用特殊的包装。

（3）药品装运前，取得强制许可的单位应当在其网站或者世界贸易组织的有关网站上发布运往进口方的药品数量以及上述第二项所述的药品识别特征等信息。

国务院专利行政部门根据《专利法》第五十五条作出给予强制许可的决定的，由国务院有关主管部门将下列信息通报世界贸易组织。

（1）取得强制许可的单位的名称和地址。

（2）出口药品的名称和数量。

（3）进口方。

（4）强制许可的期限。

（5）取得强制许可的单位的网站或者世界贸易组织的有关网站。

已经生效的给予强制许可的决定，应当在专利登记簿上登记并在专利公报上公告。

## 三、强制许可的被许可人的义务

### （一）支付合理使用费

《专利法》第六十二条规定："取得实施强制许可的单位或者个人应当付给专利权人合理的使用费，或者依照中华人民共和国参加的有关国际条约的规定处理使用费问题。付给使用费的，其数额由双方协商；双方不能达成协议的，由国务院专利行政部门裁决。"

### （二）非独占实施与无权再许可

《专利法》第六十一条规定："取得实施强制许可的单位或者个人不享有独占的实施权，并且无权允许他人实施。"

## 四、强制许可使用费的裁决

### （一）强制许可使用费的裁决请求

请求裁决强制许可使用费的，应当提交强制许可使用费裁决请求书，写明下列各项。

（1）请求人的姓名或者名称、地址。

（2）请求人的国籍或者注册的国家或者地区。

（3）给予强制许可的决定的文号。

（4）被请求人的姓名或者名称、地址。

（5）请求裁决强制许可使用费的理由。

（6）请求人委托专利代理机构的，受托机构的名称、机构代码以及该机构指定的代理人的姓名、执业证号码、联系电话。

（7）请求人的签字或者盖章；委托专利代理机构的，还应当有该机构的盖章。

（8）附加文件清单。

（9）其他需要注明的事项。

请求书及其附加文件应当一式两份。

### （二）裁决请求的受理

强制许可使用费裁决请求有下列情形之一的，不予受理并通知请求人。

（1）给予强制许可的决定尚未作出。

（2）请求人不是专利权人或者取得强制许可的单位或者个人。

（3）双方尚未进行协商或者经协商已经达成协议。

国务院专利行政部门受理强制许可使用费裁决请求的，应当及时将请求书副本送交对方当事人。除另有指定的外，对方当事人应当自收到通知之日起十五日内陈述意见；期满未答复的，不影响国务院专利行政部门作出决定。在强制许可使用费裁决过程中，双方当事人可以提交书面意见。国务院专利行政部门可以根据案情需要听取双方当事人的口头意见。

请求人在国务院专利行政部门作出决定前撤回其裁决请求的，裁决程序终止。

### （三）强制许可使用费的裁决决定

国务院专利行政部门应当自收到请求书之日起三个月内作出强制许可使用费的裁决决定。

强制许可使用费裁决决定应当写明下列各项。

（1）取得强制许可的单位或者个人的名称或者姓名、地址。

（2）被给予强制许可的发明专利或者实用新型专利的名称、专利号、申请日及授权公告日。

（3）裁决的内容及其理由。

（4）国务院专利行政部门的印章及负责人签字。

（5）决定的日期。

（6）其他有关事项。

强制许可使用费裁决决定应当自作出之日起五日内通知双方当事人。专利权人和取得实施强制许可的单位或者个人对国务院专利行政部门关于实施强制许可的使用费的裁决不服的，可以自收到通知之日起三个月内向人民法院起诉。

## 五、强制许可的终止

### （一）自动终止

有下列情形之一的，强制许可自动终止。

（1）给予强制许可的决定规定的强制许可期限届满。

（2）被给予强制许可的发明专利或者实用新型专利终止或者被宣告无效。

### （二）请求终止

给予强制许可的决定中规定的强制许可期限届满前，强制许可的理由消除并不再发生的，专利权人可以请求国务院专利行政部门作出终止强制许可的决定。

请求终止强制许可的，应当提交终止强制许可请求书，写明下列各项。

（1）专利权人的姓名或者名称、地址。

（2）专利权人的国籍或者注册的国家或者地区。

（3）请求终止的给予强制许可决定的文号。

（4）请求终止强制许可的理由和事实。

（5）专利权人委托专利代理机构的，受托机构的名称、机构代码以及该机构指定的代理人的姓名、执业证号码、联系电话。

（6）专利权人的签字或者盖章；委托专利代理机构的，还应当有该机构的盖章。

（7）附加文件清单。

（8）其他需要注明的事项。

请求书及其附加文件应当一式两份。

**（三）终止请求的受理**

终止强制许可的请求有下列情形之一的，不予受理并通知请求人。

（1）请求人不是被给予强制许可的发明专利或者实用新型专利的专利权人。

（2）未写明请求终止的给予强制许可决定的文号。

（3）请求文件未使用中文。

（4）明显不具备终止强制许可的理由。

请求文件不符合规定的，请求人应当自收到通知之日起十五日内进行补正。期满未补正的，该请求视为未提出。

国务院专利行政部门受理终止强制许可请求的，应当及时将请求书副本送交取得强制许可的单位或者个人。除另有指定的外，取得强制许可的单位或者个人应当自收到通知之日起十五日内陈述意见；期满未答复的，不影响国务院专利行政部门作出决定。

专利权人在国务院专利行政部门作出决定前撤回其请求的，相关程序终止。

**（四）终止请求的审批**

国务院专利行政部门应当对专利权人陈述的理由和提交的有关证明文件以及取得强制许可的单位或者个人陈述的意见进行审查；需要实地核查的，应当指派两名以上工作人员实地核查。

经审查认为请求终止强制许可的理由不成立的，国务院专利行政部门应当作出驳回终止强制许可请求的决定。在作出驳回终止强制许可请求的决定前，应当通知专利权人拟作出的决定及其理由。除另有指定的外，专利权人可以自收到通知之日起十五日内陈述意见。

经审查认为请求终止强制许可的理由成立的，国务院专利行政部门应当作出终止强制许可的决定。在作出终止强制许可的决定前，应当通知取得强制许可的单位或者个人拟作出的决定及其理由。除另有指定的外，取得强制许可的单位或者个人可以自收到通知之日起十五日内陈述意见。

终止强制许可的决定应当写明下列各项。

（1）专利权人的姓名或者名称、地址。

（2）取得强制许可的单位或者个人的名称或者姓名、地址。

（3）被给予强制许可的发明专利或者实用新型专利的名称、专利号、申请日及授权公告日。

（4）给予强制许可的决定的文号。

（5）决定的事实和法律依据。

（6）国务院专利行政部门的印章及负责人签字。

（7）决定的日期。

（8）其他有关事项。

终止强制许可的决定应当自作出之日起五日内通知专利权人和取得强制许可的单位或者个人。

已经生效的终止强制许可的决定，以及强制许可自动终止的，应当在专利登记簿上登记并在专利公报上公告。

# 第九章
# 专利侵权

未经专利权人许可，实施其专利，即侵犯其专利权。对于发明和实用新型专利而言，是指未经专利权人许可，为生产经营目的制造、使用、许诺销售、销售、进口其专利产品，或者使用其专利方法以及使用、许诺销售、销售、进口依照该专利方法直接获得的产品；对于外观设计专利而言，是指未经专利权人许可，为生产经营目的制造、许诺销售、销售、进口其外观设计专利产品。

## 第一节　专利侵权的判定

判定专利侵权的核心在于确认被控侵权人实施的技术方案或者设计是否属于受专利权保护。判定是否构成专利侵权通常需要两个步骤：第一，确定专利权的保护范围；第二，判定被控侵权行为是否落入专利权的保护范围。

### 一、发明和实用新型专利的侵权判定

#### （一）发明和实用新型专利的保护范围

《专利法》第六十四条第一款规定："发明或者实用新型专利权的保护范围以其权利要求的内容为准，说明书及附图可以用于解释权利要求的内容。"

**1. 以权利要求的内容为准**

人民法院判定被诉侵权技术方案是否落入专利权的保护范围，应当审查权利人主张的权利要求所记载的全部技术特征。

被诉侵权技术方案包含与权利要求记载的全部技术特征相同或者等同的技术特征的，人民法院应当认定其落入专利权的保护范围；被诉侵权技术方案的技术特征与权利要求记载的全部技术特征相比，缺少权利要求记载的一

个以上的技术特征，或者有一个以上技术特征不相同也不等同的，人民法院应当认定其没有落入专利权的保护范围。

《最高人民法院关于审理侵犯专利权纠纷案件应用法律若干问题的解释》第一条规定："人民法院应当根据权利人主张的权利要求，依据《专利法》第六十四条第一款的规定确定专利权的保护范围。权利人在一审法庭辩论终结前变更其主张的权利要求的，人民法院应当准许。权利人主张以从属权利要求确定专利权保护范围的，人民法院应当以该从属权利要求记载的附加技术特征及其引用的权利要求记载的技术特征，确定专利权的保护范围。"

**2. 权利要求的解释**

（1）说明书及其附图的解释作用

人民法院应当根据权利要求的记载，结合本领域普通技术人员阅读说明书及附图后对权利要求的理解，确定《专利法》第六十四条第一款规定的权利要求的内容。人民法院对于权利要求，可以运用说明书及附图、权利要求书中的相关权利要求、专利审查档案进行解释。说明书对权利要求用语有特别界定的，从其特别界定。以上述方法仍不能明确权利要求含义的，可以结合工具书、教科书等公知文献以及本领域普通技术人员的通常理解进行解释。

（2）功能性限定特征的解释

对于权利要求中以功能或者效果表述的技术特征，人民法院应当结合说明书和附图描述的该功能或者效果的具体实施方式及其等同的实施方式，确定该技术特征的内容。

（3）国际申请不正确译文的解释原则

《专利法实施细则》第一百零二条规定："按照专利合作条约已确定国际申请日并指定中国的国际申请，视为向国务院专利行政部门提出的专利申请，该国际申请日视为《专利法》第二十八条所称的申请日。"

申请人发现提交的说明书、权利要求书或者附图中的文字的中文译文存在错误的，可以在下列规定期限内依照原始国际申请文本提出改正。

1）在国务院专利行政部门作好公布发明专利申请或者公告实用新型专利权的准备工作之前。

2）在收到国务院专利行政部门发出的发明专利申请进入实质审查阶段通知书之日起三个月内。

申请人改正译文错误的，应当提出书面请求并缴纳规定的译文改正费。

申请人按照国务院专利行政部门的通知书的要求改正译文的，应当在指定期限内办理规定的手续；期满未办理规定手续的，该申请视为撤回。

基于国际申请授予的专利权，由于译文错误，致使依照《专利法》第六十四条规定确定的保护范围超出国际申请的原文所表达的范围的，以依据原文限制后的保护范围为准；致使保护范围小于国际申请的原文所表达的范围的，以授权时的保护范围为准。

### （二）发明和实用新型专利的侵权判定原则

#### 1. 全面覆盖原则

人民法院判定被诉侵权技术方案是否落入专利权的保护范围，应当审查权利人主张的权利要求所记载的全部技术特征。

#### 2. 等同原则

被诉侵权技术方案包含与权利要求记载的全部技术特征相同或者等同的技术特征的，人民法院应当认定其落入专利权的保护范围。所谓等同的技术特征，是指与所记载的技术特征以基本相同的手段，实现基本相同的功能，达到基本相同的效果，并且本领域普通技术人员在被诉侵权行为发生时无须经过创造性劳动就能够联想到的特征。

#### 3. 禁止反悔原则

专利申请人、专利权人在专利授权或者无效宣告程序中，通过对权利要求、说明书的修改或者意见陈述而放弃的技术方案，权利人在侵犯专利权纠纷案件中又将其纳入专利权保护范围的，人民法院不予支持。

#### 4. 捐献原则

对于仅在说明书或者附图中描述而在权利要求中未记载的技术方案，权利人在侵犯专利权纠纷案件中将其纳入专利权保护范围的，人民法院不予支持。

## 二、外观设计专利的侵权判定

### （一）外观设计专利的保护范围

#### 1. 以表示在图片或者照片中的该产品的外观设计为准

《专利法》第二十七条规定：“申请外观设计专利的，应当提交请求书、该外观设计的图片或者照片以及对该外观设计的简要说明等文件。申请人提交的有关图片或者照片应当清楚地显示要求专利保护的产品的外观设计。”

外观设计专利权的保护范围以表示在图片或者照片中的该产品的外观设计为准，简要说明可以用于解释图片或者照片所表示的该产品的外观设计。

在与外观设计专利产品相同或者相近种类产品上，采用与授权外观设计相同或者近似的外观设计的，人民法院应当认定被诉侵权设计落入《专利法》第六十四条第二款规定的外观设计专利权的保护范围。

**2. 简要说明的解释作用**

外观设计专利申请人应当提交简要说明。简要说明的内容包括：外观设计产品的名称、用途、外观设计的设计要点、色彩等要素，省略视图或者请求保护色彩的，应当在简要说明中写明。这些文字的说明可以帮助人们理解图片或者照片中的设计方案，因此，申请人在撰写简要说明时，应当尽可能准确地进行描述，以更准确地确定外观设计专利的保护范围。

### （二）外观设计专利的侵权判定原则

（1）人民法院应当根据外观设计产品的用途，认定产品种类是否相同或者相近。确定产品的用途，可以参考外观设计的简要说明、国际外观设计分类表、产品的功能以及产品销售、实际使用的情况等因素。

（2）人民法院应当以外观设计专利产品的一般消费者的知识水平和认知能力，判断外观设计是否相同或者近似。

（3）人民法院认定外观设计是否相同或者近似时，应当根据授权外观设计、被诉侵权设计的设计特征，对外观设计的整体视觉效果进行综合判断；对于主要由技术功能决定的设计特征以及对整体视觉效果不产生影响的产品的材料、内部结构等特征，应当不予考虑。

## 第二节　专利侵权的例外

专利制度的目的是通过保护专利权人的合法权益，鼓励发明创造，推动发明创造的应用，提高创新能力，最终促进科学技术进步和经济社会发展。因此，专利制度在为专利权人提供保护的同时，还需要兼顾专利技术使用者和社会公众的利益，以求达到最佳的社会效益。为此，《专利法》对专利权的行使作出了一定限制和规定。

### 一、不视为侵犯专利权的行为

有下列情形之一的，不视为侵犯专利权。

（1）专利产品或者依照专利方法直接获得的产品，由专利权人或者经其许可的单位、个人售出后，使用、许诺销售、销售、进口该产品的。

（2）在专利申请日前已经制造相同产品、使用相同方法或者已经作好制造、使用的必要准备，并且仅在原有范围内继续制造、使用的。

（3）临时通过中国领陆、领水、领空的外国运输工具，依照其所属国同中国签订的协议或者共同参加的国际条约，或者依照互惠原则，为运输工具自身需要而在其装置和设备中使用有关专利的。

（4）专为科学研究和实验而使用有关专利的。

（5）为提供行政审批所需要的信息，制造、使用、进口专利药品或者专利医疗器械的，以及专门为其制造、进口专利药品或者专利医疗器械的。

### 二、现有技术或者现有设计抗辩

《专利法》第六十七条规定："在专利侵权纠纷中，被控侵权人有证据证明其实施的技术或者设计属于现有技术或者现有设计的，不构成侵犯专利权。"所谓现有技术，是指申请日以前在国内外为公众所知的技术；现有设计，是指申请日以前在国内外为公众所知的设计。

被诉列入专利权保护范围的全部技术特征，与一项现有技术方案中的相应技术特征相同或者无实质性差异的，人民法院应当认定被诉侵权人实施的技术属于《专利法》第六十七条规定的现有技术。

被诉侵权设计与一个现有设计相同或者无实质性差异的，人民法院应当认定被诉侵权人实施的设计属于《专利法》第六十七条规定的现有设计。

## 第三节　专利侵权的法律救济

### 一、专利侵权的救济途径

专利权人发现他人侵犯其专利权的，可以通过以下 4 种途径解决。

#### （一）协商

专利权是一种民事财产权，当事人具有意思自治的权利，当然可以通过协商来解决纠纷。未经专利权人许可，实施其专利，即侵犯其专利权，引起纠纷的，应当首先考虑通过协商来解决纠纷，协商不成再寻求其他纠纷解决途径。

## （二）请求管理专利工作的部门处理

未经专利权人许可，实施其专利，即侵犯其专利权，引起纠纷的，由当事人协商解决；不愿协商或者协商不成的，专利权人或者利害关系人可以向人民法院起诉，也可以请求管理专利工作的部门处理。在管理专利工作的部门处理时，认定侵权行为成立的，可以责令侵权人立即停止侵权行为，当事人不服的，可以自收到处理通知之日起十五日内依照《中华人民共和国行政诉讼法》向人民法院起诉；侵权人期满不起诉又不停止侵权行为的，管理专利工作的部门可以申请人民法院强制执行。进行处理的管理专利工作的部门应当事人的请求，可以就侵犯专利权的赔偿数额进行调解；调解不成的，当事人可以依照《中华人民共和国民事诉讼法》向人民法院起诉。

**1. 有资格提出侵权纠纷处理请求的主体**

请求管理专利工作的部门处理专利侵权纠纷的，应当符合下列条件。

（1）请求人是专利权人或者利害关系人。

（2）有明确的被请求人。

（3）有明确的请求事项和具体事实、理由。

（4）属于受案管理专利工作的部门的受案和管辖范围。

（5）当事人没有就该专利侵权纠纷向人民法院起诉。

其中，第一项所称利害关系人包括专利实施许可合同的被许可人、专利权人的合法继承人。在专利实施许可合同的被许可人中，独占实施许可合同的被许可人可以单独提出请求；排他实施许可合同的被许可人在专利权人不请求的情况下，可以单独提出请求；除合同另有约定外，普通实施许可合同的被许可人不能单独提出请求。

**2. 侵权纠纷处理请求的提交**

请求管理专利工作的部门处理专利侵权纠纷的，应当提交请求书及相关证明材料。

（1）请求书

请求书应当记载以下内容。

1）请求人的姓名或者名称、地址，法定代表人或者主要负责人的姓名、职务，委托代理人的，代理人的姓名和代理机构的名称、地址。

2）被请求人的姓名或者名称、地址。

3）请求处理的事项以及事实和理由。

有关证据和证明材料可以以请求书附件的形式提交。

请求书应当由请求人签名或者盖章。

（2）证明材料

1）主体资格证明，即个人应当提交居民身份证或者其他有效身份证件，单位应当提交有效的营业执照或者其他主体资格证明文件副本及法定代表人或者主要负责人的身份证明。

2）专利权有效的证明，即专利登记簿副本，或者专利证书和当年缴纳专利年费的收据。

专利侵权纠纷涉及实用新型或者外观设计专利的，管理专利工作的部门可以要求请求人出具由国家知识产权局作出的专利权评价报告（实用新型专利检索报告）。

请求人应当按照被请求人的数量提供请求书副本及有关证据。

**3. 侵权纠纷处理请求的受理**

请求符合上述规定条件的，管理专利工作的部门应当在收到请求书之日起5个工作日内立案并通知请求人，同时指定三名或者三名以上单数承办人员处理该专利侵权纠纷；请求不符合上述规定条件的，管理专利工作的部门应当在收到请求书之日起五个工作日内通知请求人不予受理，并说明理由。

**4. 专利侵权纠纷的处理**

（1）处理时限

管理专利工作的部门应当在立案之日起五个工作日内将请求书及其附件的副本送达被请求人，要求其在收到之日起十五日内提交答辩书并按照请求人的数量提供答辩书副本。被请求人逾期不提交答辩书的，不影响管理专利工作的部门进行处理。被请求人提交答辩书的，管理专利工作的部门应当在收到之日起五个工作日内将答辩书副本送达请求人。

管理专利工作的部门处理专利侵权纠纷，应当自立案之日起四个月内结案。案件特别复杂需要延长期限的，应当由管理专利工作的部门负责人批准。经批准延长的期限，最多不超过一个月。案件处理过程中的公告、鉴定、中止等时间不计入前款所述案件办理期限。

（2）口头审理

管理专利工作的部门处理专利侵权纠纷，可以根据案情需要决定是否进行口头审理。管理专利工作的部门决定进行口头审理的，应当至少在口头审理三个工作日前将口头审理的时间、地点通知当事人。当事人无正当理由拒不参加的，或者未经允许中途退出的，对请求人按撤回请求处理，对被请求人按缺席处理。

管理专利工作的部门进行口头审理的，应当将口头审理的参加人和审理要点记入笔录，经核对无误后，由案件承办人员和参加人签名或者盖章。

（3）调解

管理专利工作的部门处理专利侵权纠纷案件时，可以根据当事人的意愿进行调解。双方当事人达成一致的，由管理专利工作的部门制作调解协议书，加盖其公章，并由双方当事人签名或者盖章。调解不成的，应当及时作出处理决定。

（4）处理决定

除达成调解协议或者请求人撤回请求之外，管理专利工作的部门处理专利侵权纠纷应当制作处理决定书，写明以下内容。

1）当事人的姓名或者名称、地址。

2）当事人陈述的事实和理由。

3）认定侵权行为是否成立的理由和依据。

4）处理决定认定侵权行为成立并需要责令侵权人立即停止侵权行为的，应当明确写明责令被请求人立即停止的侵权行为的类型、对象和范围；认定侵权行为不成立的，应当驳回请求人的请求。

5）不服处理决定提起行政诉讼的途径和期限。

处理决定书应当加盖管理专利工作的部门的公章。

（5）径直处理

管理专利工作的部门或者人民法院作出认定侵权成立并责令侵权人立即停止侵权行为的处理决定或者判决之后，被请求人就同一专利权再次作出相同类型的侵权行为，专利权人或者利害关系人请求处理的，管理专利工作的部门可以直接作出责令立即停止侵权行为的处理决定。

**5. 调查取证**

在专利侵权纠纷处理过程中，当事人因客观原因不能自行收集部分证据的，可以书面请求管理专利工作的部门调查取证，管理专利工作的部门根据情况决定是否调查收集有关证据。同样，在处理专利侵权纠纷、查处假冒专利行为过程中，管理专利工作的部门也可以根据需要依职权调查收集有关证据。在执法人员调查收集有关证据时，应当向当事人或者有关人员出示其行政执法证件。当事人和有关人员应当协助、配合，如实反映情况，不得拒绝、阻挠。

（1）调查权限与要求

管理专利工作的部门调查收集证据可以查阅、复制与案件有关的合同、账册等有关文件；询问当事人和证人；采用测量、拍照、摄像等方式进行现场勘验。涉嫌侵犯制造方法专利权的，管理专利工作的部门可以要求被调查人进行现场演示。

管理专利工作的部门调查收集证据应当制作笔录。笔录应当由案件承办人员、被调查的单位或者个人签名或者盖章。被调查的单位或者个人拒绝签名或者盖章的，由案件承办人员在笔录上注明。

（2）抽样取证

管理专利工作的部门调查收集证据可以采取抽样取证的方式。涉及产品专利的，可以从涉嫌侵权的产品中抽取一部分作为样品；涉及方法专利的，可以从涉嫌依照该方法直接获得的产品中抽取一部分作为样品。被抽取样品的数量应当以能够证明事实为限。管理专利工作的部门进行抽样取证应当制作笔录和清单，写明被抽取样品的名称、特征、数量以及保存地点，由案件承办人员、被调查的单位或者个人签字或者盖章。被调查的单位或者个人拒绝签名或者盖章的，由案件承办人员在笔录上注明。清单应当交被调查人一份。

（3）证据保存

在证据可能灭失或者以后难以取得，又无法进行抽样取证的情况下，管理专利工作的部门可以进行登记保存，并在七日内作出决定。

经登记保存的证据，被调查的单位或者个人不得销毁或者转移。

管理专利工作的部门进行登记保存应当制作笔录和清单，写明被登记保存证据的名称、特征、数量以及保存地点，由案件承办人员、被调查的单位或者个人签名或者盖章。被调查的单位或者个人拒绝签名或者盖章的，由案件承办人员在笔录上注明。清单应当交被调查人一份。

（4）委托协助

管理专利工作的部门需要委托其他管理专利工作的部门协助调查收集证据的，应当提出明确的要求。接受委托的部门应当及时、认真地协助调查收集证据，并尽快回复。

海关对被扣留的侵权嫌疑货物进行调查，请求管理专利工作的部门提供协助的，管理专利工作的部门应当依法予以协助。管理专利工作的部门处理涉及进出口货物的专利案件的，可以请求海关提供协助。

**6. 对决定不服的救济**

当事人对处理决定不服的，可以自收到处理通知之日起十五日内依照《中华人民共和国行政诉讼法》向人民法院起诉。

### （三）请求管理专利工作的部门调解

**1. 调解请求**

请求管理专利工作的部门调解专利纠纷的，应当提交请求书。

请求书应当记载以下内容。

（1）请求人的姓名或者名称、地址，法定代表人或者主要负责人的姓名、职务，委托代理人的，代理人的姓名和代理机构的名称、地址。

（2）被请求人的姓名或者名称、地址。

（3）请求调解的具体事项和理由。

单独请求调解侵犯专利权赔偿数额的，应当提交有关管理专利工作的部门作出的认定侵权行为成立的处理决定书副本。

**2. 调解受理与组织调解**

管理专利工作的部门收到调解请求书后，应当及时将请求书副本通过寄交、直接送交或者其他方式送达被请求人，要求其在收到之日起十五日内提交意见陈述书。被请求人提交意见陈述书并同意进行调解的，管理专利工作的部门应当及时立案，并通知请求人和被请求人进行调解的时间和地点。被请求人逾期未提交意见陈述书，或者在意见陈述书中表示不接受调解的，管理专利工作的部门不予立案，并通知请求人。

管理专利工作的部门调解专利纠纷可以邀请有关单位或者个人协助，被邀请的单位或者个人应当协助进行调解。

**3. 调解结案**

当事人经调解达成协议的，由管理专利工作的部门制作调解协议书，加盖其公章，并由双方当事人签名或者盖章；未能达成协议的，管理专利工作的部门以撤销案件的方式结案，并通知双方当事人。

**4. 特别规定**

因专利申请权或者专利权的归属纠纷请求调解的，当事人可以持管理专利工作的部门的受理通知书请求国家知识产权局中止该专利申请或者专利权的有关程序。

经调解达成协议的，当事人应当持调解协议书向国家知识产权局办理恢复手续；达不成协议的，当事人应当持管理专利工作的部门出具的撤销案件通知书向国家知识产权局办理恢复手续。自请求中止之日起满一年未请求延长中止的，国家知识产权局自行恢复有关程序。

### （四）向人民法院起诉

未经专利权人许可，实施其专利，即侵犯其专利权，引起纠纷的，由当事人协商解决；不愿协商或者协商不成的，专利权人或者利害关系人可以向人民法院起诉。当事人对管理专利工作的部门的处理决定不服的，也可以自收到处理通知之日起十五日内依照《中华人民共和国行政诉讼法》向人民法院起诉。

## 二、专利侵权诉讼

### （一）受案范围

人民法院受理下列专利纠纷案件。

（1）专利申请权纠纷案件。

（2）专利权权属纠纷案件。

（3）专利权、专利申请权转让合同纠纷案件。

（4）侵犯专利权纠纷案件。

（5）假冒他人专利纠纷案件。

（6）发明专利申请公布后、专利权授予前使用费纠纷案件。

（7）职务发明创造发明人、设计人奖励、报酬纠纷案件。

（8）诉前申请停止侵权、财产保全案件。

（9）发明人、设计人资格纠纷案件。

（10）不服专利复审委员会维持驳回申请复审决定案件。

（11）不服专利复审委员会专利权无效宣告请求决定案件。

（12）不服国务院专利行政部门实施强制许可决定案件。

（13）不服国务院专利行政部门实施强制许可使用费裁决案件。

（14）不服国务院专利行政部门行政复议决定案件。

（15）不服管理专利工作的部门行政决定案件。

（16）其他专利纠纷案件。

### （二）诉讼管辖

#### 1. 级别管辖

专利纠纷第一审案件，由各省、自治区、直辖市人民政府所在地的中级人民法院和最高人民法院指定的中级人民法院管辖。最高人民法院根据实际情况，可以指定基层人民法院管辖第一审专利纠纷案件。

发明专利、实用新型专利、植物新品种、集成电路布图设计、技术秘密、计算机软件的权属、侵权纠纷以及垄断纠纷第一审民事、行政案件由知识产权法院，省、自治区、直辖市人民政府所在地的中级人民法院和最高人民法院确定的中级人民法院管辖。

外观设计专利的权属、侵权纠纷以及涉驰名商标认定第一审民事、行政案件由知识产权法院和中级人民法院管辖；经最高人民法院批准，也可以由基层人民法院管辖，但外观设计专利行政案件除外。

法律对知识产权法院的管辖有规定的，依照其规定。

**2. 地域管辖**

因侵犯专利权行为提起的诉讼，由侵权行为地或者被告住所地人民法院管辖。侵权行为地包括：被诉侵犯发明、实用新型专利权的产品的制造、使用、许诺销售、销售、进口等行为的实施地；专利方法使用行为的实施地，依照该专利方法直接获得的产品的使用、许诺销售、销售、进口等行为的实施地；外观设计专利产品的制造、许诺销售、销售、进口等行为的实施地；假冒他人专利的行为实施地。上述侵权行为的侵权结果发生地。

原告仅对侵权产品制造者提起诉讼，未起诉销售者，侵权产品制造地与销售地不一致的，制造地人民法院有管辖权；以制造者与销售者为共同被告起诉的，销售地人民法院有管辖权。销售者是制造者分支机构，原告在销售地起诉侵权产品制造者制造、销售行为的，销售地人民法院有管辖权。

原告根据 1993 年 1 月 1 日以前提出的专利申请和根据该申请授予的方法发明专利权提起的侵权诉讼，参照上述规定确定管辖。人民法院在上述案件实体审理中依法适用方法发明专利权不延及产品的规定。

### （三）中止诉讼与可以不中止诉讼的情形

对申请日在 2009 年 10 月 1 日前（不含该日）的实用新型专利提起侵犯专利权诉讼，原告可以出具由国务院专利行政部门作出的检索报告；对申请日在 2009 年 10 月 1 日以后的实用新型或者外观设计专利提起侵犯专利权诉讼，原告可以出具由国务院专利行政部门作出的专利权评价报告。根据案件审理需要，人民法院可以要求原告提交检索报告或者专利权评价报告。原告无正当理由不提交的，人民法院可以裁定中止诉讼或者判令原告承担可能的不利后果。

侵犯实用新型、外观设计专利权纠纷案件的被告请求中止诉讼的，应当在答辩期内对原告的专利权提出宣告无效的请求。

人民法院受理的侵犯实用新型、外观设计专利权纠纷案件，被告在答辩期间内请求宣告该项专利权无效的，人民法院应当中止诉讼，但具备下列情形之一的，可以不中止诉讼。

（1）原告出具的检索报告或者专利权评价报告未发现导致实用新型或者外观设计专利权无效的事由的。

（2）被告提供的证据足以证明其使用的技术已经公知的。

（3）被告请求宣告该项专利权无效所提供的证据或者依据的理由明显不充分的。

（4）人民法院认为不应当中止诉讼的其他情形。

人民法院受理的侵犯实用新型、外观设计专利权纠纷案件，被告在答辩期间届满后请求宣告该项专利权无效的，人民法院不应当中止诉讼，但经审查认为有必要中止诉讼的除外。

人民法院受理的侵犯发明专利权纠纷案件或者经专利复审委员会审查维持专利权的侵犯实用新型、外观设计专利权纠纷案件，被告在答辩期间内请求宣告该项专利权无效的，人民法院可以不中止诉讼。

专利权人或者利害关系人有证据证明他人正在实施或者即将实施侵犯专利权、妨碍其实现权利的行为，如不及时制止将会使其合法权益受到难以弥补的损害的，可以在起诉前依法向人民法院申请采取财产保全、责令作出一定行为或者禁止作出一定行为的措施。

为了制止专利侵权行为，在证据可能灭失或者以后难以取得的情况下，专利权人或者利害关系人可以在起诉前依法向人民法院申请保全证据。

人民法院决定中止诉讼，专利权人或者利害关系人请求责令被告停止有关行为或者采取其他制止侵权损害继续扩大的措施，并提供了担保，人民法院经审查符合有关法律规定的，可以在裁定中止诉讼的同时一并作出有关裁定。

人民法院对专利权进行财产保全，应当向国务院专利行政部门发出协助执行通知书，载明要求协助执行的事项，以及对专利权保全的期限，并附人民法院作出的裁定书。

对专利权保全的期限一次不得超过六个月，自国务院专利行政部门收到协助执行通知书之日起计算。如果仍然需要对该专利权继续采取保全措施的，人民法院应当在保全期限届满前向国务院专利行政部门另行送达继续保全的协助执行通知书。保全期限届满前未送达的，视为自动解除对该专利权的财产保全。

人民法院对出质的专利权可以采取财产保全措施，质权人的优先受偿权不受保全措施的影响；专利权人与被许可人已经签订的独占实施许可合同，不影响人民法院对该专利权进行财产保全。

人民法院对已经进行保全的专利权，不得重复进行保全。

## （四）赔偿金计算

权利人、侵权人依法约定专利侵权的赔偿数额或者赔偿计算方法，并在专利侵权诉讼中主张依据该约定确定赔偿数额的，人民法院应予支持。

权利人因被侵权所受到的实际损失可以根据专利权人的专利产品因侵权所造成销售量减少的总数乘以每件专利产品的合理利润所得之积计算。权利人销售量减少的总数难以确定的，侵权产品在市场上销售的总数乘以每件专利产品的合理利润所得之积可以视为权利人因被侵权所受到的实际损失。

侵权人因侵权所获得的利益可以根据该侵权产品在市场上销售的总数乘以每件侵权产品的合理利润所得之积计算。侵权人因侵权所获得的利益一般按照侵权人的营业利润计算，对于完全以侵权为业的侵权人，可以按照销售利润计算。

权利人的损失或者侵权人获得的利益难以确定，有专利许可使用费可以参照的，人民法院可以根据专利权的类型、侵权行为的性质和情节、专利许可的性质、范围、时间等因素，参照该专利许可使用费的倍数合理确定赔偿数额；没有专利许可使用费可以参照或者专利许可使用费明显不合理的，人民法院可以根据专利权的类型、侵权行为的性质和情节等因素，依照专利法的规定确定赔偿数额。

权利人主张其为制止侵权行为所支付合理开支的，人民法院可以在专利法确定的赔偿数额之外另行计算。

## （五）诉讼时效

侵犯专利权的诉讼时效为三年，自专利权人或者利害关系人知道或者应当知道侵权行为以及侵权人之日起计算。

发明专利申请公布后至专利权授予前使用该发明未支付适当使用费的，专利权人要求支付使用费的诉讼时效为三年，自专利权人知道或者应当知道他人使用其发明之日起计算，但是，专利权人于专利权授予之日前即已知道或者应当知道的，自专利权授予之日起计算。